ZHONGGUO
LIUXINGWENHUASANSHINIAN

图文珍藏本

往事如歌，青春似水流年。

中国流行文化三十年

【1978–2008】

武 斌 韩春艳◎著

九州出版社
JIUZHOUPRESS

图书在版编目（CIP）数据

中国流行文化三十年：1978～2008 / 武斌，韩春燕著.
北京：九州出版社，2009.1
ISBN 978-7-80195-859-4

I. 中… II.①武… ②韩… III. 文化—中国—1978～
2008 IV. G122

中国版本图书馆 CIP 数据核字（2008）第 206604 号

中国流行文化三十年：1978～2008

作　　者	武斌　韩春燕　著
出版发行	九州出版社
出 版 人	徐尚定
地　　址	北京市西城区阜外大街甲 35 号（100037）
发行电话	(010)68992190/2/3/5/6
网　　址	www.jiuzhoupress.com
电子信箱	jiuzhou@jiuzhoupress.com
印　　刷	北京毕诚彩印厂
开　　本	720×1020 毫米　16 开
印　　张	19.25
字　　数	314 千字
版　　次	2009 年 2 月第 1 版
印　　次	2009 年 2 月第 1 版　第 1 次印刷
书　　号	ISBN 978-7-80195-859-4 / G·392
定　　价	34.00 元

目录

1978
1980
1985
1990
1995
2000
2005
2008

1978
1980
1985
1990
1995
2000
2005
2008

1978
1980
1985
1990
1995
2000
2005
2008

绪论：似水流年的青春故事

似乎是在转眼之间，中国的改革开放已经走过了三十年的历史路程。在这三十年中，中国的思想解放、体制转轨、经济腾飞、社会变迁，犹如一幅波澜壮阔的宏伟画卷，展现了这个时代的丰富多彩、气象万千。在这幅宏伟历史画卷中最有色彩、最为抢眼的亮点，是与百姓息息相关的变化，是人们日常生活中点点滴滴的细节，是反映着大众喜怒哀乐的流行文化、时尚风潮。回首三十年来中国流行文化的变迁，我们总是感到那么亲切、那么熟悉、那么激动不已。因为，这就是我们自己的故事。

本书讲述的就是三十年来中国流行文化的故事。

什么是流行文化

流行文化是一个时代的标签。改革开放以来的这三十年当中，中国的流行文化深深地打上了这个大变革时代的印记，并且成为三十年来社会生活变迁的显著的标志和表征。

什么是流行文化？按照有关研究专家的意见，流行文化是时装、时髦、消费文化、休闲文化、奢侈文化、流行生活方式、流行品味、都市文化、大众文化等概念所组成的一个内容丰富、成分复杂的总概念。这个总概念所表示的是按一定节奏、以一定周期，在一定地区或全球范围内，在不同层次、阶层和阶级的人口中广泛传播起来的文化。"时尚"是与流行文化比较接近的一个概念。所谓"时尚"，就是一定时期内的社会风尚。先有尝试者在前，而后众人趋之若鹜，就形成了一定的规模，成为一时大家共同的审美情趣，模仿的对象。具体地说，时尚就是指一个时期内相当多的人对特定的趣味、语言、思想和行为等各种模型或标本的随从和追求。

"流行文化"的本质在于"流行"。离开了"流行"，"流行文化"便不会成为"流行"文化，而所谓"时尚"是流行的必然结果。所以，流行文化的一个

1

特征就是快速地传播，它突破了地域文化和民族文化的障碍，可以很快融入人们的文化生活。

流行是一种大众性的现代社会心理现象。现代社会心理学认为，社会上许多人在一段不长的时间中，都去追求某种生活方式，从而使人民彼此间发生连锁性的感染。它既体现在人们的物质生活（衣食住行）方面，也体现在人们的精神生活（文化娱乐）方面，总是折射出一个时代的风尚与社会面貌。时尚是流行的一种表现，它包含了对某些被认为是有待改进的行为规范与价值观的反对，也体现了对当前新颖入时的生活方式的倾向。

流行文化是都市的一种典型的社会民俗事象。城市永远是流行文化的中心，特别是像北京、上海、香港、台北这样的超大都市，长期充当了中国流行文化中心的角色。而流行文化一旦"流行"起来，社会各个角落都会受到感染，趋之若鹜。而其他城市和地方，长期以来都是以北京、上海，香港、台北为榜样，追赶他们的时尚和时髦。不仅如此，这些流行时尚不是孤立地发生在都市生活中，而是会迅速向农村和边远地区传播和辐射。

流行文化是变化的、流动的，流行文化的变迁，表现着人生价值观、思维习惯、行为模式、文化心理、审美趣味等方面的潜移默化的变革。一种流行的东西还没有被适应，又有新的流行时尚涌现出来，令人目不暇接，眼花缭乱。流行文化完全可能一夜风行，不久又销声匿迹。当年歌手苏晓明凭借一曲《军港之夜》，红遍了大江南北，歌手费翔更是以在春节联欢晚会的表现成为流行歌坛的重量级人物，然而他们都被人们淡忘了。所以，我们的流行文化标签总是在不断地变化。

流行文化是通过多种载体和形式实现的。在现代社会生活中，电影、电视、电脑、互联网、电子游戏、手机、DVD等新科技的成果，以及流行音乐、流行文学、卡通片、春节晚会等，都是现代生活中广为流行并且有着巨大影响的流行文化载体或形式。这些载体或形式已经渗透到人们日常生活领域的各个方面，成为不可或缺的重要组成部分。

流行文化是我们身边的文化事实，它正在改造着我们的生活，同时我们的生活也可能成为新的流行文化产生的契机，书写新的流行文化的故事。回想改革开放的三十年，中国人生活中家用电器由基本上只是电灯和收音机发展到拥有电视、洗衣机、冰箱、空调、家用电脑等多种用品，这些物质的改变也导致了人们生活状况的变化。电视在一个家庭的小空间里开辟了一扇面向世界的窗口；电话、电脑、网络通讯的使用重新界定了通信、聊天、读报等行为的意义，并且也改变了生活的节奏。

不过，人们历来对流行文化都不肯给予比较高的或符合实际的评价。例如19世纪的法国人丹纳在《艺术哲学》中说："外界的事故影响到人，使他一层一层的思想感情发生各种程度的变化……浮在人的表面上的是持续三四年的一些生活习惯和思想感情，这是流行的风气，暂时的东西……不消几年，时行的名称和东西都可一扫而空，全部换新；时装的变化正好衡量这种精神状态的变化；在人的一切特征中，这是最肤浅最不稳固的。"诚然如此，然而也正是因为"肤浅"和"不稳固"，流行文化才总是引人注目，才总是在日常生活领域中制造了充满高潮的戏剧性效果。也许，流行文化的生命力就在于它是短暂的。流行文化丰富了生活，使生活变得愉快。它代表一种生活状态，代表一种对现代生活法则的敏感。时尚不应该仅仅是潮流，它需要富于个性的创造，是个性的张扬；时尚也绝不仅仅是新奇，它应该包含更深厚的文化底蕴。

与流行文化的亲密接触

今天，流行文化正在成为我们时代的一种汹涌奔放的潮流。我们今天的生活已经被流行文化所笼罩，正是因为今天的流行文化潮流千变万化，它才深刻地影响着、改变着我们的生活。

每一个时代都有每一个时代的流行文化，都有那个时代特有的流行标签。"一代之兴，必有一代冠服之制。"但是，在中国，只有改革开放以来，才可以说是真正进入了一个"时尚的时代"，一个流行文化蓬勃发展的时代。改革开放的三十年来是中国流行文化变迁最为活跃、最为迅速的时代。几乎每隔三四年，就会有新的流行文化出现，人们的服饰打扮、娱乐休闲乃至审美情调就会有翻新的潮流。

三十年来中国流行文化的快速变迁，是因为在这个时期的中国经历了历史上前所未有的巨大变革。政治体制的变革，经济的发展和社会的进步，都使这三十年成为中国历史上风云变幻的一个时期。与这样伟大的历史变革相应的，是中国人日常生活领域的巨大变化。对于中国人的日常生活来说，改革开放以

3

1978
1980
1985
1990
1995
2000
2005
2008

来，经济的发展给社会生活注入了无尽的活力，物质丰富了，传媒发达了，衣食无忧了，生活小康了，流行文化也以多种多样的方式丰富着人们的生活。尤其重要的是，中国人已经抛弃了空洞的"革命"理念和荒诞的口号，以务实的态度关注日常生活的领域。现代的中国社会正是一个追逐时尚的社会，是一个流行文化层出不穷、时常翻新的时代。这频频翻新、你方唱罢我登场的流行文化的变化，凸现了大千世界勃勃向上、日新月异的盎然生机。

面对缤纷的流行文化潮流，我们的感官也不断地受到冲击。窗外，是灿灿烂烂的时尚生活，书桌上，是一本一本解读时尚或者批评时尚的读物。窗里窗外都是挡不住的诱惑。流行文化具有巨大的诱惑力，或者说它本身就是一种诱惑。生活在今天的时代里，你就无可避免地要贴上今天的标签。流行文化其实是一种全方位的生活，我们的衣食住行、言谈举止、追求喜好，都是流行文化的产物。你可以宣称自己特立独行，洁身自好，不随波逐流，不人云亦云，但是，你不可能不穿西服、夹克、牛仔裤而去穿长衫、马褂，不可能不用现代白话文体而用文言文。你可以宣称自己不用手机、不用 E-mail，坚持去邮局邮寄信件；你可以宣称自己不吃生猛海鲜、不喝矿泉水，坚持吃粗茶淡饭，但是，殊不知"回归传统"正是当下的时尚之一。正如福克纳的一句被人们一再引用的名言所说："人如果不生活在时尚中，便不存在。"而在时尚中生活，追逐和沉迷时尚，是一种掺和了赞同与羡慕的惬意感。

如果以历史的眼光回望，三十年的历史瞬间，我们的整个生活都已经"面目全非"。一切都在变化，不变的只是我们对流行时尚的痴情与迷茫、困惑与希望。

改革开放以来，中国社会发展得太快，一种流行文化还没有被完全接受，又有新的流行文化涌现出来，令人目不暇接，眼花缭乱。由于变化太快，今天的社会也就呈现出多元并存的局面，新的和旧的、传统的和现代的、中国的和外国的，都一起存在于我们今天的生活当中。这是我们这个时代的一个突出特征。也正是因为如此，我们的生活才显得丰富多彩。

任何时代，总是有一批人在引领着时尚、创造着时尚。而创造时尚、引领时尚的往往属于青年一代，他们永远是时代流行文化的先锋。因为流行文化是这个世上跑的最快也最敏感的东西，心态越年轻，对这个世界的流行文化触觉就会越灵敏。因为年轻的时尚总是充满着一往无前的勇气和激情，时尚包裹的永远是青春躁动的心。著名作家陈丹燕在《上海的风花雪月》中写道："这是一大批人，每一代都有这样一批人，她们带动和参加着大众的时髦：七四年的时候穿大尖领子的上衣；七五年的时候穿家制的卡其喇叭裤；七八年的冬天穿把蒙着尼龙布衫一层定形棉的外套做得又长又窄、用缝纫机在上面踩出许多菱形的小格子；八二年的夏天她们穿一开到底、钉上大扣子的布裙；然后，是黑色的紧身踏脚裤，是露出肚脐短衫，是今年冬天黑色窄腿裤子、意大利式的鸭嘴头皮靴配上宽大的短呢外套，将头发染成棕色，笔直，嘴唇不那么通红。她们也是前赴后继地在街上散步，在这里找到真正的对手，见到自己的同志，享受相克相生的亲密关系的乐趣，砥砺情趣和品位，坚持关于物质的梦想。"而今天的年青一代们似乎以创造时尚为己任，一波未平，一波又起，一再创造震撼的效果。另一方面，各种样态的流行文化，都以热烈的激情、澎湃的潮流而彰显着这个时代里的生命活力，反映着不懈的创新的青春追求。所以，各式各样的流行文化总是首先在青年中流行，一代一代的"追星族"、"粉丝"，永远是充满青春活力的青年一代。流行文化就是一代一代的青春故事，就是这个时代清新的、朝气蓬勃的青春力量演绎的丰富多彩的故事。

讲述这个时代的青春故事，回顾三十年来流行文化的变迁，看到的是一幅人生百态、市井风情的长卷风俗画，而且也看到了在沧桑的历史中，我们的生活是怎样地走到了今天。同时，解读改革开放以来的流行文化史，也是从一个日常生活的视角，从社会生活表层的流行事象中寻找现代中国大历史的轨迹。

第一章
浪花里飞出欢乐的歌

1978
1980
1985
1990
1995
2000
2005
2008

1978
1980
1985
1990
1995
2000
2005
2008

一、跟着感觉走

1978 —— 1985   邓丽君刮起柔软的风

1976 年 12 月 22 日，"四人帮"粉碎刚刚两个月，"文革"前享有盛名的歌唱家郭兰英、王昆、王玉珍和豫剧大师常香玉出现在一台由电视实况转播的文艺晚会上。八个样板戏统领天下的神话不复存在。郭兰英含泪演唱的《绣金匾》，打动了亿万人民的心。粉碎"四人帮"之后，出现了一批优秀歌曲，如《十月里响起了一声春雷》、《周总理，你在哪里》、《送上我心头的思念》等等。

十一届三中全会之后，歌曲创作出现较大的突破。这一时期深受人民群众欢迎的歌曲有《我们的生活充满阳光》、《泉水叮咚响》《妹妹找哥泪花流》、《浪花里飞出欢乐的歌》、《年轻的朋友来相会》、《太阳岛上》、《青春啊青春》、《金梭和银梭》、《小草》、《假如我要认识你》、《大海一样的深情》、《再见吧，妈妈》、《那就是我》、《美丽的心灵》、《大海，故乡》等等。

1978 年

青年歌手郑绪岚因为演唱了电视风光片《哈尔滨的夏天》中的一首插曲《太阳岛上》一举成名。而李光羲演唱的《祝酒歌》，则唱出了粉碎"四人帮"之后全国人民欣喜若狂的心情，成为那几年的时代音调。"美酒飘香啊歌声飞，朋友啊请你干一杯。胜利的十月永难忘，杯中洒满幸福泪……"歌曲播出后，收到了 16 万封的观众来信，并在中央人民广播电台文艺部和《歌曲》杂志举办群众最喜爱的歌曲评选活动中，一举摘得桂冠。

伴随着这些歌曲所传递而出的清新之风，在 1978 年间，邓丽君的歌声也开始飘过台湾海峡，在百废待兴的大陆迅速流行开来。最初人们听到的流行音乐是随着走私渔船带进来的邓丽君的磁带。听惯了豪迈有余温柔不足的革命歌曲的年轻人，一下子就被邓丽君迷住了，《甜蜜蜜》、《何日君再来》、《小城故事》成了 80 年代初期歌坛上最流行的旋律。有人回忆当年听到邓丽君歌曲的感受说："率先登陆的邓丽君清婉柔美的歌声，对于听惯了"文革"中虚假空洞的"壮志高歌"的耳朵，不啻是天外仙乐。这是一种令人激动的全新的审美感受，原来在豪情之外，还有万种柔情可抒；人生的种种际遇和微妙的心情如消沉、惆怅、失落、期盼等等，竟被抒发得那样委婉妥帖、淋漓尽致。"

对于邓丽君，我们很多人都有过如饥似渴、狂热"发烧"的时候。这不仅仅是一种审美的经历，她的歌声确曾抚慰了当时带着创痛和伤痕的许多人。

在这个时期，邓丽君歌曲对日后大陆流行音乐的发展有着深远影响，她的演唱整整影响了一代大陆歌手，她的乐队配器成为大陆流行音乐作者模仿学习的样本，她的作品也强烈地影响到一批大陆作曲家的创作。不管现在流行着更多港台歌星的流行歌曲，也不管现在是否已有了自己的流行歌手、自己的音乐人、自己的音乐公司，邓丽君都是流行乐坛的启蒙者。

这一年，在广州的东方宾馆首次出现了音乐茶座，并且出现了最早的轻音乐队，然后是数不清的歌厅如雨后春笋，迅速地冒了出来。以前以各种渠道在民间流传的港台流行音乐开始名正言顺地登堂入室。茶座歌手翻唱港台歌曲成风，"小罗文"、"广州徐小凤"、"广州邓丽君"成为人们给予的最高评价。

◎邓丽君

1979 年

1 月，广州成立了中国第一家盒式录音带的出版单位太平洋影音公司。

5 月，太平洋公司生产了第一批国产盒式录音带，原本是想向海外销售，但在得不到海外订货的情况下，太平洋公司只好向国内返销。不料，竟然获得了巨大的成功，迅速在全国打开了市场，雪片似的订单从全国各地飞往广州，大批的"太平洋"录音带把邓丽君的流行歌曲带往了全国各地。

这一时期多轨录音刚刚普及，表演水平也不高。乐队还属小型管弦乐队略加色彩乐器如沙槌、夏威夷吉他的阶段。听众仍主要选择传统的抒情歌曲，流行乐的亚文化特征使它遭到不少批评。然而年青一代的歌迷已经涌现，并迅速成为控制市场需求的主要社群。

人们有机会坐在电影院内第一次观看了来自所谓"资本主义"国家——日本的电影《追捕》。还有电影中让人耳目一新的插曲《杜丘之歌》。几乎与此同时，另一部来自印度的影片《奴里》则以其动人的故事，优美的音乐，吸引了大批观众。一时间，大街小巷几乎随时都能听到"啦呀啦"的旋律，或是"奴里、奴里"的呼唤……

与此同时，一些倾注了爱国主义热情的歌曲《我爱你，中国》、《祖国，慈祥的母亲》、《再见吧，妈妈》等，成为这一年流行音乐的突出代表。

⊙电影《追捕》

我爱你，中国

我爱你 中国

我爱你春天蓬勃的秧苗

我爱你秋日金黄的硕果

我爱你青松气质

我爱你红梅品格

我爱你家乡的甜蔗

好像乳汁滋润着我的心窝

我爱你 中国

我要把最美的歌儿献给你

5

我的母亲 我的祖国

我爱你 中国
我爱你碧波滚滚的南海
我爱你白雪飘飘的北国
我爱你森林无边
我爱你群山巍峨
我爱你淙淙的小河
荡着清波从我的梦中流过
我爱你 中国
我要把美好的青春献给你
我的母亲 我的祖国
我要把美好的青春献给你
我的母亲 我的祖国

—— 叶佩英《我爱你，中国》

　　《我爱你，中国》原是一部反映归侨参加祖国建设的故事片 ——《海外赤子》的插曲，抒发了海外儿女眷恋母亲一般的爱国主义情感。同期一批歌颂祖国、歌颂党的作品以其优美、抒情的旋律出现。如《党啊，亲爱的妈妈》、《祖国，慈祥的母亲》、《我和我的祖国》、《可爱的中华》、《在希望的田野上》、《我爱你，塞北的雪》、《美丽的草原我的家》、《故乡是北京》等都以抒情的风格、流畅的旋律歌颂了伟大的祖国、可爱的家乡，充满了诗情画意。

　　在这一时期的流行歌曲中，还有一批歌颂青春的美丽和军旅生活的歌曲，这些歌曲也反映了这一时代人民的生活和思想感情。如《金梭和银梭》、《新的长征，新的战斗》、《再见吧，妈妈》、《吐鲁番的葡萄熟了》等作品以不同的角度和音乐风格歌唱了新时代青年的生活。蒋大为、殷秀梅、张暴默等人成为很受欢迎的抒情歌手。

　　邓丽君风靡不久，70 年代崛起的台湾校园歌曲又传了进来。较之邓丽君的柔媚，校园歌曲更多的是清新、平易、如话家常、如述心语，于品位上拔高一筹，满足了人们不断寻求倾诉、寻求轻松、寻求新鲜感的心理。一时间，《童

1978
1980
1985
1990
1995
2000
2005
2008

年》、《橄榄树》、《外婆的澎湖湾》、《走在乡间的小路上》广为传唱。王洁实、谢莉斯因为唱校园歌曲红极一时。成方圆怀抱吉他自弹自唱的《童年》深入人心，竟然引发了一场全国范围内的吉他热潮。"吉他热"是卡拉 OK 之前的一次将音乐推向民间的自娱自乐风潮，第一次在全国范围内普及了流行音乐知识。

1980 年

伴随着来自宝岛台湾的款款乐音，2 月 20 日，中国内地首次有了自己的流行歌曲排行榜：中央人民广播电台文艺部与《歌曲》编辑部联合举办了"听众喜爱的广播歌曲"评选活动，有 25 万多人次参加评选，产生了著名的"十五首抒情歌曲"，其中包括谷建芬、王立平等词曲作家创作的《年轻的朋友来相会》、《妹妹找哥泪花流》、《雁南飞》等。李谷一、李光羲、李双江的名字再次成为一向喜欢传统唱法的听众们追逐的对象。

1980 至 1984 年间，歌曲创作领域仍以传统的抒情歌曲为主。港台音乐进一步输入，内地流行音乐市场处于逐渐形成阶段，流行音乐界人才开始聚集。

在 1980 年，电影和电视音乐依然成为流行的热点。《我们的生活充满阳光》、《我们的明天比蜜甜》、《浪花里飞出欢乐的歌》以及《佐罗》等，不知让多少人心口相传，反复哼唱。1980 年 9 月 23 日晚，"新星音乐会"在北京首都体育馆正式上演，这场音乐会让一首《军港之夜》红遍了大江南北。

1981 年

80 年代初的流行音乐，准确地说是以几部电影的放映为主导的。有人曾经比喻那个年代的音乐创作是"一个电影插曲的时代在新的电影中伸延"的过程。1981 中，最具影响力的电影，当属《少林寺》了。电影中的插曲《牧羊曲》也随之唱遍大江南北。

在具有浓厚传奇色彩的历史故事片《知音》中，因《庐山恋》一举成名的青年女演员张瑜扮演与蔡锷真诚相爱、携手讨伐袁世凯的京都名妓小凤仙，而影片中表现这一段真挚情怀的插曲《知音》也随之流行开来。

1980 年拍摄的电影《红牡丹》中的插曲《牡丹之歌》，到了 1981 年时已

然大为盛行，街头巷尾，到处飘荡着蒋大为那浑
厚的歌声：

　　啊　　牡丹

　　百花丛中最鲜艳

　　啊　　牡丹

　　众香国里最壮观

　　有人说你娇美

　　娇美的生命哪有这样丰满

　　有人说你富贵

　　哪知道你曾历尽贫寒

　　……

⊙蒋大为

1982 年

　　日本电视连续剧《血疑》播出。著名艺人山口百惠饰演的女主角大岛幸子，
以其清纯甜美的形象、催人泪下的爱情以及多舛的命运，引起广大观众的关注
和喜爱。而《血疑》如泣如诉的主题曲《谢谢你》更是传唱一时：

　　你的痛苦　这样深重

　　都是因我一身引起

　　我的苦果　我来吞下

　　请求你能够原谅我

　　我还求你　从今以后

　　完完全全　把我遗忘

　　希望你珍惜你自己

　　迈步走向阳光

　　秋风阵阵吹　树叶枯黄

　　一片一片飘零

⊙三浦友和山口百惠

分手时刻 令人心碎
一分一秒临近

我爱笑 我爱流泪
我爱闹又任性
只是自从和你在一起
温柔清泉滋润我心田
我要衷心地感谢你

还有多少时刻
我能得到你的爱
还有多少时候
我能活在你身旁

　　同年，一部由前西德阿里安兹影片公司和泰拉影片公司联合摄制的故事片《英俊少年》吸引了大量孩子们的眼球，《英俊少年》是一部表现一个英俊少年捍卫家庭幸福的动人故事，电影中的主题歌《小小少年》引起了无数少年的共鸣。

　　而《西游记》的主题曲《敢问路在何方》那激昂高亢的曲调，也随着取经师徒四人一路降妖伏魔而传唱四方。

1983 年

　　李谷一的一首《乡恋》真正揭开了中国内地流行音乐的一页，被认为是内地流行音乐获得新生的标志。《乡恋》是电视片《三峡传说》中的一首插曲，这首歌曲运用了探戈风格，吸取了30年代流行音乐的一些写作手法，学习西洋发声法的李谷一，演唱时运用了"气声"唱法：

你的身影 你的歌声
永远印在我的心中
昨天已消逝 分别难相逢

9

只有那风儿送去我的一片深情

……

⊙李谷一

这首《乡恋》在当时受到了一些报章的尖锐批判，被说成是“低沉缠绵的靡靡之音”，“毫无价值地模仿外来流行歌曲和香港歌星的唱法”，是“亡国之音”，“比时代曲还时代曲”。有报纸说这首歌是“黄色歌曲”，“格调低下”，“毫无价值”。李谷一也从受人欢迎的“歌坛新秀”一下子变成了“黄色歌女”，变成了“大陆上的邓丽君”，有些文章甚至说她是“资产阶级音乐潮流和靡靡之音的典型代表”，是“腐蚀青年的罪人”。与这种态度相反，各地听众却反映热烈，在李谷一收到的上千封听众来信中，有998封都是支持和赞赏的。李谷一回忆起在首体的演出，仍激动满怀：“当时我唱完几首歌，本来是面对主席台，忽然我转过身来，面对全体观众，麦克风一指，乐队就心领神会奏起了《乡恋》，当时全场观众都轰动了。他们和着我的歌声和音乐的节拍齐声鼓掌，直至曲终。”当中央乐团到上海演出时，凌晨2点就有人冒雨排队买票，18000座位的体育馆，全场爆满。李谷一几次谢幕，几次返场，最后一个节目报出《乡恋》时，全场掌声雷动。唱完后观众的情绪达到沸点，李谷一不得不借鉴运动员的仪式，在体育馆绕场一周，与观众招手告别。在天津体育馆演出时，原定的节目单没有《乡恋》，观众高喊“《乡恋》！《乡恋》！”呼声潮起潮落，乐队奏出了过门，李谷一开口演唱，全场观众就和着音乐节拍齐声鼓掌，直至曲终。1983年，第一届现场直播春节晚会，李谷一一口气唱了《乡恋》等七首歌曲，创下了迄今为止未有人突破的记录，李谷一被公认为中国第一位流行歌手，开创了一代歌风。

那是一个激情四溢的年代。流行音乐揭开的序幕，反映着人们干涸的心灵正在苏醒。人性中对美的渴盼，对自由的向往，随着歌声四溢飞扬。歌曲作为一个大众心灵的传声筒，理所当然地成为了万众瞩目的“焦点”。

1983年广为流行的另一首创作歌曲《小白杨》反映了戍边守国的年青一

代爱家爱国、甘洒热血的赤子情肠。而《长江之歌》是在 1983 年首播并风靡全国的大型电视纪录片《话说长江》的主题歌。"依稀往梦似曾见，心中波澜现⋯⋯"这是 1983 版《射雕英雄传》第一部《铁血丹心》中的主题曲。同样可以与其媲美的尚有《华山论剑》、《肯去承担爱》、《桃花开》、《千仇记旧情》、《四张机》和《满江红》等。但若与内地播出的第一部香港电视连续剧《霍元甲》中的主题歌《万里长城永不倒》的影响相比，还略逊一筹。

1984 年

　　春节联欢晚会上，来自香港九龙电子表厂的一名工人，26 岁的张明敏以一首《我的中国心》，引起极大轰动：

河山只在我梦萦
祖国我已多年未亲近
可是不管怎样也改变不了 我的中国心
长江长城 黄山黄河 在我心中重千斤
无论何时 无论何地 心中一样亲
⋯⋯

　　张明敏边走边唱的台风，更使看惯了"站桩"式演唱风格的内地人耳目一新，且被内地歌手沿用到现在。这位在香港从未产生过轰动效应的歌手，一夜之间征服了中国大地，以至于当时报刊上对张明敏的褒扬之辞绝对性地压倒了任何一位内地的当红歌星、影星。
　　在 1984 年的春节联欢晚会上，涌现出了一大批几乎让人过耳难忘的经典曲目，其中有殷秀梅《党

⊙张明敏

啊，亲爱的妈妈》、沈小岑《请到天涯海角来》、朱明瑛《回娘家》、奚秀兰《阿里山的姑娘》以及李谷一《难忘今宵》等等。

1985 年

国际声像艺术公司组织了《南腔北调大汇唱》及《民歌大汇唱》，金巍编写了《40首民歌大联唱》盒带。流行音乐形式至此已成为具有控制市场实力的音乐文化。与此同期，朱逢博在上海、李谷一在北京分别组织了轻音乐团，谷建芬则组建了"声乐培训中心"，东方歌舞团也多方罗致流行音乐歌手，这些团体都成为歌手出身之地。

香港电视连续剧《上海滩》和台湾电视连续剧《一剪梅》和其同名主题曲也是在这一年为广大观众所熟悉。"浪奔，浪流，万里滔滔江水永不休。淘尽了，世间事，混作滔滔一片潮流。是喜，是愁，浪里分不清欢笑悲忧；成功，失败，浪里分不清有未有。爱你恨你，问君知否，似大江一发不收。转千湾，转千滩，应未平复此中争斗……"叶丽仪以圆润开阔的嗓音唱出韵味浓郁的歌，充满阳刚之气；与之相映成趣的是费玉情演唱的《一剪梅》，悠扬上口，"一剪寒梅傲立雪中，只为伊人飘香。爱我所爱，无怨无悔，此情长留心间。"让听者荡气回肠之余感受到一种阴柔之美。

◎周润发在《上海滩》中的剧照

英国"威猛"乐队来华演出；美国著名歌星发起为非洲灾民募捐义演，震动世界；台湾罗大佑等年青一代词曲作家组织港台60名歌星举办献给1986国际和平年的《明天会更好》音乐会。这些活动均刺激了内地流行音乐界。至此，内地流行音乐已面临从创作到表演上的一个突破契机。

1986 —— 1991 摇滚乐：中国的狂欢季节

1986 年

中央电视台第二届全国青年歌手大奖赛开始设立通俗唱法类别，标志着流行音乐不但受到全国广大听众的欢迎，而且得到官方和传媒的一致认可；全国音协举办了"全国青年首届民歌·通俗歌曲大选赛"；中国唱片出版社和东方歌舞团推出了"让世界充满爱"百名歌星演唱会。这些都标志着内地流行音乐进入新的航道。经过 8 年的发展，流行音乐终于登堂入室，从"半地下状态"而登堂入室。所以，1986 年被认为是中国流行音乐发展史上最重要的一年。

从 1986 年开始，中国歌坛上刮起强劲的"西北风"。在这年的"百名歌星演唱会"上，侯德建演唱了广东音乐人解承强、刘志文合作的《信天游》。《信天游》走的是都市流行曲的风格，歌中虽然唱到山沟、窑洞，"花开花又落"的山丹丹花，但抒发的是现代都市人的一种怀旧情绪，是对逝去岁月的寻觅，是对古老的淳朴生活的追想。《信天游》虽在精神上与后来的"西北风"相去甚远，却无可争议地成为了"西北风"的先驱。代表了自邓丽君以来的阴柔的演唱风格的转变："喊唱"成为一种突出的演唱方法。

"西北风"在音乐观念上是对港台流行音乐、南方及中原音调为主的我国音乐创作现状、和前几年流行音乐界"阴盛阳衰"现象的一种逆反。它明显地引入了欧美摇滚思维，挖掘和汲取了我国北方音乐的巨大能量；内容具有批判意识，风格慷慨激昂，

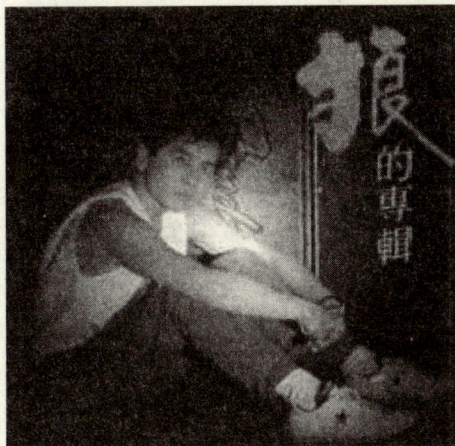

⊙齐秦

13

带有强烈的宣泄色彩,是刚刚萌生的乡土摇滚与传统民歌的折中。这在中国流行音乐发展进程中是个很大的突破。

伴随着"西北风"的风号,以齐秦、苏芮为最早开端的港台艺人登陆内陆渐成风潮。齐秦在"登陆"的时候,带着一股迷离、浪迹的韵味,他的《狼》,他的《外面的世界》,乃至他随后创作的《大约在冬季》等,都弥漫着一种淡淡的忧伤。以演唱英文歌曲起家的苏芮出道于1968年,这一年,她录制了自己的首张个人专辑《搭错车》,这也成为她演唱生涯的一次转折。1986年,《搭错车》中单曲《酒干倘卖无》、《是否》、《一样的月光》等开始在大陆唱响,而《是否》中的那一句"情到深处人孤独",则直抵人们的心灵,引起无数共鸣。

无疑,崔健的《一无所有》标志了一个时代的心态。也就是以此作为坐标,歌坛逐步开始了分化,娱乐方式也变得日益多元化起来。1986年5月9日,在北京工人体育馆举行的"让世界充满爱"演唱会上,崔健身穿一套旧军便服,挽着裤腿,裤腿一只高一只低,斜背着一把破吉他,蓬头垢面,在舞台上演唱了中国摇滚歌曲的经典之作《一无所有》:

我曾经问个不休 你何时跟我走
可是你却总是笑我 一无所有
我要给你我的追求 还有我的自由
可是你却总是笑我 一无所有

噢……你何时跟我走
噢……你何时跟我走

脚下这地在走 身边那水在流
可你却总是笑我 一无所有
为何你总笑个没够 为何我总要追求
难道在你面前 我永远一无所有

噢……你何时跟我走
噢……你何时跟我走

14

崔健的演唱获得了空前的成功，全场欢呼声、掌声和跺脚声响成一片。这首《一无所有》，使摇滚乐登上中国的正式演出舞台，成为中国摇滚乐史上的里程碑，宣告了中国摇滚时代的到来。《北京青年报》的记者当时写下了广为流传的名言："自从有了崔健的《一无所有》，中国的流行音乐将不再一无所有。"

作家王朔曾经这样评价崔健：

⊙崔健

很长一段时间，只要我想，有需要让自己感到自己有心灵，就听崔健的歌，仿佛自己的心灵存在于他的音符中，只有通过他的嗓子和他拨动琴弦的手指才能呈现出来。……我宁愿崔健和他的音乐代表我存在，代表我斗争，代表我信仰，我把重大的责任都交给他了。

另一位作家肖复兴在《音乐笔记》中也这样写：

崔健的意义，不仅在于中国的流行歌坛，而且波及文学乃至整个艺术界。可以说，还没有一个流行歌手能和他在同一个等量级的位置上较量……几乎每一首歌都拥有一个宏大的主题，都可以演绎出一部小说和一出戏剧。

在 1986 年的"百名歌星演唱会"上，推出了一首郭峰作曲的以世界和平为主题的通俗歌曲《让世界充满爱》，表现了蕴藏在每一个热爱和平的人心间的真挚愿望。这首歌曲亲切动听，易于上口，旋律轻松活泼，演唱方式朴实自然，不拘形式，受到热烈欢迎。盒带发行量达到 180 万盒之多。英国、美国、新加坡等国都购买了其音乐版权，联合国也在特别节目中播出了这首歌曲。

这一年的街头巷尾，人们听到的更多的是张蝶的《成吉思汗》和田震从张国荣 1980 版翻唱的《莫尼卡》。

15

1978
1980
1985
1990
1995
2000
2005
2008

1978～2008
中国流行文化三十年

1987 年

春节联欢晚会上，来自台湾的费翔，泪眼蒙蒙的唱了支《故乡的云》，将离乡背井的游子情绪也唱出了一二：

我已是满怀疲惫
眼里是酸楚的泪
那故乡的风　那故乡的云
为我抹去创痕
我曾经豪情万丈
归来却空空的行囊
那故乡的风　那故乡的云
为我抚平创伤
……

接下来的一首《冬天里的一把火》让所有的人大开眼界、惊叹不已，原来歌曲不仅可以站着唱、走着唱，还可以边舞边唱。费翔立即成为张明敏之后更靓更爽的偶像派歌星。而男青年人也开始时兴"费翔头"（当时费翔的发型），以至后来的大兴安岭森林大火，也被戏称是费翔唱出来的"一把火"。

第二届百名歌星演唱会在北京举行。主题歌《世界属于你》影响很大，由王虹、徐良演唱的《血染的风采》也引起强烈反响。

年底，中国音协《人民音乐》编辑部、音乐研究所《中国音乐学》编辑部和河南《流行歌曲》编辑部举行了全国通俗歌曲研讨会。这是一次南北音乐人相聚的盛会，也是新老两代音乐人相聚的一次盛会。这次会议在理论上第一次正式承认了流行音乐生存的权利，在实践上直接导致了日后广州和北京这两大流行音乐创作和生产基地年轻音乐人的合作。

1978
1980
1985
1990
1995
2000
2005
2008

1988 年

　　台湾歌手苏芮的专辑《跟着感觉走》，作为内地首次引进的两盒台湾流行歌曲专辑之一开始发行。《跟着感觉走》这首旋律轻快奔放的主打歌瞬间流行起来。而且"跟着感觉走"这句歌词也成为流行语，被无限制地引用。这首歌唱道：

　　　　跟着感觉走
　　　　紧抓住梦的手
　　　　脚步越来越轻
　　　　越来越快活
　　　　尽情挥洒自己的笑容
　　　　爱情会在任何地方留我

　　　　跟着感觉走
　　　　紧抓住梦的手
　　　　蓝天越来越近
　　　　越来越温柔
　　　　心情像风一样自由
　　　　突然发现一个不同的我

　　　　跟着感觉走
　　　　让它带着我
　　　　希望就在不远处等着我
　　　　梦想的事哪里都会有

　　迟志强推出的专辑《悔恨的泪》导致了俚俗歌曲的一个狂热时期的到来。《囚歌》以一个劳改犯的自述为表现题材，用民间的俚俗小调为音乐包装。音像公司借一个被判刑的电影演员出狱之机将它推出，风格相似的盒带也大量上

17

市，一时掀起热潮。于此前后，一批知青歌曲、盲流歌曲也纷纷制作出版。这些歌曲多表现思念亲人、惆怅、失意和怀旧的情绪。在音乐上，由于大多出于业余作者之手，表现手法比较单一。作为赶浪潮、抢销售的盒带产品，商业化的粗制滥造又抹掉了这些作品本身所可能具备的特点。

短短几个月里，这类歌曲盒带的总销量便突破了1000万大关。而借此东风，臧云飞的《葡萄皮》获得了80年代俚俗歌曲的最后一个成功，销售达两百万。

3月，张雨生《我的未来不是梦》开始在内地唱响。同年10月，张雨生推出了个人的首张专辑《天天想你》。

那英在参加全国"阳光杯"通俗歌曲比赛时，所演唱的《我找到自己》一举荣获金奖。并以一曲西北风格的佳作《山沟沟》一举成名。

年底，流行音乐的发展开始走入低谷。一方面，徐东蔚、郭峰、谷建芬先后举办个人作品音乐会，《人民日报》海外版与国际文化交流中心举办"新时期10年金曲、1988年金星"评选，山西省也于年底举办"新时期10年全国优秀歌曲"评选活动。这一系列活动说明内地流行音乐经过10年发展已到了一个需要总结的阶段。另一方面，"西北风"之后，创作潮头明显减退，作者群进入了调整时期。此时全国流行音乐市场也已经出现了混乱局面。由于著作权法尚未制定，盗版之风盛行，创作积极性受到打击。大起大落的市场背景推出了刘欢、毛阿敏、韦唯、田震、蔡国庆、孙国庆、屠洪刚等一批歌星，但在当时条件下难以施展才华。"明星大走穴"成为全国文艺界的一大景观。票房价值普遍低落，盒带大量积压。内地流行音乐起步时的种种隐患至此暴露无遗。

1989年

随着电视剧《义不容情》热播，使得陈百强所唱的主题曲《一生何求》毫无争议地横扫歌坛。大批台湾歌星的盒带正式引进，王杰、童安格、姜育恒、张雨生、千百惠、小虎队、红唇族、谭咏麟、梅艳芳……形成了自邓丽君以来第二次港台歌曲输入的高潮。与童安格的《其实你不懂我的心》形成对应的，是陈慧娴的一首《千千阙歌》，千回百转的不舍，将告别的情绪演绎到极致。也在这一年，张国荣唱出那首为无数歌迷难忘又神伤的《风再起时》。

这一年，内地流行音乐创作颇为寂寞。年初，仅有黄奇石作词刘诗召作曲的《爱的奉献》流行。春节晚会上有《山情》、《故乡是北京》获得成功。青年歌手大奖赛《烛光里的妈妈》、晚会歌曲《今天是你的生日我的中国》受到欢迎。最有成就者则推张黎与徐沛东为电视连续剧《篱笆、女人和狗》创作的插曲《篱笆墙的影子》、《苦乐年华》。而伍嘉冀和蒋开儒合作的《喊一声北大荒》也在一定范围内受到关注。

6月2日，北京三里河国华商场的二楼出现了北京第一家卡拉OK。10月，中国录音录像出版总社就与台湾"你歌"合作出版了第一批中国作品的卡拉OK带。

◎电视剧《义不容情》

1990 年

流行音乐呈现出该概念内涵的多向性展开特征：自1986年"西北风"开始形成的民歌化倾向在本年度向成熟化发展，成为流行音乐创作的主导；粤语歌曲的式微和原创歌曲的勃兴；媒介流行音乐晚会的普遍化；MTV在官方媒介的正式登场及其"明星意识"的萌发；卡拉OK的普及化和自娱自乐的社会化；流行音乐乐队及其音乐会的蓬勃兴起；亚运会征歌促使流行歌曲在风格上的扩展；排行榜的产生及其流行音乐商业机制的逐渐形成；媒体点歌的普及等等。

流行歌曲中具代表性的有：李玲玉演唱的《牧野情歌》、苏芮演唱的影视歌曲《凭着爱》、宋祖英演唱的《小背篓》、专题歌曲《高举起亚运会的火炬》等。90年后各地排行榜陆续出现。排行榜的操作仍模仿港台，以电台为主体，同时辅以电视台和报刊的同步发行。比如上海人民广播电台在90年最后一期《上录音乐万花筒》流行歌曲排行榜中，推出90年大陆流行歌曲排行十大金曲：

朱哲琴　　《一个真实的故事》

崔海棠　　《弯弯的月亮》

臧天朔　　《我祈祷》

段品章　《烛光里的妈妈》

杭天琪　《黑头发飘起来》

张　咪　《寻梦》

李　杰　《太阳最红，毛主席最亲》

纪晓兰　《远山的夕阳》

蔡继红　《期待》

韦唯＆刘欢　《亚洲雄风》

1990年，《歌曲》编辑部评出十大金曲，排在首位的是在北京亚运会期间大红大紫的《亚洲雄风》，还有《我的未来不是梦》、《再回首》、《我想有个家》、《黑头发飘起来》等。

5月，北京工人体育馆、广州体育馆分别举办《亚洲前夜》大型演唱会，首次大规模引入港台歌手进入内地公益演出。童安格、赵传、庾澄庆、潘美辰等港台歌星大受欢迎。

这一年，有些大事可载于流行音乐发展史。首先是年初在首都体育场举行了"1990年现代音乐会"，"呼吸"、"状态"、"ADO"、"1989"、"眼镜蛇"和"唐朝"6支乐队联袂登台演出。这次演出被称为"中国第一届摇滚音乐节"。

7月在上海体育馆召开了"上海90现代演唱组首展"音乐会，这两场音乐会可以说是"继崔健86年'一无所有'后中国摇滚的又一个里程碑"。中国摇滚乐队从此由"地下"走到"地上"。

中宣部发动"中华大家唱卡拉OK曲库工程"。这是90年度风头最劲的大众音乐文化生活。卡拉OK迅猛发展。流行音乐乘着卡拉OK的形式为人们提供了一种新的大众音乐消费类型。其新就新在自娱自乐，并且在自娱自乐中，半想象性，半实践性地满足了"歌星"情结。卡拉OK的普及化，商业化更进一步地使流行音乐作为具有一种商品的"享乐信息"或"消遣价值"的特征凸现出来。

"MTV"是流行音乐业、电视业双重发达的产物，它为流行音乐增添了一个新要素——画面。这种听觉加视觉的结合使流行音乐文

⊙唐朝乐队

化与电视文化相互交融，长短互补。1991 年亚洲卫星电视的开播，形成 MTV 对中国内地第一轮强大的冲击波。这一年的 8 月 16 日，中国南部沿海地区的居民，通过电视屏幕发现了一种陌生的电视节目：在快速变幻的画面中，奇装异服香艳性感的歌手演唱着西方或港台的流行歌曲。"青春组合"、"偶像派"、"实力派"、"追星族"等等各种新名词同时也涌现出来，成为歌迷的热门话题：为九十年代兴起的"签约时代"和"造星运动"埋下了伏笔，同时也为乐坛今后更全面的商业化运行奠定了基础。

进入 90 年代，摇滚乐队像雨后春笋般争相崭露头角。其中耳熟能详的乐队有"唐朝"、"黑豹"、"1989"、"呼吸"、"超载"、"眼镜蛇"、"子曰"、"苍蝇"、"Beyond"、"花儿"等等。崔健、何勇、黄家驹、郑钧、窦唯、张楚等歌手的名字也常常出现在年青人的口中。发廊、商店、歌厅门前的音箱中，更经常传出《光辉岁月》、《回到拉萨》、《Don't break my heart》等歌声。摇滚音乐开始趋于流行。

"黑豹"乐队崛起在参加"亚洲新音乐节"之后。1992 年，他们全力进军香港及东南亚乐坛，并在香港发行首张专辑大碟。大碟一经推出，就打上香港电台排行榜，先后获得年度十佳唱片奖，过江龙金奖，单曲《无地自容》和《Don't break my heart》问鼎香港流行歌坛排行榜。瞬息间，大街小巷，出租车上，到处都充斥着"黑豹"的声音，"也许是我不懂的事太多，也许是我的错"。接着，"黑豹"乐队的盗版带登陆，由于媒体的忽视，当时很少有人了解这支队伍，而它的风格很容易被人误认为是一支香港乐队。有人认为"黑豹"实在是个奇迹，它给中国摇滚开拓了一个全新的领域，让人领略到 POP ROCK 的魅力。它的意义在于把摇滚乐的功能从形式上扩展到了感官愉悦，从后来几十种盗版近乎天文数字的发行量，可以想象出它的受欢迎程度。它不像崔健那样偏激、执拗、对世界不可救药的绝望，无论是《无地自容》中对冷漠人情的控诉，《脸谱》中对虚伪的厌恶，或者《别来纠缠我》中的劝世都显得浮泛而不够深刻尖锐；另外《Don't break my heart》、《靠近我》、《Take care》则是非常典型的 POP ROCK。这方面是"黑豹"的强项，优美的旋律配上窦唯雄浑男性的嗓音焕发出一种刚柔相济的美，只能用好听得让人绝望来形容。窦唯这位"制造音乐"的天才，把歌曲演绎得确实极为煽情。和崔健相比，"黑豹"更趋向于理想主义，崔健幻想在战争中创造世界新次序，而"黑豹"则试图唤起人们心目中的美好感情，他们并不渴望战争（《别去糟蹋》大概是大陆的第一首反战的摇滚歌曲，尽管这是欧美摇滚乐的经典内容。）

90年代初期，出现了大量的民谣歌曲。像《中华民谣》、《笑脸》、《红头绳》、《钟鼓楼》、《北京TAXI》、《艳粉街的故事》、《磨刀老头》、《姐姐》、《九月九的酒》、《丢手绢》、《小小子》等等。虽然众多作品良莠不齐，各界评价褒贬不一，但是丝毫没有影响这些歌曲的流行。

1991 年

《歌曲》编辑部评出的"十大金曲"有《渴望》、《命运不是辘轳》、《在中国的大地上》、《只要你过得比我好》、《弯弯的月亮》、《都是一个爱》、《好人一生平安》、《心中的故事》、《特别的爱给特别的你》、《父老乡亲》，其中尤以广东音乐人李海鹰作词作曲、著名歌星刘欢演唱的《弯弯的月亮》影响最大。《北京晚报》把这首歌列为建国50年来最有影响的10首歌曲之一。

这一年，原为江西省歌舞团独唱演员的杨钰莹只身独闯广州。她清纯、淡雅、甜润的歌路，清秀、典雅、飘逸的外貌立刻引起广州音乐人的注意，广州新时代影音公司捷足先登，将杨钰莹罗致在旗下，成为中国内地第一位签约歌手。新时代影音公司有意识地把杨钰莹塑造成为一种健康的形象，在气质上，设计成一个中国传统的清纯倩丽的女孩，服装上追求轻松明快、朴实自然的色调，并根据杨钰莹的嗓音条件，为她度身定做甜歌。南国歌坛的"甜妹子"先后推出《为爱祝福》等3盒专辑，铺天盖地进行广告宣传，由此掀起了一股甜歌风。1992年，杨钰莹为电视连续剧《外来妹》演唱主题歌《我不想说》之后，又相继推出《梦中花》、《风含情，水含笑》、《情歌伴舞》、《月亮船》等个人专辑，那些甜歌如《让我轻轻告诉你》开始在社会上广泛流行。1994年，杨钰莹演唱的《你的心总是不一样》、《等你一万年》、《是否我不该等你》、《星星是我看你的眼睛》、《晚霞中的红蜻蜓》等，在社会上都有很高的知名度。

毛宁在演唱《外来妹》片尾曲《等你在老地方》后开始走红。又因为与杨钰莹同时属新时代影音公司，且二人经常共同开演唱会，歌坛遂有"金童玉女"之称。1992年，一首《蓝蓝的夜蓝蓝的梦》流传长城内外。毛宁当年即推出首张个人专辑《请把我的情意留在你身边》。随着知名度日炽，《涛声依旧》这首歌更是飞遍千家万户，人们耳熟能详。1994 年，毛宁与杨钰莹一道，在成都、上海举行了"毛宁·杨钰莹演唱会"。特别是在上海体育馆的演出也获得巨大成功，确定了"金童玉女"在歌坛的地位。"金童玉女"以他们清新、健康的形象，甜美莹润的歌声，为人们编织了一个寻找幸福的梦。

为迎接毛泽东诞辰一百周年，中国唱片总公司上海分公司推出了大众化的红色老歌新唱《红太阳 —— 毛泽东颂歌新节奏联唱》，仅正版专辑当年发行量就达到了百万张以上。《太阳最红，毛主席最亲》、《在北京的金山上》等革命歌曲再度唱遍全中国。

齐秦携手"虹"乐队打造了被乐迷认为是其巅峰之作的《纪念日》，在这盘糅合了激情与梦想，宽容与呐喊的专辑中，齐秦以一种沉郁激荡的尖锐、前卫孤高的发泄，嘶吼出几乎是非典型的齐秦。终于，校园民谣的苍白和虚假被老狼和高晓松的率真抢夺了阵地，但也引领中国流行音乐在一种稍显幼稚的自恋情结中浸淫了很久。

崔健推出了第二张专辑《解决》。

林忆莲首张国语专辑《爱上一个不回家的人》销量突破 60 万张，风靡东南亚及日本。

《我的一九九七》制作完成，这张专辑集中了当时中国流行音乐的精英分子。《我的一九九七》最早在台湾发行，引起很大反响，专辑销售也很成功。

1992 —— 1999　签约时代与造星运动

1992 年

广东率先在全国引进了歌手签约制度，最早兴起了"包装"的术语，出现了第一批"包装"的歌手。"中唱"、"太平洋"、"新时代"和"白天鹅"日渐成为广东乐坛的四大唱片公司，各自旗下都拥有一批重量级歌手和重量级的词曲人。所有与之相关的行业都盛极一时，"造星"工程得以不断深入。当红歌手们每人都有自己的代表作，如甘苹的《大哥，你好吗？》、李春波的《小芳》、林依轮的《爱情鸟》、高林生的《你的柔情我永远不懂》。"城市化，卡拉OK化，更加抒情优美，也更加含蓄"，著名音乐人陈小奇对此这样评价。年度推荐歌曲：《寂寞让我如此美丽》、《梦回唐朝》、《红颜知己》、《夜玫瑰》。

叶倩文的《潇洒走一回》"留一半清醒留一半醉"的歌词对于广大感情泛滥、未来渺茫的现代人来说就像一包随时有效的安眠药，毫不费力就能麻醉自己。

孙楠、那英、谢晓东、毛阿敏等一同赴香港参加了在当时号称"内地流行乐坛精英展示"的首届"中国风"演唱会。"黑鸭子"演唱组合引起了轰动。这是海外流行乐坛第一次注目内地的演唱组合。

10月，孙楠在印度尼西亚举办六场"孙楠之夜"个人演唱会，成为第一位在国外举办个人演唱会的中国流行歌手。

唐朝乐队推出专辑《梦回唐朝》。同年，台湾滚石有声出版社有限公司出版发行了《中国火Ⅰ》。这个专辑汇集了当时中国摇滚乐的各路高手。入选曲目有张楚的《姐姐》、"黑豹"的《别去糟蹋》、"ADO"的《我不能随便说》、"红色部队"的《累》、"目击者"乐队的《永远的等你》等，可以说搜集了港台和内地三地摇滚乐的优秀作品。

1992年开始，大地唱片、红星生产社、竹书文化、星工场、麒麟童唱片、麦田音乐、新蜂音乐等数十家唱片公司相继成立，而华纳、索尼、百代等海外大唱片公司也纷纷介入内地流行音乐市场。

1993 年

这一年被称为中国流行乐坛上的摇滚音乐年。春节前，"唐朝"乐队的专辑《梦回唐朝》首发10万盒，被抢购一空。2月，几家大报牵头评选"十大摇滚乐队"；北京第一家为摇滚乐歌迷服务的摇滚服饰店开业；美国"南方派"、"重金属"乐队来华演出。3月，中国内地第一家摇滚学校举行开学典礼，崔健、何勇和"唐朝"、"黑豹"都出席了典礼仪式。不久，北京音乐台开播"摇滚杂志"节目;由内地独立制作的第一盒摇滚乐专辑《摇滚北京》正式发行,在摇滚圈内外又掀起了一个高潮。这个专辑汇集了"黑豹"、"眼镜蛇"、"指南针"、"做梦"、"新谛"、"呼吸"、"超载"、"Again"8支乐队以及王勇、常宽两位个人歌手的10首作品,荟萃了内地摇滚乐坛的绝大多数一流高手,集思想性、艺术性和先锋性于一体,代表了当时中国摇滚乐的水平,标志了一个新时代的开始。

这时,大陆流行音乐的复苏似乎已成定局。广州中唱成功推出的李春波、甘苹,毛宁和杨钰莹已经获得了广泛的认可:毛宁的《涛声依旧》、甘苹的《大哥你好吗》、杨钰莹的《轻轻地告诉你》火遍大江南北;香港大地唱片公司在北京以强大的宣传攻势推出艾敬和《我的1997》,自由制作人王小京奇迹般地将名不见经传的"指南针"乐队和年轻歌手罗琦、陈琳送到了公众面前,陈琳首张个人专辑《你的柔情我永远不懂》创造了狂销一百五十万张的销售记录。广州白天鹅音像公司的签约歌手高林生因一曲《牵挂你的人是我》一炮走红。

重要的是,一代新人出现了,从词曲创作到歌手,这一代新人对于年轻的听众来说是同代人,无论作品还是风格非常容易得到认同:"村里有个姑娘叫小芳,长得好看又善良,一双美丽的大眼睛,辫子粗又长……"《小芳》红遍大江南北。随着《小芳》的出现,《一封家书》的火热,中国流行乐坛兴起了一股"城市民谣"的热潮;大地唱片公司先后推出两张《校园民谣》,一首《同桌的你》,让我们看到了中国自己的校园民谣。一张《校园民谣1》,让校园音乐成为了流行音乐中的闪光点。音乐人黄小茂挖掘了以老狼和高晓松为代表的校园歌手和音乐制作人,代表作《同桌的你》、《睡在我上铺的兄弟》,掀起了抒情的青春的略带怀旧的情怀。

随着流行音乐被社会各界的广泛接受,舆论界对流行音乐的关注焦点也转向了对流行音乐行业的发展趋向和具体作品的评论上。如对流行音乐的"包装"问题和歌曲《小芳》所反映的道德伦理观念的讨论。《中央音乐

◎李春波

学院学报》连续发表了一系列有关流行音乐的文章，反映出专业音乐理论工作者对流行音乐的关注。5 月，上海召开了"台湾歌手罗大佑、黄舒骏作品研讨会"并刊印了会议的论文集，正面探讨了这两位歌手作品的文化意义。上海音乐学院建立了流行音乐作曲专业，其他的高等音乐院校也开设电子音乐和音响导演专业。培养流行音乐的高级专门人才。

5 月 24 日，"北京歌曲排行榜"开播，这是北方首家此类的流行音乐节目。当时还没有音乐电视，所以很多作品都是在这里开始传播流行的。

10 月，上海东方广播电台在中国内地乐坛高高举起《东方风云榜》的大旗。第一届《东方风云榜》获奖十大金曲：《小芳》、《你的柔情我永远不懂》、《涛声依旧》、《千万次地问》、《大哥你好吗》、《轻轻地告诉你》、《我的 1997》、《对你的爱越深就越来越心痛》、《牵挂你的人是我》、《秋天的女人》。最受欢迎男歌手和最受欢迎女歌手分别为刘欢和艾敬。

11 月，4 名中央音乐学院的年轻人以母校的门牌号码为名，成立了"鲍家街 43 号"乐队。这支乐队赋予了摇滚唯美的新风尚，并很快在中国摇滚圈中声名大噪。

第一届中国音乐电视 MTV 大赛举行。《长城长》、《月亮船》、《我是中国人》、《牵手》、《长大后我就成了你》等作品获得金奖。

1994 年

歌坛很多歌手如昙花一现，有的甚至还没有昙花一现就无声无息地被淘汰出局，而很多成功的作品却往往红火于莫名其妙之间。如果在 1993 年谁预测已经创作了几年的还获过奖的《纤夫的爱》会像《小芳》一样成为 1994 年的热门歌曲，大概没有几个人会相信；即使在《校园民谣》的新闻已经炒得很热的时候，也没有几个人认为它会有超过 50 万盘以上的销售量；对于在摇滚圈子里已经挣扎多年的张楚、窦唯和何勇来说，"新音乐"在 1994 年的小市场是没人怀疑的，但同样没有太多的人认为他们的专辑会在 1994 年成为可以与民谣、都市流行歌曲三足鼎立的一支。但恰恰是《纤夫的爱》和《同桌的你》与"新音乐"构成了 1994 年最红火的热点。

8 月，"北京歌曲排行榜"为 1993 年全年和 1994 年上半年的 15 首金曲举行的颁奖典礼，开了内地流行演唱会的新样式。首体之夜异常火爆。

1995 年 2 月 26 日，东方风云榜第二届获奖名单公布。十大金曲：《同桌的你》、《雾里看花》、《笑脸》、《我听过你的歌》、《纤夫的爱》、《回到拉萨》、《又见茉莉花》、《失眠的夜》、《回来》、《火火的歌谣》。最受欢迎男歌手：高林生，最受欢迎女歌手：那英。

1995 年

冲突和解约是 1995 年中国流行乐坛的主题。歌手纷纷北上，甘苹和李春波到北京学习后留在了那里；陈明转签了 SONY 北京公司；光头李进借着与北京中国之路网站合作《拥抱 internet》歌曲而落户北京；林依轮、毛宁和周艳泓等人也都与北京的公司签约；当媒体宣告"广东最后一个一线歌手金学峰日前签约北京"时，曾经"雁南飞"的广东乐坛，此时已是不折不扣的人去楼空，留下的只有记忆中的辉煌。

南雁北飞，但几乎没有歌手能够再创当年的辉煌。中国原创音乐的黄金年代就在不成熟的市场体制下过去了，随着全球化的深入，接下来迎接中国乐坛的就是国际唱片公司纷纷起舞的商业音乐时代。95 年全年，有些许生活色泽和生命光亮的作品并不多见，勉强可凑数的有栗正《没有我你冷不冷》、《街上的孩子用舞蹈在哭》，以及张恒《天堂里有没有车来车往》，郁冬的《露天电影院》，窦唯的《艳阳天》。

这一年，留在人们记忆最深处的是高枫的一曲《大中国》。1996 年 1 月，《大中国》在上海东方台东方风云榜、音像世界排行榜、当代歌坛排行榜、北京音乐台排行榜等 50 多家电台摘取了桂冠。

出现一批内地歌手的外地制作风潮，如台湾制作的那英《白天不懂夜的黑》、孙楠《谁的心忘了收》，日本人编曲的周冰倩《沧桑情歌》，新加坡背景的任天鸣《一程山水一程歌》、郭峰《有你有我》，香港人参与的朱桦《凤凰与蝴蝶》，将它们与内地创作编配的作品对比，就会发现：香港、台湾、日本、新加坡以及大陆的商业流行乐已大致趋同。

"纤夫"之后，尹相杰、于文华连续推出自我复制的姊妹篇《天不下雨天不刮风天上有太阳》、《偷一颗月亮照亮天》两张专辑，南北方同时趁风推出的有陈思思《情哥哥去南方》、刁寒《春水似年华》、陈少华《九月九的酒》，"酒"红后趁热再推《九九女儿红》；随后，火风的《大花轿》、林青的《上帝呀！请您吸支烟》上市。

艾敬的《艳粉街》挖掘了个人经历和少时记忆，而同属于这经历和记忆的童谣、儿歌、民间戏曲浑然天成其音乐形式。它和曹崴《情歌唱晚》都属于1994年的作品，但听众广泛接触是在1995年。

就产业而言，北京、广州两个中国流行乐基地1995年是低落的，而一直并未崛起的上海在这年却有了起色。海派的诸多作品重归严谨、严肃的配器，用交响编制、采大乐气派。1995年7月1日，高林生从广州来到上海，加盟上海新星座音乐制作公司，推出的《爱情花园》、《随风》专辑，受到流行歌坛的极大关注和好评，成为跳槽之后唯一有长进的歌手。另外，上海年底大力推出的16岁女歌手甄凌表现了其歌唱上的才情，《夏末秋初的爱情》带来一种闻所未闻的唱法，那高远而晴朗的高腔有新意，吐字的粘连、慢动作更有新意，甄凌因此而创造了一种新的人声。这年，钢琴科班出身的李泉在魔岩推出了《上海梦》；罗中旭在第八届国际流行音乐节上取得了第一名，据说这是中国歌手在国际流行音乐比赛中的最好成绩。

这一年，老歌手纷纷复出，田震以一首《执着》再现歌坛，一改"西北风"时代的单一感，新音乐的重塑给她更多人文、感性的内容；摇滚老将臧天朔聚10年之力推出《我这十年》专辑，收录了广为人知的《心的祈祷》、《朋友》等歌曲。销量很快超过20万张；曾经获过全国歌手大奖赛奖项的朱哲琴推出的唱片《阿姐鼓》，引起了国际唱片界的注意和好评。而孙悦的《祝你平安》、戴军的《阿莲》、韩晓的《我想去桂林》也曾传唱一时。

这一年，一代天后邓丽君去世。国内多支摇滚乐队联合出版了纪念专辑《最后的摇滚》。以摇滚方式翻唱邓丽君的歌曲，表达敬意。

由于歌坛分外活跃，"北京歌曲排行榜"在首体举行的第二届颁奖演唱会达到了高峰，创造了首体神话。以郑钧、林依轮、谢东、孙悦为代表的"94新生代"得到全面肯定。

东方风云榜第三届获奖名单公布。十大金曲：《大中国》、《祝你平安》、《九月九的酒》、《伤心雨》、《起风的黄昏》、《她的名字叫阳光》、《执着》、《蕾》、《你的明天会很美》、《我想去桂林》。最受欢迎男歌手：罗中旭，最受欢迎女歌手：孙悦。

1996 年

《花开不败》和《梦幻田园》等一些新的概念唱片的出现给了乐坛一些思考和希望，引起了业界和歌迷的关注。老歌手继续复出，屠洪刚推出《霸王别姬》、谢晓东推出《珍惜》、郭峰推出《移情别恋》。零点乐队的首张专辑《别误会》面世。但 1996 年歌坛真正出彩的是陈明，她那首《为你》开创了当年所谓"世界音乐"编配的风潮。当 2001 年 1 月 1 日，她被城市晚报社授予"新世纪荣誉艺人"称号时，恐怕连她自己都不知道，这与纸媒体 1996 年的乐评里曾 99% 都是捧她的有关。

《宝贝对不起》、《光辉岁月》、《情书》、《忘记你我做不到》在 1996 年中国流行歌坛曾风光无限。一首《霸王别姬》，屠洪刚终于找到了适合自己的阳刚路线；当年的一例奇特现象是《青藏高原》，所谓民族流行音乐开始被认识和接受，至今很多流行歌手还喜欢用这首歌来表现唱功，但至今得到公认的演绎者还是李娜。

11 月，北京举行了"中国歌坛 10 年回顾"大型演出和颁奖活动。对流行音乐的发展状况进行了总结。

《北京歌曲排行榜》更名为《中国歌曲排行榜》。

《东方风云榜》第四届获奖名单公布。十大金曲：《红旗飘飘》、《伙伴》、《爱在你身边》、《爱情花园》、《为你》、《依靠》、《别来无恙》、《情如往昔》、《Da-Ba-Lu-Ba》、《是不是因为我不够温柔》。

最受欢迎男歌手：王子鸣，最受欢迎女歌手：陈明，最受欢迎乐队组合：零点乐队《你到底爱不爱我》。

1997 年

上海的《音像世界》、北京的《中国百老汇》上的港台明星访谈增多，"商业操作""全方位宣传"等语言出现在各类媒体上，港台明星在内地开演唱会的机会也逐渐增多。于是，演出的年份和季节来了。

　　《爱不爱我》在全国各地很受欢迎，"你到底爱不爱我？"每每零点乐队在现场这么唱，观众席都会回应——"爱！"这就是《爱不爱我》的魅力，被城市晚报社授予"新世纪荣誉乐队"称号的零点乐队，着实把歌曲唱到了沸点。

　　《在等待》是一首有些荡气回肠的歌曲，李慧珍的嗓音淋漓尽致。中唱广州公司推出的《快乐老家》继续延续了陈明的平和与把握音乐的敏感细腻。田震的《干杯朋友》很优美、感人，民谣般的曲式给了田震更有力度的风格演绎。唱片公司开始大量的运用企划概念，逐渐一些个性策划系列地出现在各种歌手专辑中。《心太软》、《好汉歌》、《一九九七永恒的爱》都曾得到过人们的关注。

　　东方风云榜第五届获奖名单公布。十大金曲：《快乐老家》、《为你自豪》、《错爱》、《许愿》、《我怎么了》、《笨鸟先飞》、《爱了恨了笑了疼了》、《长江谣》、《中国娃》、《纸月亮》。最受欢迎男歌手：金学峰，最受欢迎女歌手：陈明，最受欢迎乐队组合：零点乐队《每一日每一夜》。

1998 年

　　海外公司纷纷进驻中国，目标鲜明，就是占领这块创造巨大利润的市场。索尼公司一举签下刘欢、韩磊、李春波等歌坛老将；百代在上海签下那英；华纳公司与内地新锐制作公司麦田唱片进行合并；BMG 公司带着孙楠、辛欣、瞿颖也汹涌而来。而国内自不甘落后，携背后丰裕资金力量的喜洋洋唱片公司也张扬着成立；各类大小唱片、文化公司纷纷注册，等待着分割到一块蛋糕。

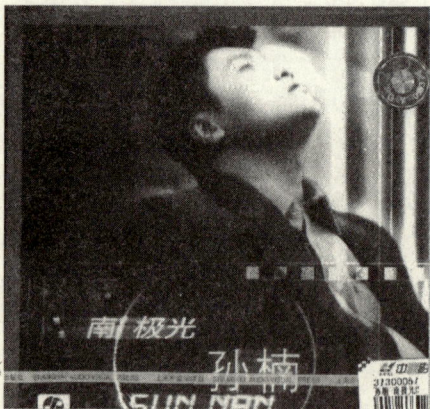
⊙孙楠

　　满文军的《让你的天空最美》和孙楠《楠极光》在销量上取得的成绩优秀，二人均嗓音优秀兼具受广大民众接受的亲和面容，《懂你》、《不见不散》堪称经典；李春波在众人的期待中推出了《贫穷与富有》专辑，可以察觉到他的企图和探究更深度内容的用心；麒麟童公司推出的女歌手韩红，她一曲《家乡》以"藏式情怀"赢得了不少掌声。而王菲／那英的《相约1998》、刘德华的《笨小孩》、动力火车的《当》、林心如/周杰演唱的《你是风儿我是沙》也赢得了许多人的喜爱。

这一年的作品明显让人感觉到注重了编配、缩混等后期工作，说明内地的制作力量在逐渐加强，歌手的自我精品意识也在成型。内地歌坛的一件比较重要的事就是女子组合开始繁荣，9月，"青春美少女"在韩国制作出版首张国语专辑《快乐宝贝》，获当年中国原创音乐总评榜第四季度十大金曲奖和年度最佳组合奖。

东方风云榜第六届获奖名单公布。十大金曲：《相约1998》、《笨小孩》、《哭了》、《听吧》、《舍不得你走》、《懂你》、《爱要说》、《不见不散》、《心有些乱》、《爱在今夜》。最受欢迎男歌手：王子鸣，最受欢迎女歌手：那英，最受欢迎乐队组合：梦幻想《节拍》。

1999 年

千年之末，朴树，一个优秀的创作歌手带来了少有的新鲜气息，《我去2000年》专辑中民谣、电子、摇滚都在出现，制作人张亚东的编配赋予了朴树的音乐更多发展的空间，使校园民谣这种1994以来的音乐形式开始拓宽。老歌手陈琳在转换个人风格上做的努力也取得了成功，《走开》中的时尚电子音乐风格改变了陈琳以往的面貌，使得陈琳逐渐成为都市女性心情的代言人。陈琳的成功转型证明了唱片公司在音乐概念和企划制作上的日渐成熟。酝酿许久的田震也推出了歌曲《靠近我》。一个曾经拜访过多家唱片公司未被接纳的"羽·泉"组合，终于签约滚石中国，一曲《最美》唱红全国。

由于"中国歌曲排行榜"成立之初的艰难和其伴随内地歌坛的起伏与发展，曾一度停止的颁奖演唱会于2000年3月23日在首体重新开张，

⊙羽·泉组合

31

金曲奖中一个很大的特色是《从头再来》等为下岗职工励志的公益题材歌曲占不小比例，使得榜单带有鲜明的时代痕迹。首次推出了由京城十大著名媒体参与关注中国歌坛最有潜质的新人新音乐的全新奖项——传媒推荐大奖。

东方风云榜第七届获奖名单公布。十大金曲：《为爱存在》、《你快回来》、《爱太难》、《最美》、《等待》、《节拍》、《走开》、《希望》、《友爱》、《不再让你受委屈》。最受欢迎男歌手：孙楠，最受欢迎女歌手：那英，最受欢迎乐队：零点乐队，最受欢迎组合：羽·泉。

2000 —— 2008　周杰伦之后

2000 年

网络时代来临。搜狐在首体办了一场免费演唱会，新浪和唱片公司合作推出歌手，还有网络公司在签歌手、搞大赛、发专辑，但网络和传统并没有真的联手。

从上个世纪末网络的普及到今天，越来越多的人开始在网络上用自己的方式表现热爱音乐的决心。不少民间歌手开始在网络上秀出自己的音乐才华，或者将已经做出的音乐配上动漫，完全用网络语言重新定义一首歌曲的风格。《东北人都是活雷锋》便是这一阶段异军突起的代表作品。独特的方言和演唱方式一下子打破了十几年正规歌手固有的演唱模式，越来越多的人开始关注网络这个独有的走红媒介。一批网络歌手和网络歌曲也应运而生。刀郎、香香、《老鼠爱大米》、《丁香花》等等。网络歌曲从此以平易近人的姿态介入寻常百姓的生活，不仅是随身携带的 mp3 中下载的首选，同时也是手机彩铃点击率相当高的歌曲类别。

"这个现象，说明网络作为一个单独品种的媒体地位越来越高了。不过说实话，这些小孩（网络歌手）很幼稚，唱的听的都很幼稚。"

—— 雪村

歌迷的欣赏口味在随着国内外音乐资讯的流通发生改变，R&B 唱腔出现、韩流逼近、朋克流行、流行和摇滚不再是两分天下。"羽·泉"开始红得发紫，新人们继续出现。索尼公司签约的年纪轻轻、嗓音不俗的金海心表现抢眼；喜洋洋唱片推出清华校园歌手卢庚戌；正大国际推出蒙古族女歌手斯琴格日乐。青春美少女、BOB、"花儿"等各类组合、乐队纷纷出现，一时间，歌坛有些百花齐放的味道。《陈琳》、《心酸的浪漫》、《震撼》、《只有你》、《冷酷到底》、《未来的未来》、《新世纪》等专辑表现不俗。一些名气稍逊的歌手的专辑更有可圈可点之处：黄绮珊的《只有你》因那首表现了非凡唱功的主打歌使它受到关注；谢雨欣的《爱是怎样炼成的》在金牌制作人小柯的精心打造后，清新的听觉感受使它成为受欢迎的专辑之一；小柯自己的影视音乐专辑《日子》因其自身的创作实力也显得分量很重；汪峰与鲍家街 43 号的《花火》在摇滚风格专辑中最突出，汪峰多年的积累加上张亚东的参与，使它显现出不少精彩亮点。

"中国歌曲排行榜"再一次站在阔别 4 年的首体舞台，让两万名歌迷度过了一个狂欢的音乐夜晚。并首次推出由北京十大著名媒体参与的"传媒推荐大奖"，旨在表达对于音乐发展前瞻性的观点。

是年 9 月，黑衣墨镜、一脸冷漠、一腔烈火的罗大佑在无数歌迷望眼欲穿的等待中，终于登上了内地的舞台。他的再现进一步启迪了内地歌坛，引起了生于七十年代初期那部分人的强烈共鸣。

东方风云榜第八届获奖名单

时间：2001 年 5 月 9 日

地点：上海大舞台

十大金曲	主 唱	作 词	作 曲
《心酸的浪漫》	那 英	那 英	张 宇
《嗳哟》	林依轮	李安修	彭莒欣
《爱不后悔》	田 震	杨嘉松	杨嘉松

33

《为爱说抱歉》	孙楠	孙楠	三宝
《天亮了》	韩红	韩红	韩红
《那么骄傲》	金海心	厉曼婷	刘大江
《让你心动》	罗中旭	罗中旭	罗中旭
《住在秋天》	王子鸣	张鹏	闻震
《第三天》	谢雨欣	小柯	小柯
《把爱留给爱你的人》	羽·泉	吴晓天	陈羽凡

最受欢迎男歌手：孙楠

最受欢迎女歌手：那英

最受欢迎组合：羽·泉

最佳歌手：林依轮

2001 年

　　（全国）卫星音乐广播协作网诞生，全国 20 家省市音乐电台联合推出"中国歌曲排行榜"节目，真正把原创音乐在第一时间介绍给全国听众。

　　央视推出"同一首歌"大型晚会。

　　田震的《水姻缘》、《月牙泉》，那英的《一笑而过》，创作歌手李泉的《时间飞了》等充分体现了技术和感觉的良好结合，从而使歌手的感觉更加突出于听众的耳边。羽·泉组合推出《热爱》、陈琳推出《爱就爱了》、水木年华推出《一生有你》、许巍推出《那一年》、韩红推出《醒了》、郑钧推出《三分之一理想》，这些专辑均让不同风格喜好的乐迷大饱了耳福。其实这正是大众所期待的，多元的音乐形式。

◎雪村

　　2001 年的网络歌手中最为突出与成功的就是雪村，他的那首《东北人都是活雷锋》成为当年网络点击率最高的一个，雪村也因该歌曲登上了当年春节晚会的舞台，从一名网络歌手打进了流行乐坛。

　　新世纪的开始，人们充满了期待。港台

各类音乐人纷纷进入内地，进行了良好的艺术和商业的交流与合作。证明了内地歌坛的力量和地位在亚洲地区明显增高，大中华的音乐环境蔚然成型。北京渐显成为未来华语流行音乐中心的地位。

4月，《中国歌曲排行榜》走向海外，在纽约侨生电台首度开播，海外听众对于《中国歌曲排行榜》的支持也可以通过互联网反馈回来，成为了《中国歌曲排行榜》评榜的新依据。而此后，包括澳大利亚、加拿大等地的电台陆续开始播出《中国歌曲排行榜》，使全世界有华人的地方都能听到中国的原创音乐。

东方风云榜第九届获奖名单

十大金曲	演 唱	作 词	作 曲
《一笑而过》	那 英	那 英	刘志文、刘国明
《水姻缘》	田 震	徐绍斌	徐绍斌
《1/3 理想》	郑 钧	郑 钧	郑 钧
《东北人都是活雷锋》	雪 村	雪 村	雪 村
《深呼吸》	羽·泉	梁 芒	羽·泉
《醒了》	韩 红	韩 红	韩 红
《爱就爱了》	陈 琳	杨立德、李琪	张亚东
《时间飞了》	李 泉	林海、李燃	李 燃
《放手》	屠洪刚	宝国、小茂	宝 国
《双鱼》	叶 蓓	叶 蓓	刘大江

最受欢迎男歌手：郑钧

最受欢迎女歌手：田震

最受欢迎组合：羽·泉

最佳歌手：林依轮

2002 年

是歌迷期待很久的一些音乐人收获的一年，老狼七年之后再推出依然有些忧伤的《晴朗》、韩红巧用更多音乐元素《歌唱》2002、许巍签约艺风公司推出的《时光漫步》都给大家带来了不同程度的惊喜和感动。其中，《时光漫步》

35

竟然上市不到两周卖到断货。老歌手孙悦大胆起用新人制作，其专辑《哭泣的百合花》获得了市场和业界的好评，鲍家街43号主创汪峰抛出的《子弹》也在揭示着音乐人在重新审视自我和世界之时已充分认识到了市场的重要性。新人们表现抢眼，杨坤《无所谓》的唱腔让很多人着迷，胡彦斌时尚的音乐形式在香港获得了承认和赞许；华纳新人王珏为一曲《明天》收到的欢迎和榜上成绩着实高兴。2002年让人欣慰的是成名歌手专辑出版数量多、质量高，另外新人整体素质高，大多具有优秀的创作能力。

1月17日，全国卫星音乐广播协作网《中国歌曲排行榜》2002年年度颁奖礼举行。3月29日，作为中国流行乐坛风向标的《中国歌曲排行榜》又一次迎来了盛大的聚会，而这一次《中国歌曲排行榜》的队伍是集合了全国16家电台，当晚同步现场直播，使得《中国歌曲排行榜》的覆盖人群达4亿。作为当年最后一个压轴出场的颁奖晚会，《中国歌曲排行榜》真正做到了"鼓励原创、力推新人"。

6月9日，《中国歌曲排行榜》在美国纽约金神大剧场举行了第一届海外票选颁奖典礼，第一次将内地原创音乐带到了大洋彼岸。

2002年度中国歌曲排行榜：孙楠、韩红、羽·泉、零点分获最受欢迎男女歌手、组合、乐队大奖，王珏、杨坤获得最佳创作新人奖和最受欢迎新人，田原、黑棒组合、沙宝亮、林宸希、杨嘉松则被统称为"未来主人翁"。第十届中国歌曲排行榜十五大金曲依次为：孙楠《我爱的她不爱我》、韩红《来吧》、林依轮《如果爱搁浅》、赵凯《柏拉图广场》、郑钧《苍天在上》、孙悦《哭泣的百合花》、老狼《晴朗》、杨坤《无所谓》、满江《奇迹》、青蛙乐队《相爱的地方》、羽·泉《开往春天的地铁》、满文军《我需要你》、汪峰《在雨中》、许巍《一天》、零点乐队《没有什么不可以》。

第十届《东方风云榜》获奖名单

十大金曲	演 唱	作 词	作 曲
《旅程》	羽·泉	胡海泉	胡海泉
《爱上你等于爱上寂寞》	那 英	徐光义	徐光义
《奇迹》	满 江	李小龙	小 柯
《哭泣的百合花》	孙 悦	董赫男	董赫男

《和尚》	胡彦斌	胡彦斌	胡彦斌
《我爱的她不爱我》	孙 楠	吴向飞	孙 楠
《无所谓》	杨 坤	杨 坤	杨 坤
《天涯》	韩 红	索南多杰	藏族民歌
《如果爱搁浅》	林依轮	董赫男	董赫男
《我需要你》	满文军	刘 沁	刘 沁

最受欢迎男歌手：孙楠

最受欢迎女歌手：韩红

最受欢迎组合：羽·泉

最受欢迎乐队：零点乐队

2003 年

　　虽然流行音乐新歌不断，宣传造势花样层出不穷，但似乎还是少了些真正的"原创"。歌手罗中旭在 2003 年年底做了一次成功的回归，新专辑《刺》让他重新回到了主流乐坛情歌的路线上。陈红的《走过长安街》另辟蹊径找到了一条融合东西连贯内外的路子。"竹书文化"唱片公司杀出的"黑马"杨坤，年底推出了新专辑《那一天》，在第一张唱片《无所谓》奠定的坚实基础上乘胜追击。正大国际也在 2003 年为斯琴格日乐推出了她的新专辑《寻找》。《寻找》一时间曾在歌坛掀起了不小的风浪，但最终也如风暴过后悄无声息。年尾朴树的《生如夏花》是华纳唱片的重头戏，等待了 4 年之久，朴树的专辑终于上场了，这张跨越了一个世纪的专辑确实令人感怀不已。虽然新专辑的音乐特点、旋律和可流行度上比朴树的第一张差一些，但随着一曲《Coulorful days》广告歌曲的深入人心和对人生"生如夏花"的感叹，唱片大卖其实早已注定……

　　2003 年也是一个全面回忆的年份，刘欢的《六十年代生人》、许茹芸的《云且留住》、韩红的《红》、郑钧的《我们的生活充满阳光》以及戴玉强的《红色浪漫经典》等陆续吹起翻唱之风。

　　中国歌曲排行榜开设短信点歌、点评，这一与时代同步的市场运行做法从 2002 延续到新年，歌迷火热投入。由此产生的排行榜被看作流行歌坛的晴雨表，透过一首首歌曲在榜上的位置更迭，歌手们在榜上的来来往往，映射出流

37

行歌坛的斗转星移。

2003年度中国歌曲排行榜15大金曲奖：周迅《看海》、朱桦《咔》、金海心《对岸》、艳乐队《幸福》、零点《你的爱给了谁》、黄征《爱情诺曼底》、《爱值得》、许巍《完美生活》、朴树《Colorful days》、孙楠《拯救》、沙宝亮《暗香》、李健《绽放》、羽·泉《惩罚》、水木年华《在他乡》、陈琳《不想骗自己》。

第十一届《东方风云榜》获奖名单

十大金曲：

朴　树　《Colorful days》

孙　楠　《飞越海洋》

沙宝亮　《暗香》

胡彦斌　《你记得吗》

李　泉　《这个杀手不太冷》

斯琴格日乐　《幻想》

陈　琳　《不想骗自己》

羽·泉　《没你不行》

杨　坤　《那一天》

罗中旭　《刺》

最受欢迎男歌手奖：杨坤

最受欢迎女歌手奖：韩红

最受欢迎乐队：零点乐队

最受欢迎组合：羽·泉

新锐乐队：艳乐队

新锐组合：大地乐团

2004年

原创歌坛可以用"平淡"二字形容。这一年最大的热点是刀郎。代表作是《2002年的第一场雪》。虽然刀郎的歌曲在创作上并无太多创新之处，其本质是一种翻唱，重新改装了新疆民歌，但当时却赢得了许多人的推崇。刀郎虽然如流星转瞬即逝，但"刀郎现象"仍在 21 世纪初的文化轨迹上形成了一个点，是不可不提的一个点。

另一个值得关注的现象是"演而优则唱"的大行其道。龙宽九段的出现让人欣喜，它预示着一个潜在的音乐新势力开始冲击歌坛，为非主流进入主流市场提供了一个绝佳的蓝本。

赵薇、陈坤无疑是 04 年歌坛上的最大赢家，利益刺激着"演而优则唱"的推而广之，渐渐成为唱片公司赢利的不可或缺的模式。龙宽九段用国际化音乐元素革新技术，撕破歌坛的沉闷。《没有人像我一样》中 Chill-Out 化的沙发音乐，《我听这种音乐的时候最爱你》的大众流行旋律，以及《莲花》的吉他融合电音曲，都体现了这支流行组合的不俗品位。曾经被认定为"非主流"的音乐形式成功地进入主流视野，由小众遍及大众的洗礼与颠覆，龙宽九段的走红证明：音乐理想与大众化可以并存。

这一年的另一个异类是花儿乐队，由朋克乐队向流行组合转型为他们带来了商业上的成功，意外地获得了青少年的大肆追捧。

2004 年 1 月 22 日晚，第 12 届中国歌曲排行榜颁奖在北京揭晓，周杰伦、孙燕姿分获港台地区年度最受欢迎男女歌手，内地最受欢迎男女歌手则由沙宝亮孙悦获得。年度最受欢迎组合为水木年华，年度最受欢迎乐队为花儿乐队、年度最受欢迎新人为陈坤，年度最受欢迎港台地区组合为 S.H.E，年度最受欢迎港台地区乐队为 F.I.R，年度最佳专辑为许巍《每一刻都是崭新的》。

2004 年度十五大金曲为：花儿乐队《刚刚好》、满江《肩膀》、沙宝亮《蒙娜丽莎》、胡彦斌《等》、孙悦《倾城之恋》、陈坤《烟花火》、羽·泉《Has It》、丁薇《再见 我爱你》、王筝《春风》、青蛙《新的奇迹》、许巍《旅行》、朴树《我爱你再见》、龙宽九段《我听这种音乐的时候最爱你》、赵薇《渐渐》、汪峰《飞得更高》。

第十二届东方风云榜获奖名单

十大金曲：

水木年华　《Dancing in the rain》

赵　薇　《渐渐》

沙宝亮　《蒙娜丽莎》

唐 磊	《丁香花》
汪 峰	《飞得更高》
孙 悦	《倾城之恋》
陈 坤	《烟花火》
何 炅	《栀子花开》
许 巍	《曾经的你》
胡彦斌	《Waiting for you》

最受欢迎男歌手：胡彦斌

最受欢迎女歌手：孙悦

最佳组合：水木年华

最佳乐队：花儿乐队

最受欢迎乐队：飞儿乐队

2005 年

似乎是中国流行音乐的转折点，不过这个转折点最突出的表现却似乎和人们传统概念的流行音乐无关：以手机彩铃为代表的数字音乐在流行音乐产业中迅速崛起，几乎所有的唱片公司都同时把无线增值市场看成了未来流行音乐最大的一个赢利点。

而单纯从音乐的视角会发现，内地歌手在颓丧。资深音乐人金兆钧在接受媒体采访时就认为歌手的整体素质在退化。台湾乐坛资深创作人李宗盛直言不讳地指出："现在歌手很多，好歌却太少，希望音乐人能够回归音乐本身，也就是核心意义上的创作。"他说，"创作人应该是流行音乐的灵魂，而现在乐坛很多公司却只知道搞造星运动，而忽略了创作"。

更有人对当前网络歌曲的风靡提出了担忧，认为这暴露出中国流行音乐体质薄弱的现状。在发达的欧美音乐界，网络歌曲没有形成潮流，就是因为音乐创作与生产都有着

⊙李宗盛

比较科学完善的规则体系，不成熟和稚气的音乐很难找到市场，而这却正是中国网络歌曲的最大特点。

从 2000 年张艺谋全国海选"幸福女孩"开始，海选便成了造势宣传的手段之一，甚至一度被认为是炒作的手段。直到 2004 年一个叫"超级女声"的选秀活动在湖南悄悄上演，许多喜欢唱歌的女孩才发现，原来普通人真的有一夜成名的可能。于是 2005 年的"超级女声"成了中国电视界的一个奇迹，选秀活动也一时间风靡整个中国。唱歌、演戏、选美……一时间似乎所有的日常生活都可以用选秀和 PK 来诠释。于是关于"超女"的质疑声和呐喊声也此起彼伏，但不可否认的是，流行音乐在此得到了一次释放，诸如李宇春、张靓颖这样一批流行歌手迅速走红。

第十三届中国歌曲排行榜获奖名单

年度先锋金曲：

布仁巴雅尔 《吉祥三宝》

孙　楠　 《忘不了你》

花儿乐队　 《喜唰唰》

王　蓉　 《哎呀》

赵　薇　 《我和上官燕》

田　震　 《冷艳》

羽·泉　 《哪一站》

爱乐团　 《天涯》

黄　征　 《地铁》

牛奶咖啡　 《Lasia》

小　柯　 《你说我容易吗》

陆　毅　 《左鞋右穿》

金海心　 《阳光下的星星》

群　星　 《礼物》

韩　红　 《神话》

年度先锋专辑：羽·泉《三十》

年度先锋创作歌手：羽·泉《三十》

41

1978
1980
1985
1990
1995
2000
2005
2008

1978~2008
中国流行文化三十年

年度先锋创作新人：牛奶咖啡《燃烧吧 小宇宙》

年度最佳专辑：周杰伦《十一月的肖邦》

最佳创作歌手：林俊杰《编号 89757》。

年度先锋男歌手：孙楠

年度先锋女歌手：韩红

年度先锋新人：陈好

年度先锋乐队组合：羽·泉

年度最受欢迎男歌手：周杰伦

年度最受欢迎女歌手、年度最受欢迎新人：张栋梁

年度最受欢迎乐队组合：Twins

第十三届东方风云榜十大金曲奖

张　杰　《北斗星的爱》

许　巍　《旅行》

何　炅　《看穿》

杨　坤　《我比从前更寂寞》

周　迅　《大齐》

李　泉　《下雨天》

陈　琳　《13131》

周笔畅　《笔记》

赵　薇　《我和上官燕》

黄　征　《野菊花》

羽·泉获最受欢迎组合奖，他们的专辑《30》获最佳专辑奖、

最佳男歌手：胡彦斌

最佳女歌手：金海心

最佳乐队：天堂乐队

最佳组合：水木年华

风云人气奖：Hero 组合

2006 年

"2006 年中国音乐最值得一说的事情就是，没有一首流行歌曲。"《人民音乐》主编、乐评人金兆钧这样说。

周杰伦的《千里之外》、胡杨林的《香水有毒》、花儿乐队的《喜唰唰》、陶喆和蔡依林合唱的《今天你要嫁给我》等歌，虽然红的原因各不相同，但都在 2006 年得到不同程度的传唱。不过金兆钧所说的流行歌，是指像《2002 年的第一场雪》、《双截棍》一样，传唱大江南北，无论男女老幼都会哼几句的歌曲。

⊙周杰伦的老唱片

信乐团的阿信 31 岁了，唱歌很多年了，他的风格没有 R&B、JAZZ、RAP 等洋派元素的华丽多变，高音区听得人心驰神往。《死了都要爱》、《离歌》让 2006 年的歌坛留下了他独特傲立的符号。

周天王在今年交出了大碟《依然范特西》，其中《千里之外》、《菊花台》市场口碑依然叫好。《依然范特西》发行一个月就号称全亚洲销量达到 300 万，似乎继续维持王者地位。但是很快这个数字遭到各方质疑。

大器晚成的吴克群的幸运年。《将军令》、《男佣》都是叫好叫座的新歌。据说《将军令》半月内创下了内地销售 30 万张的好成绩。另一匹黑马是上海女白领尚雯婕。她在杭州参赛，中文歌才唱了一句，就被评委巫启贤叫停。6 月出现在成都唱区海选现场，20 进 10 时止步。再转战广州，"运气"来了，

43

广州赛区亚军诞生。9 月 29 日全国总决赛，她不但力克广州冠军刘力扬，还战胜了专业歌喉谭维维，以 519 万多的票数当选全国冠军。

花儿乐队则没那么走运。"在音乐上，我确实承认有一些瑕疵，……我犯了很多前人以前会犯的瑕疵。"身陷"抄袭"风波的花儿乐队不仅被冠以"抄男"头衔，还被一位成都歌迷告上法庭。

在这年夏天漫长的央视青年歌手大奖赛中，一个新名词、一种新唱法诞生了 —— 原生态。看着羌族老头咿咿呀呀地唱着酒歌，原生态留给观众的印象不可磨灭。评论人王小峰特撰文《杀死原生态》："真正的原生态终究会被央视的审美所淹没。现在各种比赛都被黑幕、内幕等传言充斥着，如果原生态有朝一日也卷入其中，那，还叫原生态么？"

太合麦田老板宋柯公布李宇春的《皇后与梦想》专辑一个月销售 431996 的具体数字，虽然砸破了动辄百万的销量泡沫，但是这数字仍然遭到质疑。因为了解唱片行情的人知道，即使 40 多万，在今天的唱片市场，仍然十分了不起。百代在内地的三个主打艺人，许巍、胡彦斌、花儿乐队的唱片销量，都在 30 万左右。

即使没有准确数据，唱片市场的整体萧条，已经像"动辄给唱片实际销量乘 5 或乘 10"的规则一样，是"圈内公开的秘密"。一些唱片公司因此缩减投资，但也有的逆向而行，通过增加歌曲宣传上的投入，来刺激消费。歌迷们也许会留意到，以前得知某首新歌，通常是通过听广播或者看电视的音乐推介节目，但是现在，它们开始以广告的形式出现。

更多的歌通过网络、手机传播开来。李宇春 2005 年年底的单曲《冬天快乐》通过网络首发，刘德华的《心肝宝贝》也选择在中国移动无线音乐俱乐部进行了无线首发。

"彩铃一响，黄金万两"，几首彩铃歌曲疯狂吸金，红得发紫。卖正版唱片几乎 90% 亏本，彩铃这座救命孤岛却偏偏是一本万利。彩铃歌手誓言公开说："买《求佛》版权只花了 2000 元，但给我个人带来了超过 500 万元的收益！"

2006 年度北京流行音乐典礼获奖名单

年度金曲：

金　莎　《不可思议》

1978
1980

林宇中　《工体北》

薛之谦　《黄色枫叶》

爱乐团　《放开》

何　洁　《来自不同星球》

许　巍　《晴朗》

1985

李宇春　《Loving》

张信哲　《做你的男人》

金海心　《右手戒指》

张韶涵　《隐形的翅膀》

辛　欣　《雨》

张靓颖　《我用所有报答爱》

1990

梁静茹　《亲亲》

花　儿　《我的果汁分你一半》

林俊杰　《曹操》

吴克群　《将军令》

阿　牛　《桃花朵朵开》

Twins　《八十块环游世界》

1995

羽·泉　《朋友难当》

王　筝　《我们都是好孩子》

年度最受欢迎男歌手：许巍、林俊杰

年度最受欢迎女歌手：李宇春、张韶涵

年度最受欢迎新人：薛之谦、李宇春

年度最受欢迎组合：羽·泉、Twins

2000

年度最受欢迎乐队：花儿乐队

年度最佳创作歌手：王筝、吴克群

年度最佳创作新人：林宇中、王凡瑞

年度最佳专辑：羽·泉《朋友难当》、林俊杰《曹操》

年度最佳女歌手：张靓颖、梁静茹

年度最佳男歌手：张信哲、胡彦斌

2005

唱作真英雄奖：郑钧、许巍、林俊杰、吴克群

45

2008

第十四届东方风云榜十大金曲奖

十大金曲：

好男儿　《年轻的战场》

薛之谦　《认真的雪》

王　筝　《我们都是好孩子》

周笔畅　《号码》

韩　雪　《竹林风》

张敬轩　《Hurt so bad》

何　炅　《爱自由》

金海心　《右手戒指》

胡彦斌　《诀别诗》

水木年华　《Forever Young》

东方新人：

金奖：B.I.Z& 俞思远

银奖：弦子、后弦、落日郎

铜奖：钟立风、贾立怡、万茜

最佳音乐录影带奖：袁泉

最佳舞台演绎奖：韩雪

年度杰出表现奖：周笔畅

华语歌坛风云成就奖：费玉清

2007 年

　　华语乐坛好像看起来有点乱，传统唱片，数字音乐，选秀艺人，独立音乐各自占领着华语流行音乐产业自己的领地，并互相渗透着。越来越多港台地区的音乐人纷纷奔赴内地开始新的淘金之旅，港台地区和内地唱片公司看起来似乎已经没有了差距，粉丝们依旧狂热，内地的选秀艺人人气继续攀升，周杰伦照旧领衔主演着华语乐坛的喜怒哀乐……

大多数人已经习惯从网络下载音乐，CD 光盘已经成为了音乐爱好者的收藏品而不是音乐载体，唱片公司甚至开始忽略不计正版唱片的销售收入。一切来得是那么的残酷和现实，中国流行音乐产业正处于什么样的状态，未来的方向又在哪里……

唱片公司最终发现，自己并没有吃到彩铃这块蛋糕。因此，开始重新发展自己的演出业务。这让一些老歌手和港台过气艺人有了新生命。在演出市场，歌手靠一首走红的歌可以吃十年。十几年前只有一首歌曲走红的歌手到现在都还有演出。另一个影响是运营商的进入，他们开始利用演出活动来推广自己的音乐业务，其实给了演出市场一个刺激，对唱片公司和歌手来说，多了一个渠道；但是对于演出商来说，也是一个替代竞争的关系。

"炒作"在 2007 年成了家常便饭。就连孙燕姿这样的天后，也要依靠炒作，实在令人惋惜。2 月底，网上惊曝正在埃及拍摄新专辑 MV 的孙燕姿，遭当地不良分子持枪恐吓，乃至"生命安全受到极大的威胁"，此事到后来却被质疑水分甚多。就连天王周杰伦在《牛仔很忙》发表之前也不能免俗地与绯闻女友蔡依林来了一场"销量之争"的口水战。

炒作的"典范"是快乐男声的郑钧与杨二车娜姆之战。重庆卫视的"第一次心动"的一系列炒作最终将节目推向了"死亡"。国家广电总局下达通告，批评该节目严重违规，勒令其立即停播。

选秀节目在经历过 2005、2006 年的大红大紫年，在 2007 年进入后选秀时代。一些以前没有注意的问题凸显出来：选秀结束后，选秀选手们何去何从？市场上积累了近两年来历届超女、好男儿、快男等几百名选秀歌手。几年来，选秀为唱片行业输入了大量的人才，一时间，效率低下的唱片行业无法消化这么多歌手。

选秀艺人在"宣传渠道和艺人内容"共赢的同时依然也受到了种种限制，他们面临着比如各地方台选秀艺人互相封杀，主流媒体认为大部分选秀艺人低端，以及政策上的限制等问题。

自潘玮柏和林俊杰之后，港台新人歌手不再像从前一样容易打进内地市场，虽然之后港台市场又陆续出现了曹格等实力创作型歌手，但是均没有达到港台公司对内地市场的预期要求。内地的大部分宣传渠道已经被各地方电视台和媒体垄断宣传自己的选秀艺人，如湖南卫视，东方卫视等都在借助自己的平台大力宣传"超女""快男""好男"等。

而内地唱片公司自己商业包装的歌手自从朴树、胡彦斌之后也没有出现几个像样的新人。这是因为网络的兴起和"草根"概念的流行，让音乐受众对所谓的"重金打造""幸运降临""被唱片公司相中"这样的字眼有严重的排斥感。

《牛仔很忙》是2007年周杰伦独立门户、自己做老板后的第一张专辑。尽管周杰伦每年一张的专辑，都会有不少人抱怨缺乏新意，但是跟同期其他歌手相比，周杰伦的专辑还是无人能及的。但是新专辑竟然销量下滑，并传出口水战，说谁谁谁的专辑销量有水分。周杰伦唱片的没落代表着传统唱片的萎靡，在盗版和数字音乐双重的冲击下，CD已经不再是主流。另一方面，也说明周杰伦自2000年出道，到07年出现了七年之痒现象。

2000年，周杰伦作为一名新人开始崭露头脚。《娘子》初次表现周杰伦曲风的与众不同，把当时的人们听得目瞪口呆；2001年《双截棍》，2002《龙拳》那种一呼百应、号召大众树立起自己是中国人的思想再次引起人们尤其是青年人的强烈反映。由此，周杰伦便在广大青少年心目中占有了重要的一席之地。而他在7年的歌曲创作中，逐步确立起一种具有独特风格的"中国风"音乐，并一直延续这种音乐形式的创作。不论是《东风破》、还是《菊花台》、《千里之外》以及新专辑中的《本草纲目》都试图以发散"中国味"来吸引听众，并因此取得成功。

周杰伦"中国风"歌曲大部分是与方文山合作而成，方文山所创作的都是具有中国古典诗词意境的歌词。符合"中国文化更注重表现意境和内涵，讲究'神、韵、意'的表达、注重内心体验"的要求。从《东风破》里的"一盏离愁孤单伫立在窗口"到《发如雪》中的"你发如雪凄美了离别"，再到《千里之外》里的黯然神伤——"我送你离开，千里之外，你无声黑白"，离恨是歌者永恒的主题。《菊花台》"微风乱，夜未央，你的影子剪不断，徒留我孤单在湖面成双"，描写出那份"寂寞了无痕"式的悲凉情感，《青花瓷》给我们带来的惊喜，在于这种离愁别绪被描写得更加婉转细腻，隐藏得愈加含蓄而韵味别生，仿佛青橄榄在口，可以慢慢回味。方文山用"素胚""仕女""汉隶"等系列词汇描摹了传世青花瓷的风采，周杰伦的唱腔柔情而古朴，略带江南戏曲的雏形，绝妙填词配复古音乐，构成了一阕R&B佳作。

除了运用中国古典诗词式的歌词以外，周杰伦甚至还尝试将中医学的药名融

素胚勾勒出青花笔锋浓转淡
瓶身描绘的牡丹一如你初妆
冉冉檀香透过窗心事我了然
宣纸上走笔至此搁一半
釉色渲染仕女图韵味被私藏
而你嫣然的一笑如含苞待放
你的美一缕飘散去到我去不了的地方

色白花青的锦鲤跃然于碗底
临摹宋体落款时却惦记着你
你隐藏在窑烧里千年的秘密
极细腻犹如绣花针落底

帘外芭蕉惹骤雨门环惹铜绿
而我路过那江南小镇惹了你
在泼墨山水画里你从墨色深处被隐去

天青色等烟雨而我在等你
月色被打捞起晕开了结局
如传世的青花瓷自顾自美丽你眼带笑意

⊙周杰伦《青花瓷》歌词

进歌词。以期尽可能扩展中国元素的范围。对于《本草纲目》，周杰伦说："这首歌里面有很多中药名，希望大家好好听。现在到处是哈韩，哈日，其实我们自己有非常优秀的文化，我们应该更关注自己老祖宗的东西。"可以看出，在周杰伦音乐的曲调与歌词的搭配上，他试图将二者完美结合后，产生出一种新的意向——体现出中国传统的文化底蕴，将中华民族的古老文化以新的方式传达出来。

在叹息乐坛低迷之时，忍不住关心，谁是下一个周杰伦？

2007年度北京流行音乐典礼获奖名单

年度金曲：

梁静茹　《崇拜》

范玮琪　《是非题》

金　莎　《大小姐》

厉　娜　《广州爱情故事》

许茹芸　《好听》

中国流行文化三十年

李宇春　《漂浮地铁》

陈楚生　《有没有人告诉你》

薛之谦　《你过得好吗》

张韶涵　《梦里花》

陈奕迅　《富士山下》

蔡依林　《日不落》

老　狼　《北京的冬天》

胡彦斌　《诀别诗》

王力宏　《改变自己》

张靓颖　《我们说好的》

S.H.E　《中国话》

郑　钧　《长安长安》

信　　　《我恨你》

温　岚　《热浪》

张震岳　《思念是一种病》

年度最受欢迎男歌手：王力宏（港台）、胡彦斌（内地）

年度最受欢迎女歌手：蔡依林（港台）、李宇春（内地）

年度最受欢迎新人：尚雯婕、黄晓明

年度最受欢迎组合：S.H.E（港台）、水木年华（内地）

年度最受欢迎乐队：五月天（港台）、花儿乐队（内地）

年度最佳创作歌手：张震岳（港台）、郑钧（内地）

年度最佳创作新人：张悬（港台）、王啸坤（内地）

年度最佳专辑：张震岳《思念是一种病》（港台）、郑钧《长安长安》（内地）

年度最佳制作人：王力宏《改变自己》（港台）、郑钧《长安长安》（内地）

年度最佳作词：林夕《富士山下》（港台）、李健《风吹麦浪》（内地）

年度最佳作曲：泽日生《富士山下》（港台）、郑钧《长安长安》（内地）

年度最佳编曲：张震岳/吴蒙惠/黄冠豪（港台）、安栋（内地）

年度最佳舞台演绎女歌手：莫文蔚

年度最佳舞台演绎男歌手：林俊杰

年度最佳女歌手：张韶涵（港台）、张靓颖（内地）

年度最佳男歌手：陈奕迅（港台）、汪峰（内地）

年度推荐人物：Twins（港台）、羽·泉（内地）

年度 KTV 点唱冠军：张靓颖《我们说好的》

第十五届东方风云榜颁奖盛典获奖名单

十大金曲：

袁成杰＆戚薇　《外滩 18 号》

俞思远＆B.i.Z　《心里有个他》

王啸坤　《带我去寻找》

水木年华　《借我一生》

韩　雪　《大雁归》

黄　征　《绝不放手》

周笔畅　《浏阳河 2008》

胡彦斌　《男人 KTV》

郑　钧　《长安长安》

汪　峰　《勇敢的心》

最佳男歌手：汪峰

最佳女歌手：周笔畅

最佳乐队：麦田守望者

最佳组合：水木年华

本地人气歌手奖：薛之谦

东方新人：

金奖：王啸坤

银奖：蓝色花园、黄龄

铜奖：兄弟联、唐汉霄

最佳专辑奖：胡彦斌《男人歌》

最佳创作歌手奖：郑钧

最佳作词：汪峰《勇敢的心》

最佳作曲：郑钧《长安长安》

51

1978
1980
1985
1990
1995
2000
2005
2008

最佳公益歌曲：兄弟联《永远都会在》

十五周年东方风云人物：羽·泉

2008 年

中国是奥运盛会的主人，百年奥运史中的新成员。作为古老又现代的文明大国，中国人向世界敞开自己的愿望无比迫切。于是，一句普通的"北京欢迎你"、一段亲切口语化的歌词加上一个悠扬上口的旋律，组合成了一首让亿万人张口就来的流行歌曲。于是，老年版、网络版、国足版，眼花缭乱的版本让满世界都知道了，北京欢迎你，北京欢迎世界！

⊙群星合唱《北京欢迎你》

1978

1980

1985

1990

1995

2000

2005

2008

二、街上流行交谊舞

　　70 年代末到 80 年代初，交谊舞又回到人们的生活中，成为人们娱乐活动的一个方式。

　　70 年代末，交谊舞首先在一些追求时尚的青年中流行起来，大城市的一些青年人开始开家庭舞会。"家庭舞会"成为当时最前卫的举动，最时髦的行为。"华尔兹"舞蹈的三拍子节奏，把干涸了多年的舞蹈机器又滋润了，促使它运转了起来。周末之际，幸存于世的老式留声机上又转起了施特劳斯的圆舞曲声。家庭并不宽敞的房间里，人们随乐起舞。而其他的人对这些舞会总想象出一些暧昧的色彩，甚至称其为"黑灯舞会"。

　　迟志强是当年红得发紫的电影明星，也是家庭舞会的参与者。《南方人物周刊》2008 年 2 月刊登了对迟志强的专访。以下是他对当年家庭舞会的描述："他们有一伙人经常在一起跳舞，都是军区、省委、市委的高干子女。那时候

⊙交谊舞热

53

的风气还不允许跳舞，但他们经常跳，贴面舞，今天他家明天你家，到了就说'跳舞吧'。音乐一放，窗帘一拉，邓丽君的《甜蜜蜜》就飘了出来，就跳上了。后来我听说邻居的举报里把我们说得很难听，说我们借跳舞群居、一大堆男男女女拉着窗帘，乱搞不正当男女关系、跳光屁股舞等等。但我可以发誓，我们只是跳跳贴面舞，千真万确。"

1979 年

从这一年开始，许多单位在工会的组织下，开始举办周末或假日舞会。最早的一次舞会是 1979 年元旦在上海"大世界"举行的"中外大学生联欢会"上。这次联欢会原来并没有安排跳舞，但复旦大学的学生自发组织在二楼平台上跳舞，事后曾受到有关部门的追查，但最后也就不了了之，而从此以后，各个大学纷纷开始举办舞会。在大学校园里，举办舞会成为学生会的一项主要活动。在许多场合里，都能听到交流经验、探讨舞技的兴致勃勃的谈话。一时间，交谊舞成为最流行的休闲活动。人们在食堂开舞会，在会议室开舞会，在家里开舞会。而最热衷于跳交谊舞的那批人都是五六十年代的老舞迷。

1979 年的除夕夜，交谊舞出现在人民大会堂的春节联欢会上。

在这个国家级别的大型舞会上，人们嗅到了舞禁初开的味道。在此之前，跳交谊舞是不被允许的，文革期间叫封资修。

那年 10 月，是建国 30 周年，国庆联欢晚会同样在人民大会堂举行，舞会逐渐成为惯例。

当时，根据公安部的调查，全国各大城市均出现在公园、广场、饭馆、街巷等公共场所男女青年自发聚集跳交谊舞的现象，围观群众多时竟达万人，给社会治安带来了不少问题。

1980 年

6 月，形势突变。

公安部和文化部联合下发了《关于取缔营业性舞会和公共场所自发舞会的通知》。

《通知》将跳交谊舞视为"舞姿低级庸俗、伤风败俗"的娱乐项目，人民群众反映强烈，坚决要求取缔。并对营业性舞会的主办者依据《治安管理处罚条例》给予治安处罚，严重的以"妨害社会管理秩序罪"追究刑事责任。

一时间，交谊舞处境不妙。思想界乍暖还寒，身体解放的群众基础并不牢靠。那时的报纸上，就曾产生过集体讨伐交谊舞的一番讨论。公园管理者站出来说，许多年轻人在公园跳舞，到了夜里还不肯走。他们违反制度，他们破坏公共财物、文物、绿地花坛，他们动作猥亵、语言粗鲁，最后发展到辱骂、殴打公园工作人员……

那两年社会治安不太好，人们对于社会风气的普遍担心，集中到交谊舞上，穿着时髦几乎成了流氓的代名词，跳交谊舞被指第三者插足。

1983 年

党内开始抵制精神污染，社会上开始严打，跳交谊舞的热情降至冰点。那时候，不要说在公园里跳舞，就是晚上两个青年男女在一起走路，也要遭受警察的盘问。

当时因为举办家庭舞会被严打判刑的案件不在少数。

西安出了个全国闻名的跳舞案件。一个叫马燕秦的中年妇女，在严打期间举办家庭舞会，遂被收审，案件牵涉 300 余人，成为轰动三秦的特大案件。

经审理，公安机关认为，马燕秦举办过两次家庭舞会，并与其中一个男的有过一次性行为，判死刑，缓期两年执行。多次参加马燕秦家庭舞会的主要成员，都被判了无期徒刑。甚至连为舞会伴奏的乐队成员，也被判无期徒刑。

10 月 22 日，"严打"运动中，在河北完县《月到中秋》片场，迟志强被表情严肃的警察带走。罪名是强奸罪和流氓罪。而流氓罪，指的就是聚众跳贴面舞。

1984 年

10 月 19 日，中宣部、文化部、公安部联合下发了《关于加强舞会管理问题的通知》，语气略微松动，改禁为限，这一做法，划开了中国娱乐业封冻的冰面。当年，北京市批准了四家舞厅的开放，但只允许四种类型人进入：外国人、留学生、华侨和华侨带进来的中国人。

随后，天津市领风气之先，搞起了舞厅试点。当时李瑞环担任天津市长，大搞舞厅示范。

1985 年

4月，天津市文化局、公安局联合组建天津市舞会管理办公室，负责对舞会活动的管理，将全市营业性交谊舞会纳入统一管理的轨道，改变了之前多头管理，又管不好的局面。

10月，天津市已经有了56家营业性舞厅，并且运营正常。

1986 年

王蒙复出任文化部长，这个酷爱交谊舞的作家，上任之初，就干了一件大事：让交谊舞解禁。

据他后来在《王蒙自传》中回忆，当时，文化部、国家工商管理局和公安部鉴于各地冒头的歌舞厅现象，还曾联合发文，严令不准开设营业性的歌舞厅。有个省的人大常委会做出过一个不执行三个部门联合文件的决议，部委文件遭遇地方"搁浅"，这种情况在当时是颇为少见的。

鉴于天津市的情况，文化部、公安部先后派员赴津了解舞会活动情况。之后，以《天津市舞会办得比较健康》为文，向全国各省、自治区、直辖市下发通知。并在通知中指出："从天津市和其他一些地方反映的情况看，只要做好组织和管理工作，舞会是可以办好的。"

全国开始争相效仿，各省派了考察团去天津学习经验，回去之后，就先从工会组织抓起。交谊舞开始从小众的圈子向大众蔓延，几乎刮的是一场旋风，一夜之间，各单位的工会都开始发动组织舞会，但由于交谊舞禁得太久了，人们不免显得生疏。工会不仅组织舞会还要负责教会跳舞。

于是，出现了一批专门开班授课的交谊舞专业人员，杨艺就是其中之一，1985年他每个月教授交谊舞的收入已经达到千元，是一个普通公务员月收入的20倍。

那时候流行的舞曲是《十五的月亮》、《大约在冬季》、《悔恨的泪》、《铁窗泪》以及《小城故事》，后来舞曲更新的速度越来越快，比如《渴望》热映，第二天就有了主题曲改编的舞曲。

伴随着工会舞会的火热，社会上一批舞厅也相继诞生。在北京，人气最旺的要数北海舞厅，在1985年的票价是两块钱，在大多数北京人还拿40多块钱的工资时，去北海舞厅跳舞无疑是很值得炫耀的。

北京舞厅的规模达到了空前，大的舞厅都能够容纳千人。

文化部宣布成立中国国际标准舞学会，并举办了第一届全国国际标准舞汇演。

1987 年

2月，文化部、公安部、国家工商局联联合下发《关于改进舞会管理问题的通知》，此举让中国娱乐业彻底解冻。通知中，第一次明确肯定了"举办营业性舞会是我国经济发展和人民物质文化生活水平日益提高的一种客观需求"。

那时候，杨艺已经成为北京的名人，他创新发明了一种叫做北京平四的交谊舞步，"粉丝"无数，人称平四王子。

1991 年

杨艺把交谊舞的教学搬上了电视。

后来，交谊舞成为一种大众的娱乐方式，特别是变成了一种中老年的健身运动。作家陈丹燕写上海小街心花园的舞会：

不太冷和不太热的晚上，有人在这里跳舞。走近了可以听到他们的舞曲从一只旧录音机里放出来，沙沙的，机器也老了，磁带也老了。

晚上这里安静下来，行人不多了，路过的人可以看到一些不时髦也不年轻的人，和着旧磁带里的舞曲跳舞，平稳的，缓慢的，小心的，甚至有时是沉思着地转动着，不太年轻的女人和不太年轻的男人。圈着树上的圣诞节彩灯一年四季地亮着。细细地听那些曲子，都是80年代初单位舞会用的曲子——《送你一支玫瑰花》、《大海啊故乡》。那是许多年以前人们的爱好了，这时才想起

57

来，现在再也没有什么单位再把大家纠集在一起跳舞了，那些狐步，圆舞，年轻人觉得老朽，不年轻的人觉得肉麻。

2001年左右，拉丁舞开始从众多国标舞中脱颖而出，越来越受欢迎，其原因是：入门容易、富于激情、带来快乐、塑身修型、有利健康……而且在世界音乐的潮流下，人们在接受并爱上各种有异国风情的音乐后，从而乐于伴随着这些富有韵律感的乐曲轻松起舞。

一种有别于国标拉丁的舞蹈，社交拉丁舞逐渐开始被都市人喜爱。社交拉丁舞极富节奏感的音乐和简单易学的步伐，使之更为民间化和大众化，并派生出了拉丁酒吧 —— 北京的LATINOS（拉其诺）酒吧。凡是喜欢拉丁舞的年轻人几乎都知道这里。周末，拉其诺酒吧里面的客人摩肩接踵，被浓浓的拉丁氛围所笼罩着，舞池里的人们随着动感极强的旋律，抖着肩、扭着腰、摆着胯。为了获得更加正规的训练，大多数人还选择了舞蹈工作室来学习社交拉丁摇摆的舞姿、愉悦的节奏。教练教给大家的仿佛不仅是舞蹈，还有轻松的生活状态。

2006 年

10月6日，由东方卫视和SMG"新娱乐"主办的《舞林大会》第一场比赛开始。这道明星闪亮云集的"娱乐大餐"，相信大家一定都对它记忆犹新。当音乐响起，明星们倾情摇摆时，观众不禁也有翩翩起舞的冲动，由此引来社会上新一阵国标舞热潮。

三、迪斯科跳起来

迪斯科是伴随着强烈的音乐节奏，身体扭摆的一种舞姿。迪斯科音乐节拍带给人们强烈的感官刺激。这种节奏感极强的黑人音乐在中国的年轻人当中极有市场，至少在中国的摇滚乐出现之前，迪斯科事实上是中国青年内心压抑或忧闷情绪的间接的爆发和直接的释放。

大会堂里舞禁初开，民间一些时髦的年轻人已经嗅到了肢体解放的味道，迪斯科悄然流行。这个名字还是后来的舶来品，在当时人们都把这种形如筛糠的运动叫做摇摆舞。

1979 年

春天，北京北海公园每到傍晚，就有成千上万的青年男女提着录音机，涌进公园大跳迪斯科。几乎把整个公园装满了。震耳的快节奏音乐，无数随着音乐扭动身体的男女，飞扬的尘土，成为北京城的一大奇观。后来经政府有关方面和公园管理人员多方费力做工作，才使北海公园迪斯科热降了温。

1980 年

清明节，一帮文艺青年开始在圆明园聚会。他们包括四月影会和星星画展的青年艺术家、诗人北岛、芒克以及后来的第五代导演何群。这些人聚在一起玩，聊天，跳舞。后来，吸引的人越来越多，思想比较开放的年轻人都去那里扎堆，露天舞会已经颇具形式。

迪斯科在中国大面积流行大约是在 80 年代中期，其普及的程度令人咋舌：1990 年的时候，上海共有舞厅 300 多家，其中七分之一多是迪斯科舞厅。

迪斯科舞厅中最吸引人的要算在舞厅上空闪闪发亮的多面体反光球，那个球的名字就叫做迪斯科球（DiscoBall），当迪斯科舞厅兴起的时候，人们发现这玩意在集束灯光的照射下能让黑暗的舞厅呈现出诡异的效果，光线通常都是红色和紫色的，会让白色物体（比如白色的紧身衬衣）在黑暗中显得有荧光效果，于是在舞厅中，穿白色衣服的人越来越多。变幻的灯光、雷鸣的声浪，营造了一个没有"思想"的境界。不是人消失了思考，是环境剥夺了"思维"的活动。因为，"低音炮"喷射出强悍的重低音气浪，扑打着身体，让人不由自主地随着狂暴的 Disco 节奏，抽搐躯体；高音喇叭辐射出的"金属"强音，穿透耳膜，直刺脑海；霹雳的电光，营造出变幻的时空，似梦似真。

1978
1980
1985
1990
1995
2000
2005
2008

1978～2008
中国流行文化三十年

⊙迪斯科热

　　迪斯科为向来尊崇含蓄、文雅、礼仪、庄重的国人带来了耳目一新的选择。跳迪斯科须得忘记自己的身份、地位、学历，忘记一切有碍你放开手脚狂舞乱跳的人格面具。跳迪斯科的服装无须过分讲究。青年人穿着 T 恤衫、牛仔裤与高帮运动鞋步入迪斯科舞厅，白领男士西装革履也去迪斯科舞厅，都一样能在激越的旋律中找到自己的感觉。

　　迪斯科成为当时争论的一个热点，它的名声比交际舞要坏得多。现在，并没有人呼吁要给迪斯科平反，但它却逐渐成为我们习以为常的娱乐，甚至当年激烈指责迪斯科的人也已经跳起了老年迪斯科。现在，在北方城市的公园里，还有许多老头老太太在跳老年迪斯科，成为老年人的一种健身运动。

1987 年

　　然而，迪斯科的"缺乏技巧性"很快让中国第一代"舞林高手"开始厌倦，并寻找更刺激的替代。1987 年引进，由米高梅公司制作发行的电影《霹雳舞》让半指手套、皮夹克、锥形牛仔裤和三色帆布鞋风行一时，沙巴·杜（Shabba Doo）和布加洛·施林普（Boogaloo Shrimp）扮演的街头霹雳舞大师"旋风"和"马达"顿时成了中国孩子们的英雄。在广场和各大公园的空地上，到处是在一块磨损的旧毯子上就着三洋 9930 双卡收录机里播放的舞曲操练"过电"、"擦玻璃"、"托马斯全旋"和"太空步"的青少年。紧接着，他们又开始膜拜迈克尔·杰克逊。自《墙外》开始，他的每一张专辑都拍摄许多精良的音乐录像，其中包括大量的舞蹈表演，舞蹈成为他音乐艺术的重要组成部分。

1988 年

第 5 代导演田壮壮拍摄改编自刘毅然《摇滚青年》、由陶金主演的同名电影公映，霹雳舞俨然成为中国青年一代表达自我独立意识和叛逆的第一手段。可惜的是，到了 20 世纪 80 年代末，霹雳舞在中国迅速地消失了。

20 世纪 90 年代，作为一种新兴的、时尚的文化形式和生活方式，嘻哈在全世界迅速发展起来。90 年代中期开始，街舞在中国大陆以广州、上海、北京三个城市为中心，逐步传播开来。

街舞一词是最早在广东地区传播开的。它的种类很多，曾经流行的霹雳舞就属于街舞的一类。其它诸如战斗步、摇摆步、地板步、定

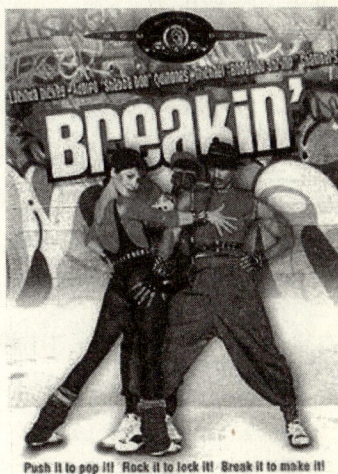

⊙电影《霹雳舞》

招、疯克舞、布加洛舞、机器人舞、波浪舞、爵士舞等不下十几种。广州的街舞及其嘻哈文化出现较早，据说 1993 年就举办了霹雳舞比赛。上海的街舞受日本、台湾的影响较大，新派街舞的水平领先全国，锁舞、机械舞有一些高手，霹雳舞以风格动作为主。北京街舞文化随"韩流"而来。2002 年初成立的北舞堂舞团以商业操作手段在规范的管理体制和市场开发下迅速发展，几乎吸引了北京所有的街舞高手，很快在全国街舞圈中成名。除了上述三地，全国几乎每个地方 —— 大到省会城市，小到富裕的乡镇，都可以看到街舞少年的身影。他们还经常组织小型的比赛（Battle，磋舞/拼舞），功夫最好的舞者能够赢得众多青少年的推崇。

1991 年

8月，随着 MTV 亚洲频道的诞生，中国的年轻人终于可以无须借助支离破碎的电影片段和画报去追赶全球流行文化的步子。Hip－Hop、Locking、Waving 甚至摇滚演唱现场中的人浪、Pogo 都被不加选择地吸收下去。

青少年对街舞的热情引发了从文化艺术到商业广告对街舞的大量应用。在许多知名艺人，如周杰伦、陈小春、萧亚轩、温岚的音乐录影带中，街舞少年的英姿频频出现。Nike、李宁、第五季、汇源、金蒂、Nokia 等品牌的商业广告业使用了街舞造型，频频轰炸年轻消费者的视觉。

随着互联网时代的到来，另一种极端依靠电子设备、并常常依靠网络来召集参与者的舞蹈几乎同步影响了欧美和中国。从 1999 年到 2001 年，锐舞迎来了它在中国的短暂青春期，Techo、House、Trip－Hop 暂时压倒了艳俗的口水迪曲。北京的"九宵"、"88 号"、"橙吧"和上海的 Pegasus、Buddha、May、Park97，以及断断续续存在了 9 年的长城锐舞派对，让那些愤青、嬉皮、艺术青年、自由职业者成了中国第一代派对战士。石野卓球、大友良英、ORB，这些以往只有在打口 CD 封面才看得见的 DJ 名字，一个个在北京或上海出现。

2001 年

著名的耐克广告"街舞风雷"播出，文斯·卡特、贾森·威廉姆斯和纽约街球高手路易斯·达尔瓦将 Hip－Hop 舞蹈与杂耍运球结合在一起的表演，让 Y 时代青少年再一次冲上街头展示自我的风采。

2003 年

年初，北京人民大会堂上演的舞剧《巴黎圣母院》中，应用了大量街舞动作，形成独特的文化风景。

随着全民健身活动的兴起，街舞作为健身运动的一种进入了各大城市的健身中心。

目前，一种起源于中东的充满神秘魔力的舞蹈 —— 肚皮舞，正有成为后起之秀的势头！无论是锐舞、街舞、拉丁舞、印度舞，肚皮舞甚至搏击健身操，终极目的再也不是通过在公共空间展露自身而获得个人身份的承认，而是一种对自我身体的完善和身份的制造。

2008 年

年初，曾在 1986 年被美国《时代》杂志誉为"中国迪斯科女王"的一代歌后张蔷在北京开了自己的第一场演唱会。烫着改良版的爆炸头、露着细细的双腿，尖尖的"电音嗓"，上世纪 80 年代所有的青春记忆一时汹涌而来……

1978

1980

1985

1990

1995

2000

2005

2008

第二章

幻动的光影

1978

1980

1985

1990

1995

2000

2005

2008

1978 —— 1989 从《望乡》到《红高粱》

　　十年动乱结束后，中国的老百姓们终于告别了"样板戏"，对娱乐的饥渴让他们不约而同地选择了看电影。在逐渐暗下来的电影院里，人们既认识了不同的人物，也在自己的身上发现了一些新东西。部分中外老影片开始复映，同时，《小花》、《庐山恋》、《天云山传奇》和《城南旧事》等大批新片陆续上映。从观看人数来说，这是中国电影市场最红火的年代，每年的电影观众都保持在百亿人次以上。

　　这是一个堪称中国电影爬坡期的时代：先有1979年的创作高峰，然后是80年代中期"第五代"导演的探索片，接着是80年代后期的娱乐潮，1989年终于回归"主旋律"。

　　1979年到1982年，活跃在中国影坛上的是第四代导演，他们中的代表人物是吴贻弓、吴天明、黄健中、滕文骥、谢飞。反思与批判气息开始在影片中弥漫，对"意境"的追求，对文化的寻根与思索，促使中国电影步入了追求文化主义的现实主义理想时代。长久的压抑终于得以在创作中迸发，这时的作品大都带有明显的人文关怀主义色彩。即使是战争题材的作品，也开始关注"普通人"的感情和命运，闪烁着人性的光辉与温暖。

　　同一时期，香港导演李翰祥率先进入内地，中国第一部合拍片《垂帘听政》及其续集《火烧圆明园》诞生。1981年，合拍片《少林寺》掀起了票房旋风。

⊙李连杰主演的《少林寺》

67

1983年，第五代导演崭露头角。他们在广西电影制片厂成立"青年摄制组"，并创作了《一个和八个》，该片成为"第五代"给自己贴上鲜明标签的开山之作。

1984年，陈凯歌的《黄土地》接连在海外得奖，赢得了世界影坛的注目和赞誉。"第五代"也逐渐成为国际各大电影节不可忽视的力量。第五代导演在毫不留情的文化批评中，形成了自己独特的风格：一种"自传民族志"。这一时期的代表作，如《老井》、《黄土地》、《大阅兵》、《孩子王》、《红高粱》、《边走边唱》等一批影片给中国影坛带来了巨大的冲击。这些影片对电影摄制艺术与叙述风格的探索促进了中国电影传统的革新与新的电影语言的创造。但是，过分注重视觉和形式，却是"第五代"们致命的软肋。

1978年

邓小平访日引发日本电影热。《望乡》、《追捕》、《狐狸的故事》公映引起巨大轰动。

《望乡》原名《山打根八号妓院》，这部日本电影对国人的冲击是前所未有的。

《望乡》是根据日本女作家山崎朋子的文学作品《山打根八号娼馆》改编的，讲的是日本明治四十年，妇女被卖到南洋当妓女的凄惨故事。这部影片曾获得1974年日本《电影旬报》最佳影片奖，柏林电影节最佳女演员奖。片中饰演女记者三谷圭子的栗原小卷和饰演阿崎婆的田中绢代都是日本著名影星。

日本天草这个地方，过去有很多妇女被卖到南洋当妓女，被称为"南洋姐"。阿崎婆就是其中的一个。14岁时，父亲去世、母亲改嫁的阿崎为了能让哥哥有钱盖房子，娶一个好媳妇，答应人贩子太郎造到国外挣钱，却不知等待她的是第八号妓院的接客生活。

走投无路的阿崎把卖身得来的钱寄给了哥哥，盼望着再多赚些钱早日脱离苦海。谁知哥哥一面用她的卖身钱盖房成亲，一面却嫌弃她的名声不好，给自己带来了屈辱。影片通过哥哥的冷漠，表现了南洋姐受到世人歧视的真实状况。

1931年，阿崎回到天草，哥嫂却疑心她是回来争房产的。伤心的阿崎来到中国的哈尔滨，与一个日本皮匠结了婚，并生下了儿子。由于战火的原因，一家人不得不返回日本。途中丈夫不幸病死。阿崎与儿子在京都相依为命，当儿子长大后，却害怕有一个当过妓女的母亲影响自己的生活。不得已，阿崎重返天草，一个人孤独地生活。直到遇到前来采访的女记者三谷圭子，才感受到一丝人间的暖意。

影片用女记者的讲述，展示了阿崎悲凉的人生。这部内容敏感的影片在我国上映时，如同在沉闷的空气中引爆了一枚威力巨大的炸弹，引起了巨大的反响，并引发了激烈的争论，曾一度停止上映，在邓小平的支持下，《望乡》重获新生。文学大师巴金在 1978 年 12 月曾写过《谈〈望乡〉》，1979 年 1 月又写出《再谈〈望乡〉》，可见这部电影在当时的影响。

1979 年

《归心似箭》和《小花》都是战争题材影片。从内容到形式的探索与"叛逆"意识使得当时看惯了传统故事片的观众耳目一新。这两部影片成就了中国当代电影史上三个著名女演员：斯琴高娃、刘晓庆、陈冲。斯琴高娃当时是内蒙古歌舞团的一名舞蹈演员，因出演《归心似箭》中的玉贞真挚感人，受到广大观众和评论界的好评。1981 年被调入八一电影制片厂做职业演员。玉贞是斯琴高娃塑造的第一个银幕形象。她当时已经 30 岁了。此后，斯琴高娃扮演的角色不下 100 个，而玉贞这一角色应是她最难忘的。

刘晓庆从《小花》开始成名，其走红延续了之后的整个上世纪 80 年代。如今定居美国的陈冲则走上了国际化发展的道路。

《苦恼人的笑》，是潘虹从上海戏剧学院毕业后出演的第一部电影。影片中的记者傅彬本想说老实话，办老实事，但是在"四人帮"统治时期，要想做到这一点，并不容易。他想不出别的办法，只能苦恼地笑笑。这两部影片的共同特点是具有鲜明的时代特征，充满自然的生活气息。

1980 年

《巴山夜雨》、《天云山传奇》等一批反思性影片摄制完成。

上海电影制片厂拍摄的《巴山夜雨》从一个新的角度反映了"四人帮"横行时期的社会众生相,是一部具有独特创作构思的优秀影片:"文革"期间,女青年刘文英奉命与李彦押解"反革命"诗人秋石搭乘川江轮船。刘文英受同舱五位善良乘客的影响,在李彦的支持下,毅然释放了秋石。

《巴山夜雨》不仅获得 1980 年文化部优秀影片奖,还获得了包括最佳故事片奖在内的首届中国电影金鸡奖的 5 个奖项。影片选取了一个独特的构思 —— 在一个特定的时间(一天一夜),把一群普通人独具匠心地汇集在一个特定的空间(十几平方米的普通客舱)中,人物和事件都是在航行于长江中的一艘客轮中展开。

《巴山夜雨》里飘荡的蒲公英和忧伤美丽的巴山夜雨,是影片里最动人的意境。"我是一颗蒲公英的种子,谁也不知道,我的快乐和悲伤。爸爸妈妈给我一把小伞,让我在广阔的天地间飘荡,飘荡……"尽管缺少人性批判,但《巴山夜雨》反思历史的动机,却刻写在美丽的"蒲公英小女孩"与苍茫的巴山夜雨之中。

但是这一年,最受观众欢迎的电影却是《庐山恋》。这是国内首部风光旅游爱情片。影片的故事情节比较简单。从美国回来的华人女孩周筠在庐山游玩时,偶遇大陆上进男青年耿桦,二人在讨论知识中一见钟情。后来有人因为耿桦经常和女华侨在一起,被认为串通国外,周筠忍痛回了美国。

五年后,随着改革开放的力度越来越大,周筠再次从美国回来。此时耿桦已经是清华大学建筑系的研究生,二人准备结婚。但周筠在美国的国民党退休军官老爸与耿桦的父亲曾经是战场上的死敌。最后两个父亲经过反复痛苦的思索,终于同意两人的婚事。周筠的父母也从美国回到了伟大祖国的怀抱,两家人团聚在一起,有了一个"从今以后他们过上了美好幸福的生活"的完美结局。

青年女演员张瑜在片中成功地塑造了一位自小生长在海外,却对祖国怀有赤子之心的少女形象。片中她对饰演男主角的郭凯敏蜻蜓点水的大胆一吻,被称为中国银幕第一吻,引起了一场巨大的冲击波。

1980 年 7 月 12 日,在庐山东谷电影院,《庐山恋》举行了首映仪式,一下子在成千上万的年轻男女心中掀起了惊涛骇浪。这部电影当时在全国影院中成了最热门的电影,可以说是万人空巷,只为睹这一吻,只为体验那种脸红心跳的感觉。东谷电影院后来干脆改名为"庐山恋电影院"。从 1980 年至今，它唯一播放的片子，就是《庐山恋》。到 2002 年年底，它已连续放映了 8000 余场，观众多达 138 万余人，世界吉尼斯总部授予《庐山恋》"世界上在同一影院连续放映时间最长的电影"的世界纪录。

《庐山恋》似乎教会了一代人谈恋爱，年轻人争相模仿，之后的情书中不再只是谈工作，谈理想，最后互致"革命的敬礼"。张瑜一时成为全国众多男青年的梦中情人，每天收到的情书更是要用麻袋才能装得下。

1981 年

更多新电影涌现，包括《西安事变》、《喜盈门》、《邻居》、《沙鸥》、《被爱情遗忘的角落》、《乡情》、《小街》。

《小街》是一部独特的、具有标识性的作品。导演杨延晋曾这样说过："《小街》没有完整的中心事件和曲折的故事情节，因此在镜头的应用和蒙太奇的组接上，我们就失去了习惯于依赖的拐棍 —— 戏剧性。于是，我们找到新的立足点 —— 情绪，以此来结构影片，以此来决定场景的转换、镜头的应用、蒙太奇的组接、节奏的把握……"这是电影艺术家开拓电影表现空间的一次大胆尝试。

《小街》是一部非常个人化的作品，这在整体性宏大叙事依然盛行的时候，是比较难得的。有学者曾经指出：没有人能比在浩劫岁月中荒芜了全部青春的这一代更深刻地理解历史与个人的命题了。但相比叙事风格的转变，观众们显然更喜欢女主角的扮演者张瑜。

《喜盈门》是著名导演赵焕章的"农村三部曲"之一。另两部是 1983 年拍摄的《咱们的牛百岁》和 1985 年拍摄的《咱们的退伍兵》。80 年代初期的话语中心是农村的经济改革，家庭内部的争端成为社会焦点。适时而出的家庭伦理道德片《喜盈门》以北方农村一个家庭婆媳之间的争端为主要内容，关注了传统伦理道德特别是尊老爱幼、赡养老人在经济改革年代的农村的失落问题。1981 年放映后的两年内，全国观众达 1.7 亿人次，成为 80 年代上座率最高的国产故事片之一。当年在村里放映的时候，都是"串片"的。两三个电影队分别驻扎在相邻的几个村子，共用一个拷贝。张村放完了一本拷贝，马上由专人送到王村。王村放映完了，再送到李村。可见当时《喜盈门》的受欢迎程度。

1982 年

《城南旧事》、《人到中年》、《牧马人》、《骆驼祥子》等经典影片问世。

根据著名女作家林海音的自传体小说改编而成的电影《城南旧事》是一部纯美的散文式的电影，蕴含着委婉的诗意和宁静的意境。它将其自身包含的多层次的情绪色彩，以一种自然的、不着痕迹的手段精细地表现出来，满含着怀旧的基调。影片中的一切都是那样有条不紊，缓缓的流水、缓缓的驼队、缓缓而过的人群、缓缓而逝的岁月……景、物、人、事、情完美结合，似一首淡雅而含蓄的诗。

林海音曾经说过："在北京度过的 25 年可以说是我的金色年代，可以和故宫的琉璃瓦互映。北京城南的胡同、四合院，西山脚下的毛驴，以及脖子上挂着铃铛的骆驼……这些都给了我不尽的创作灵感。"

正是这种乡愁般的情绪渲染出一幅水墨丹青图。沉沉的相思、淡淡的哀愁，朴素而温馨。这种温厚淳和的情感打动了无数的观众。《城南旧事》主题曲《送别》，至今仍广为传唱。

《人到中年》是部现实主义题材的影片，讲的是 80 年代初期中年知识分子陆文婷的生活经历。陆文婷作为一名优秀的眼科医生，在工作、生活的双重压力下"高负荷运转"，最后终于承受不住巨大的压力而病倒。故事情节生动感人又发人深省。它哀而不伤的叙事风格，引起了当时广大知识分子的强烈共鸣。潘虹眼神里的忧郁赋予了陆文婷经典的情感表达，凭借陆文婷的角色，潘虹获得当年金鸡奖的最佳女主角奖。

谢晋导演的《牧马人》问世。这部电影公映后，观众达 1.3 亿人次，影片获得了金鸡奖、百花奖数个奖项，广受赞誉。这部影片改编自伤痕文学代表人物张贤亮的小说《灵与肉》。影片以严峻、深沉的笔触描绘了主人公多舛的命运，从扭曲的时代中挖掘出美，从普通人身上迸射出真与善的光辉。凝聚在主人公命运中的伤痕与甜蜜，痛苦与欢乐，蕴含着深刻的生活哲理。

影片《骆驼祥子》改编自老舍的同名小说，讲述的是一个对生活充满希望的人力车夫被旧社会吞噬的故事。因为在《骆驼祥子》中的出色表演，斯琴高娃成为中国电影金鸡、百花双料影后。而初出茅庐的青年演员张丰毅凭借出演祥子一角给观众留下了深刻印象。

1983 年

《泉水叮咚》在意大利第 13 届吉福尼国际儿童电影节被评为一等奖。

《一个和八个》则标志着一个电影新时代的开始。一直深受苏联电影模式影响的中国电影界,能够诞生出《一个和八个》这样风格迥异的电影,可以说是一次大胆的尝试。张军钊、张艺谋、肖风、何群正是借助这次成功的尝试,引领所谓的"第五代"正式登上中国电影的舞台,并在随后的二十年里一直深刻影响着中国电影的发展和走向。

1984 年

《猎场札撒》、《野山》、《良家妇女》、《红衣少女》问世。

陈凯歌的《黄土地》在香港国际电影节上映,更多的中国人开始了解来自中国内地的电影和电影人。在国际上,陈凯歌是第一个为西方接受的中国电影人。当时,《黄土地》和"陈凯歌"这两个名词,几乎就是中国电影的代名词。

《黄土地》是著名导演陈凯歌和张艺谋的唯一的一次合作,实现了土地、民俗文化与人物的三者统一,表现了陕西高原古朴、苍凉、淳厚的民风,表达了创作者对民族特性、农民命运的思考。影片中许多造型场景因素,如气势磅礴的黄土地、气象万千的黄河、鼓乐齐鸣的迎亲队伍、150 人组成的腰鼓阵等与人物紧密融合,成为整个银幕形象的重要构成。

上个世纪 80 年代中期,女作家铁凝的中篇小说《没有纽扣的红衬衫》在文坛掀起了一次不大不小的风波,女导演陆小雅改编并执导电影《红衣少女》,非常敏感地描述了一个少女在生活中青春懵懂的意识和不谙世事的单纯,却又在朦胧中感到大人世界的不可知,这种细腻的手法不论当时还是现在都是很有新意的。

记得当时《红衣少女》上映时,有很多评论文章出来,当年有评论称该片"像生活那样平淡;像生活那样复杂;像生活本身那么严峻。"夏衍老前辈非常

1985
1990
1995
2000
2005
2008

喜欢这部电影，他说"至今没有一篇评论文章把《红衣少女》真正读懂。"

1985 年

黑色幽默经典电影《黑炮事件》制作完成。黑色幽默是二十世纪西方社会的一股文化思潮，深受存在主义的影响并进一步反映了存在的荒谬。它用生活中种种荒谬悖理和巧合现象，表现世界和人的非理性的扭曲关系。而《黑炮事件》恰恰采用了当时大陆新鲜的黑色幽默形式。第一次在中国银幕上对知识分子的文化心态进行了深刻反思。它不但注重外在的社会、政治因素对知识分子命运的影响，还把镜头深入到形成中国知识分子特定性格的内在哲学文化层面，融入了对知识分子命运的哲学思考。

现在看《黑炮事件》，很容易联想到 2006 年火爆一时的《疯狂的石头》。电影内容总的说来就是一个小小的棋子引发的荒诞剧，夸张却发人深省。爱下棋的工程师赵书信，出差途中丢失了一只黑炮棋子，在寻找棋子的过程中引发了一系列意想不到的事件……《黑炮事件》属于八十年代流行于中国文化界的一种文艺作品"干预现实"、"解剖社会"的电影代表作之一，公映时十分轰动。

这一年，斯琴高娃以电影《似水流年》将香港电影金像奖最佳女演员奖捧回了家。清新隽永的归乡曲《似水流年》让看惯了浓情蜜意的商业电影的香港观众登时有一种耳目一新的感觉，它激起了人们心底深处关于故乡记忆的种种难以言传的情思，也让它在香港电影金像奖的评选中大绽光芒，囊括六项大奖。

1986 年

《日出》和《野山》瓜分"金鸡"、"百花"多个奖项。

《野山》导演颜学恕借助贾平凹原作《鸡洼窝人家》，讲述了一个关于农村"换妻"的故事，涉及传统伦理道德和农村政策，引起广泛的争议，甚至在第六届"金鸡奖"的评选过程中险些下马。不过风波过后，《野山》最终获得了包括最佳故事片、最佳导演在内的六尊"金鸡"。

比较其他改革题材影片，《野山》的"与众不同"之处在于：不正面讨论改革问题，而将镜头对准"改革冲动"在人们心理、情感，乃至家庭、婚姻方面引起的一连串变化和反应。它在写人的内心世界，而不是企图去解决、落实现实改革中的策略与步骤。这让影片获得了一种跨越时代的思想魅力。

1987 年

《老井》获第二届东京国际电影节大奖。

"伤痕电影"代表作《芙蓉镇》获第 26 届卡罗维发利国际电影节水晶球奖。

《芙蓉镇》出现的时候，正是"文革"结束十年、集体反思风潮涌动的时候。在影片里面，刘晓庆饰演的胡玉音是泼辣、能干的豆腐西施，与丈夫守着一个做米豆腐的小吃摊，人人亲切地叫她"芙蓉姐子"。可随着政治的起起伏伏，胡玉音从个体致富典型，到失去一切的"富农婆"，再到"非法同居"的"黑夫妻"、监外执行的劳改犯，最后重新回到米豆腐摊前。吃客热闹如初，仿佛什么都没有发生过。13 年的光阴仿如黄粱一梦。

这部影片大张旗鼓地直视"文革"，在当时并不多见。影片最终能够公映，并送到国外参加影展是各方面努力的结果。

1988 年

张艺谋导演的《红高粱》在第 38 届西柏林国际电影节上获得"金熊奖"，这是我国第一次在欧洲三大国际电影节上获得最高奖。标志着一个时代的终结与另一个时代的开始。之后，这位棉纺厂工人出身的导

◎张艺谋作品《红高粱》

75

演便彻底地影响了中国四分之一世纪的电影历程。

《红高粱》里，巩俐饰演的九儿，野性、狂放，为了自由敢爱敢恨。巩俐也因这个角色，由原本默默无闻的中央戏剧学院二年级学生，在一夜间红遍大江南北，成为炙手可热的明星。《妹妹你大胆地往前走》这首主题曲似乎是唱给八十年代后期的转型社会的，那时人们面对迅速发展的经济还小心翼翼。

这一时期，观众仍然在看《芙蓉镇》和《老井》，在电影中寻找被压抑快感的解放。"第五代"虽然已经在世界舞台崭露头角，但却仍然未曾进入大众的视野。同时，电视机逐渐成为中国老百姓家中最常见的家用电器，看电视这一崭新的娱乐方式对中国电影生存的影响已逐渐显露。

1989 年

《金猴降妖》、木偶片《神医》分获美国第六届芝加哥国际儿童电影节动画故事片一等奖、动画短片一等奖。《开国大典》问世。

59 年前，一位伟人在天安门城楼庄严宣告："中华人民共和国中央人民政府，今天成立了！"

⊙《开国大典》剧照

1978

1980

1985

1990

1995

2000

2005

19 年前，一部电影《开国大典》用胶片完美重现了这一瞬，从此，这部影片成为新中国成立的象征。

被称之为"长影大手笔夫妻店"的李前宽与肖桂云，联手执导了《开国大典》，对文献性与故事性、纪实性与戏剧性、历史观与生命观、历史事件与人物个性、史与诗的特殊理解和处理，使得《开国大典》不仅仅再现了一段重要的创世纪历史，更开创了一种具有中国特色的特殊电影类型——文献故事片。

《开国大典》不仅是纪念建国 40 周年的史诗巨片，还创造了当年最高电影拷贝纪录，掀起全国上下一片"红色风暴"。当年，《开国大典》参加了第 62 届奥斯卡外语片展映，并在中国香港获得十大影片奖，创下国产片在香港连续放映 143 天的纪录。

1990 —— 1999　大约在冬季

这里的冬季，指的不是艺术的没落，而是市场的严冬。在上世纪 90 年代，中国电影正式从大众艺术变成了小众艺术。这一时期，北京电影学院 85 班的张元、王小帅、娄烨、路学长、胡雪杨、刘冰鉴、邬迪以及 87 班的管虎、李欣，再加上中央戏剧学院的张杨、施润玖、金琛、孟京辉，甚至北电 93 班的贾樟柯，汇成了一股新力量——"第六代"。这帮学院派出身的导演们却拍下了一批贴有"地下"、"反叛"、"边缘"标签的"违规电影"，然后在国际电影节屡获大小奖项。

与此同时，已经成为主流的"第五代"

⊙张艺谋作品《秋菊打官司》

继续大放异彩。跟上一个时期不同的是，此时台湾资金开始以投资内地导演及其影片的方式进入内地，一批合拍片诸如《大红灯笼高高挂》、《秋菊打官司》、《四十不惑》和《霸王别姬》享誉两岸三地以及各类国际电影节。同时，港台地区的一流创作力量开始进入内地拍片，《新龙门客栈》、《狮王争霸》、《英雄本色》等影片陪伴了一代人的成长。

可惜的是，这些优秀作品大多无缘于普通观众。1993年，国产影片的产量减少了一半，观众则不足从前的三分之一。1996年，北影厂20部等待投拍的电影中，有8部被"枪毙"。中国电影必须正视商业的力量了，体制改革和产业改革迫在眉睫。

最穷的家庭都买得起电视机了，更重要的是，所有人都开始痴迷极度娱乐化的港台电影——以录像带的形式。电影院的人流迅速退潮，看电影的人大多为刚拍拖的情侣。

"后1989时期"，或所谓的"后新时期"，中国社会出现了新的特征，诸如消费主义的扩大，大众文化的普及、文化产品的商业化以及后现代形式的来临。

1990 年

学院派导演谢飞的作品《本命年》获第40届柏林国际电影节银熊奖。

锋芒毕露的实力派演员姜文在《本命年》中有上佳的表现。他在戏里扮演的李慧泉是一个有些"虚无"的社会底层青年。姜文精心设计了一系列细节表现李慧泉不甘毁灭，与命运抗争而最终又不得不面对毁灭的复杂心态。应该说姜文在这部影片中的成功是无可挑剔的，《本命年》成为了他表演生涯中一部重要的作品。若干年后，许多观众都还能清晰地记着李慧泉最后倒地的情形。谢飞导演对他的评价是"姜文聪明，热情又卖力气"。

赵丽蓉由于在《过年》中成功地塑造了母亲的形象，获得了日本东京国际电影节最佳女主角奖等一系列重要奖项。

《过年》是一部反映改革开放以后中国农村民俗生活的悲喜剧。影片以浓郁的生活气息和强烈的时代感，向观众展示了一副真实、亲切的生活画卷。通过这样一个农村家庭的喜怒哀乐，悲欢离合，刻画出在改革开放大潮影响下，中国农村人们的精神面貌和心理状态。

《过年》片中这个大家庭中的每个成员组合就是当时社会不同家庭、不同人群的生活缩影和典型。可谓是浓缩了社会百态，通过影片把这些矛盾体汇集在一起，所产生的摩擦与震动引发出观众的共鸣。这也是这部影片大获成功的原因。

1991 年

《哦，香雪》获第 41 届柏林电影节儿童片奖，填补空白。《哦，香雪》改编自一篇抒情意味浓厚的同名短篇小说，它以抒情的手法，以北方小山村台儿沟为背景，通过对香雪等一群农村少女的心理活动的生动描摹，叙述了每天只停留一分钟的火车给一向宁静的山村生活带来的波澜。作品中缓缓传递的情感如同细丝，紧紧缠绕住观众的心。

《大红灯笼高高挂》在威尼斯国际电影节上获得银狮奖。

《大红灯笼高高挂》是著名导演张艺谋的第四部作品，同时也是一部关注女性的作品，改编自苏童的中篇小说《妻妾成群》。影片围绕封建礼教展开话题，讲述了"一夫多妻制"生成的封建家庭内部互相倾轧的人生景象及相应的生存原则。故事不免落于俗套，但在表现手法上却有过人之处：整部电影就像剧中的层层的院落一样厚重而压抑。在黑色的基调上开着让人窒息的红。影片的光影、构图、色彩均十分讲究，文化气息十足，象征意味浓厚，虽然被一些影评人批评为"伪民俗"，仍受到观众广泛欢迎。

1992 年

《秋菊打官司》在第 49 届威尼斯国际电影节上获得金狮奖。

《秋菊打官司》一直被认为是张艺谋导演水准最高的影片之一。影片朴实的拍摄手法，加上偷拍的一些实际生活状态，真实质朴。

故事发生在中国西北的一个小山村。秋菊的丈夫王庆来与村长发生了争执，被村长踢中要害。秋菊怀着身孕去找村长说理，村长不肯认错。秋菊又到乡政府告状，村长答应赔偿秋菊家的经济损失。村长把钱扔在地上，受辱的秋菊没有捡钱，而又一次踏上了漫漫的告状路途。秋菊先后到了县公安局和市里，最后决定向人民法院起诉。除夕之夜，秋菊难产。在村长和村民的帮助下，连夜冒雪送秋菊上医院。秋菊顺利地产下了一个男婴，秋菊与家人对村长感激万分，官司也不再提了。可当秋菊家庆贺孩子满月时，传来市法院的判决，村长被拘留。望着远处警车扬起的烟尘，秋菊感到深深的茫然和失落。

巩俐在张艺谋这部纪实风格的作品中，将秋菊这位性格执拗的农妇演绎得十分到位，既是自我的挑战，也是成功的突破。

1993 年

《香魂女》和台湾片《喜宴》同获第 43 届柏林电影节金熊奖。

导演谢飞独具匠心地将影片《香魂女》的主色调定为蓝色，蓝色的天空，碧绿的河水，青青的芦苇，满塘的荷叶，盛开的荷花，榨油机有节奏的声音，河边家禽的欢叫声，美轮美奂，一片祥和安静的生活画卷。整个影片看似波澜不惊，实则潜流汹涌：香魂女不幸的婚姻，呆傻的儿子，小花即将开始的没有希望的生活 —— 这些矛盾与冲突被娓娓道来，强烈的人物内心的灰暗和明亮的蓝色形成了鲜明的视觉对比，对观众的冲击力量是巨大的。

《霸王别姬》获第 46 届法国戛纳国际电影节金棕榈奖。故事描述程蝶衣自小被母亲卖到京戏班学唱青衣，对自己的身份是男是女产生了混淆之感。师兄段小楼跟他感情甚佳，两人因合演《霸王别姬》而成为名角。抗战期间小楼与青楼女子菊仙结婚，蝶衣倍感孤独。解放后两人又重新登台演出。文革开始了，小楼在巨大压力下揭发了蝶衣的罪行，蝶衣也在绝望中说出了菊仙身世。菊仙上吊自杀。11 年后，他们最后一次合作《霸王别姬》，程蝶衣对毕生的艺术追求感到失落，自刎于台上。

影片有着人性的思考和人生存状态的表述，更通过几十年的时事风云，透射出对中国传统文化的哲学思考。全片气势恢宏，制作精致，将两个伶人的悲欢故事融入半个世纪以来的中国历史发展中，兼具史诗格局。片中细腻的男性情谊表达，含蓄真挚。导演陈凯歌凭此片步入事业巅峰。张国荣、张丰毅、巩俐、葛优等都有上佳表现。

"往事不要再提，人生已多风雨"。主题曲《当爱已成往事》唱出了人生的聚散无常。

1994 年

《活着》获第 47 届法国戛纳国际电影节评委会大奖,《阳光灿烂的日子》获第 51 届意大利威尼斯国际电影节最佳男主角奖。

《活着》围绕一个小人物在巨变的历史中的浮沉展开。叙述了一个普通人家在二十世纪四十年代到七十年代之间所遭遇的艰辛苦难和种种悲剧。主人公完全不能掌握自己的命运,不幸和坎坷总是缠绕着他。然而他从没有放弃活下去的信念,并且对生活和未来充满无限美好的希望。三十年,弹指一挥或是沧海桑田,无数黄面孔的、沉默的、坚韧的中国人就这么无声无息地继续活着。

在这部影片中,张艺谋似乎暂时放弃了他对表现中国民俗本身的热衷,而转向用中国民俗去表达他对人在世上的命运关注。福贵一家在电影中的悲惨遭遇只是层面上的故事,影片的主旨却是在演绎人在世上和命运抗争却无能为力的境况。《活着》在表面上看没有什么视觉张力,色彩不如他的其他电影那么张扬,实际上,把皮影戏引入电影《活着》之中可能是张艺谋作为导演最匠心独运的一次尝试。张艺谋惯于在他的电影中使用色彩斑斓的视觉符号来烘托电影的气氛,增加视觉效果。它们和故事情节紧密结合,不光给予观众以强大的视觉冲击,也象征性地传递了导演欲在电影中表现的主题。

电影的配乐用的是二胡,在二胡拉起的渺渺空间里,人生的种种无奈就流泻而出了。

《阳光灿烂的日子》曾被人称为"九十年代中国影界的意外之喜",取得了九五年国产影片最好的票房纪录。王朔的黑色幽默,夏雨、宁静等演员略显稚拙但并不生涩的演绎,还有导演姜文初次执导的灵气与闯劲儿综合之后,讲述的那段新中国成立初期一群北京孩子

⊙《阳光灿烂的日子》剧照

的成长历程，回首望去，至今阳光灿烂。

1995 年

香港影片《女人四十》获第 45 届德国柏林国际电影节最佳女主角奖，《大话西游》系列问世，并在此后十年成为"后现代主义解构"经典。

1996 年

《巫山云雨》获第 15 届温哥华国际电影节青年电影龙虎奖，《太阳有耳》获第 46 届德国柏林国际电影节银熊奖，《八廓南街 16 号》获法国真实电影节大奖。

1997 年

内地第一部贺岁片《甲方乙方》问世。影片选材很有特点。选择了一个关于商业化的题材，即营业者与消费者。但又不同于一般商业化题材的影片，此部影片十分贴近百姓生活，给这个梦想失落的年代注入了满怀激情，勾起人们心中许许多多的冲动。

冯小刚的《甲方乙方》首次提出了"贺岁片"概念，该片以 3000 万元的当年最高票房使冯小刚成为中国第一个真正意义上的卖座片导演。《甲方乙方》中的台词"演员没有戏演，导演、道具、编剧赋闲在家待业"，恰好道出了当时电影业处于寒冬季节的真实面貌。

◎冯小刚作品《甲方乙方》

1978
1980
1985
1990
1995
2000
2005
2008

1998 年

《不见不散》、《离开雷锋的日子》等作品问世。

《甲方乙方》大获成功后，观众期待冯小刚导演的新作出现。1998 年底，冯小刚的第二部贺岁片《不见不散》上映。虽然仍然是一部京味电影，但故事背景却放在了美国。用喜剧手法表现了两个在异国他乡的北京人的生活经历和情感纠葛。影片展现了美国华人生活的辛酸与无奈，引起了在美华人、特别是广大留学生的共鸣。

《离开雷锋的日子》的主人公，是和雷锋同开一辆车，后又不幸地无意造成雷锋牺牲的乔安山。数十年间，他始终无法摆脱沉重的负疚感。一个坚定的信念牢牢控制着他：别人可以不学雷锋，我不可以！编剧选取乔安山这个极为独特的人物切入，题材本身为作者刻画人物性格的丰富性和内心世界的复杂性提供了广阔的空间。《离开雷锋的日子》比较尖锐地触及在以经济建设为中心的现代社会生活里，对于人们的道德状况的热切关注。是弘扬主旋律电影中不可多得的好作品。

1999 年

《一个都不能少》获第 56 届意大利威尼斯国际电影节金狮奖。《一个都不能少》是张艺谋的一部现实主义作品，这部影片以独特的视角，从一个侧面反映了中国农村教育的现状，表现了贫困地区农村教育中存在的令人关注的问题。值得一提的是影片选用的都是非职业演员，在片子里小学生就是小学生，村长就是村长，广播员就是广播员，连人物的名字都是生活里演员自己的名字。他们从未经过表演训练，但在张艺谋的调教下，表演质朴而真实，最终形成了演员与人物的一体化。

《过年回家》是第六代导演张元的代表作，获第 56 届意大利威尼斯国际电影节最佳导演奖。这是中国内地导演首次获得最高导演奖项。它讲述了一个再婚家庭因琐碎小事引来的系列灾难性变故。影片将目光投向家庭冲突和情感矛盾，用一种近乎冷酷的手法描写了一个情感的弥合过程。该片风格质朴凝练，沉郁大气，既保持了张元一贯的"直接"，又充满了丰富细腻的情感。灰暗的色调，封闭的构图，分隔的画框，节制的镜头运动和适度的距离，都体现了导演的功力。

《鬼子来了》获第53届法国戛纳国际电影节评委会大奖。姜文导演的《鬼子来了》故事取材于作家尤凤伟的小说《生存》，拍成电影后改动较大，原著着重描写"军民奋勇抵抗侵略"，而影片则提炼"农民愚昧"、"战争荒诞"一面，笔锋直指国人弱点，将更多忧患意识注入影像化的故事中。是所有反映"战争与人"主题的国产电影中最有突破性贡献的作品。

《月蚀》获莫斯科国际电影节大奖。《月蚀》是中国电影第一次不再依靠"东方神话"和"特殊历史"在世界取得认可和荣誉的电影作品，电影以迥异于以往中国电影的全新风格、对现实生活的深刻揭示、独特的电影语言给中国电影界带来极大的震动。从这一点上讲，《月蚀》对中国电影的意义十分重大而特殊，成为中国新电影运动的标志性影片。

2000 —— 2008　大片时代

2000年，台湾导演李安以《卧虎藏龙》赢得第73届美国奥斯卡最佳外语片奖，这成了中国内地的电影人向商业转型的实际榜样。2003年，张艺谋的《英雄》以2.5亿元的票房，显示了"中国大片"的力量与野心，这部曾经数周蝉联北美票房冠军的影片走的就是《卧虎藏龙》式的"古装＋功夫＋明星"的套路。接着，《无极》、《十面埋伏》、《满城尽带黄金甲》、《夜宴》、《投名状》、《赤壁》等同类型大片一部接着一部。2005年10月，中国电影导演的领军人物张艺谋得到夏威夷电影节25年来颁出的第一个终身成就奖。2008年，吴宇森的《赤壁》以3.12亿元的票房拿下了中国大片的历史票房冠军。

2008年初，随着中国电影财富的积累，中影获批上市，民营电影企业同样发展迅猛。中国电影产业化的目标渐行渐近。

1978
1980
1985
1990
1995
2000
2005
2008

但是，大片所受的批评几乎和它们获得的荣耀同样多。空洞、苍白、虚伪，成了这一代大片的通病。中型和小型投资的影片很难有立足之地。中国的制片人和导演们仍大多坚持着"让一部分人先富起来"的原则，并许以"等市场扩大了，必能百花齐放"的美好前景。如今，中国大片仍在尝试民族性与世界性结合的磨合之路，以中影负责人韩三平的话来说，未来的中国大片将是"用拍《指环王》的手段来拍《西游记》，用《侏罗纪公园》的手段来拍《中国猿人》，用《泰坦尼克号》的感染力来拍《梁山伯与祝英台》。"

而褒赏少批评多，是当今大多数中国电影观众的状态。人们期待更多类型的片子上映，但却仍然不肯为大片以外的作品付出50至80元的娱乐成本。票价过高继续阻碍着更多人走进电影院。

2000 年

《卧虎藏龙》获第73届美国奥斯卡最佳外语片奖。

2001 年

本年度出品的重要影片有《寻枪》、《开往春天的地铁》、《我的兄弟姐妹》等。

《寻枪》剧情曲折，是陆川编剧导演的第一部电影作品。作为一名出生在七十年代的导演，他对电影的理解使该片整体风格给人一种好莱坞影片的感觉，融合了悬疑片、惊悚片、心理恐怖片等诸多表现元素。从一个全新的角度诠释了普通人的生存困境和心理世界。而影片在视觉语言上颇有新意，展现给观众一个古风犹存的边陲小镇，空空荡荡、干干净净，具有超现实的色彩。著名演员姜文的参与是该片的一大看点，他在此片中对人物内心世界的揣摩得到广泛认可和好评。

将电影摄影机的镜头，当作电影中某一角色的眼睛，去观看（摄制）其他人物、事物活动的情景，这就是主观镜头。《寻枪》运用了大量的主观镜头，大多是男主角马山的主观视角和感受。自"寻枪"行动展开伊始，马山的意识世界就变得疑神疑鬼、似是而非。换作马山的主观镜头语言，则表现为影像和声音的夸大其词、如梦似幻 —— 导演正是把握了主观镜头能够制造悬念色彩这一重要因素，贯穿于"寻枪"整个过程，吸引观众去推理、猜测最后的真相，才使得《寻枪》取得当年票房、口碑双丰收。

《开往春天的地铁》是新锐导演张一白的电影处女作。故事里，失业三个月的建斌（耿乐饰）整日在地铁里游走，他无法把这个消息告诉跟他一起生活了七年的小慧（徐静蕾饰），虽然他每天都想这么做。毕竟当年来到这个城市时，他许诺小慧要给她幸福 —— 就这样怀揣着善意的谎言，建斌在地铁里度日如年。

《开往春天的地铁》引出了一个新的概念 —— 新城市电影。所谓新城市电影，张一白的解释是反映发生在城市里城市人的城市情感的电影。影片诗一般地刻画了两个年轻人内心的情感纠葛。地铁似乎成了城市新的庇护所，收容着在现实中迷失自己的城市人。张一白寻找的是都市人群中最普通的面孔，每个人都能在主人公建斌和小慧身上找到自己的影子。

一部好的电影，应该有优秀的主题曲。远方二胡声悠扬地飘过，演变成身边地铁的呼啸声，这是片尾震撼人心的 一幕，而那首名为《开往春天的地铁》的主题曲与影片色调、气氛更是十分吻合。

由姜武、夏雨、梁咏琪等明星担纲主演的《我的兄弟姐妹》，是一部讲述兄妹亲情的感人影片，在上海试映时引出观众一片"泪海"，被媒体称为"巨型催泪弹"。其中经典台词："兄弟姐妹就像天上的雪花，纷纷洒洒，飘落在人间，然后化成水，汇成河，便血脉相连，永远在一起了……"湿润了无数都市人冷漠的眼睛。

2002 年

《盲井》获第 53 届德国柏林国际电影节银熊奖最佳导演奖。影片根据刘庆邦的小说《神木》改编，讲述了一个发生在矿区的故事：两个生活在矿区的闲人靠害人赚钱，他们先是将打工者诱骗到矿区，然后将打工者害死在矿井下，并制造事故假象，再作为死者家属向矿主索要赔偿，他们一次次得手，金钱似乎已经让两人的丧尽了天良……但在一个小男孩成为他们的目标之后，其中一个谋杀者的感情发生了变化，在施害与保护之间他难以取舍，最后在矿井下自

1978
1980
1985
1990
1995
2000
2005
2008

杀。

这是一个关于人性的故事，讲善与恶在人世间的搏斗，讲善与恶在人内心的搏斗。

本年度问世的重要影片有《邓小平》、《美丽的大脚》、《冲出亚马逊》、《和你在一起》、《卡拉是条狗》等。

经过长达近 9 年的创作与筹备，大型电影故事片《邓小平》用纪实和写意相结合的手法，主要描写的是邓小平从"文革"结束到 1991 年间的事。一件又一件的往事相继闪回：恢复高考，"两个凡是"大讨论，安徽小岗村率先实行包产到户制，知青回城，创建特区……晚年的邓小平虽从第一线退了下来，但仍心系国事。东欧剧变，苏联解体，国内经济改革的阻力，使得这个老人不停地思考着判断着。1992 年春，邓小平展开了著名的南方之行……

影片中有这样一个细节：在视察了深圳经济特区后，邓小平告别了当地的官员走向快艇，他突然停下脚步，转身走了回来，急切地对官员们说道："你们步子要走得再快一点呀！"苍老的眼神里满是期待。

《和你在一起》中，养父为了让儿子成为一代出色的音乐大师，吃尽苦头，辗转来到北京探访著名教师和教授，为儿子谋机会，谋发展。这是在中央电视台《生活空间》采访的一个真实故事的基础上改编的。影片以普通小市民的琐碎生活片段为背景，没有过多捏造的浪漫氛围和煽情场面，反映的简单和真实贴近生活，温暖人心。

《卡拉是条狗》讲述的故事很简单，葛优扮演的一个叫"老二"的工人，他的生活就像是所有普通老百姓一样，在习以为常的平庸之中沿着生活的惯性滑动。老二每天在工厂和家庭之间奔波，从他的生活中我们看不到什么和梦想有关的举动或者狂热，因为对于一个已经人到中年的城市小市民来说，那些都是太远的东西。

不过即使是像老二这样的人，在他的生活中也必不可免地会留下一些企图挣脱的痕迹 —— 老二虽然是个工人，但还是像所谓的有闲阶层一样养了条宠物狗。不过这条宠物狗从哪个方面看都差点意思，完全就是一条普通的不能再普通的杂狗。但这条名叫"卡拉"的杂狗却是老二生活中全部欢乐的源泉，和每天都和他对着干的儿子亮亮相比，我们还真不好说他更喜欢哪一个。

老二媳妇玉兰对老二这种"玩物丧志"的做法基本上是睁只眼闭只眼，因为这样除了可以不让老二和他那帮牌友整宿整宿地打麻将之外，还可以名正言顺地断绝老二和他的牌友杨丽之间可能发生的暧昧关系。不过对于一只没有办证的黑户狗来说，意外随时会降临 —— 一天晚上，玉兰遛狗的时候卡拉被警察抓走了！故事从此展开……

《卡拉是条狗》的出现标志了"第六代"导演的真正成熟，甚至有影评人认为导演路学长在此片中对小人物的描述达到了伍迪·艾伦的高度：那些新颖光鲜的小小满足和快乐，那无穷尽的患得患失忧心忡忡，那总未修得正果的灵魂骚动，都令人悲喜莫名。《卡拉是条狗》抓住了我们生活中最本质的东西，是一代电影人的平民史诗。

2003 年

中国第一部数字电影《冬至》摄制完成。导演谢东对片名是这样解释的："中国人熟悉节气，冬至是日照时间最短的那天……这本来是部彩色电影，但你看起来有种黑白片的感觉，就是这个原因。当然，你也可以从中看到'亮点'，这也是《冬至》所隐含的另一层寓意：因为从那一天起，日照开始变长，天气开始变暖 —— 冬至，是一个转折。所以说，当我们在特指某一种极限的时候，其实也在传达一种'黎明'即将到来的信息。"

律师学志（许亚军 饰）在接手一桩离婚案时，得知自己的妻子新美（胡靖钒 饰）已有外遇。在单亲家庭中长大的学志，极力挽回着濒临破碎的家庭。在几近无望的情境下，学志与离婚案中的女方小白菜（秦海璐 饰）的关系发生了变化。最后，孩子的一场大病改变了一切：新美与情人分手，希望回到"从前"。面对丈夫的犹豫，她退而提议与学志签一份为期15年的生活协议，至少等女儿长大成人。面对眼前的白纸，作为律师的学志却不知如何下笔……最终，一切都没有结果，然而往日生活已经被颠覆。这个冬天显得格外寒冷。

又是一个婚外恋的题材，该片的英文片名也用的是"The Coldest Day"，直译过来就是"最冷的那天"。

《英雄》创下了2.5亿元的票房纪录。该片通过汇集当今华语影坛幕前幕后一时无二的强大阵容，为全球观众展示出了一幅幅极富中国特色的唯美画面：美不胜收的山林对决，气势磅礴的秦军箭阵……"浓烈的色彩和形式压得人几乎透不过气来，而故事主线却只是'蜻蜓点水'，被湮没在宛如时空倒错般的叙事结构中"。

尽管艺术评价褒贬不一，甚至在同类题材影片中有点儿泯然众人的味道，但《英雄》确实赢得了观众和市场。从先进的融资手段，到艺术与商业间准确的平衡定位、严整细密的防盗版手段、全方位的立体宣传等，《英雄》成功的商业运作模式，给国内电影市场带来了希望。

2004 年

本年度出品的重要影片有《十面埋伏》、《手机》等。

手机是现代人生活的一个组成部分，它给人们的生活带来方便，是人与人沟通的重要工具。可是，手机也会给人们的生活带来麻烦，甚至是危机 —— 事业如日中天的著名电视节目主持人严守一的生活就是因为手机而遇到了很大的危机。危机的爆发缘于他一个偶然的失误：他去电视台主持节目时，把手机忘在了家里。一个陌生女人的来电，让他的妻子发现了他深藏在心底的秘密……故事从此开始 —— 都是手机惹的祸？本片主人公的遭遇，是世界上每一个手机持有者或深或浅都能感受到的。《手机》揭示的虽然是人类内心恐惧的扩散，但它在风格和样式上却充满了喜剧和冷幽默的因素。这种内容和风格的悖反，加深了从生活趋向艺术的力度。

刘震云极富洞察力的原著为电影提供了一个非常扎实的剧本，以环形结构讲述线性故事的处理显露出"史诗"迹象。冯小刚的电影一向不以画面见长，在他拍摄的大部分电影中，能让观众津津乐道的都是片中的精彩对白，而很少能让观众对他的剪辑和画面留下什么印象。在《手机》中，冯小刚开始尝试用画面语言而非人物对白解决系统庞大的叙事。

2005 年

《孔雀》获第 55 届柏林电影节银熊奖。

顾长卫导演的处女作《孔雀》描述了从七十年代文革后期到八十年代改革开放初期一家三姐弟的人生故事。这是一个变化最大的年代。从史无前例的文

89

化大革命，到改革开放。影片里没有诸如打倒臭老九或者是改革春风遍九州之类的具有明显时代特征的镜头，而是从细节上无处不生动真实地表现出这一时期普通民众生活和思想的变化。

《孔雀》分段落分别描述了姐弟三人各自的一段生命历程与生命状

⊙《孔雀》剧照

态，呈现出来的是或明朗或冲动或懵懂的理想追求，以及理想幻灭、精神萎靡，以至日子平淡、尘埃落定的过程。那过程提供给观众机会 —— 观看别人同时也观看自己。

顾长卫说："生如孔雀，尽管一生再黯淡，平庸的岁月再漫长，也总可以等到开屏的瞬间。这样的瞬间，便足以将生命照亮。"

号称中国电影史上最贵的《无极》问世，总投资超过 3000 万美元，仅 2 分 38 秒的片花就花费 20 万元人民币。陈凯歌自己对《无极》的评价是探讨自由、爱情和命运以及充满想象力的史诗。与前一部电影《和你在一起》让观众掉下无数眼泪不同，放映《无极》的场子里，不时爆发出笑声来。

《无极》讲述的是一个关于爱和命运的故事，序幕中小女孩为了抢夺小男孩的食物而欺骗了他，洞察和主宰命运的"满神"对小女孩说，"我让你得到所有的荣华富贵，但就是得不到真爱，即使得到了，也马上会失去，你愿意吗？"小女孩回答："我愿意"，于是就有了一个不可改变的承诺和不可逆转的命运。《无极》的英文名字叫《The Promise》，说的大概就是小女孩的承诺。

那个小女孩后来成了集美貌和富贵于一身的王妃"倾城"。奴隶"昆仑"穿着大将军"光明"的鲜花盔甲去救陷入北公爵"无欢"包围的王，结果却为了救"倾城"误杀了王，所有的人都以为是大将军杀了王，"光明"因此遭到通缉。"光明"为了与"满神"的一个赌约，企图得到"倾城"（"倾城"以为"光明"为了救她不惜生命，所以爱上了他）并重新成为鲜花盔甲的主人（代表战神和名利），没想到后来真的爱上了"倾城"。元老院要审判杀王的罪犯，"昆仑"承认自己杀王，为了解救主人"光明"，也为了赢得"倾城"的真爱。最后一刻，"无欢"把"倾城"和"昆仑"抓了起来，"光明"为救他们献出了生命，"昆仑"穿上黑袍子复活，带着"倾城"寻找新的世界。

影片中出现大量的哲理对白，在这样一个魔幻题材中显得有一点怪异，这大概是观众笑声的一部分原因吧。伴随着《无极》票房的攀升，网络上开始流传一个名为《一个馒头引发的血案》的网络短片。该片将《无极》中的一些镜头与某电视台法制新闻节目镜头编辑在一起，讲述了一个杀人案件的侦破过程，"搞笑"指数极高。

美国评论界对《无极》则齐声赞扬。《洛杉矶时报》著名影评人凯文·托马斯把最极致的赞扬全给了《无极》，他说："陈凯歌的《无极》是在一部电影中所能做到的达到极限的洋洋大观。它既是精巧无比的童话故事，又是辉煌壮丽的武侠梦幻；既是感情层次上的浪漫史诗，又是有关命运本身的亦庄亦谐的深沉思考。在这部电影中，陈凯歌指出，命运的操作并不只与个人行为有关。在这部大师级作品中，导演引导他的超级演员班底，以极具洞察力的导演方式、光芒四射的摄影风格、极具个性却毫不浪费的场景制作及服装设计，加上振奋人心的音乐，使各种因素交相辉映。这部《无极》，又称作《鲜花盔甲的主人》的电影，似乎已成为奥斯卡强有力的竞争者。"

○陈凯歌作品《无极》

最终，《无极》在2006年的奥斯卡奖评选中，铩羽而归。

2006 年

《满城尽带黄金甲》问世。又是一出关于情欲、复仇、谋反、杀戮的宫闱悲情剧。尽管这一次张艺谋借用了《雷雨》的原型，但这个关于压制与反抗的故事，却被他转置于一个更为宏大而抽象的历史场景当中。于是，《雷雨》的故事原型便不再作为一个中国封建家庭覆灭的象征性文本，而是被张艺谋改写成了一部关于中国传统家国、父权秩序的宏大寓言。

《疯狂的石头》火爆一时。故事讲述了几群贼，为了偷盗名贵翡翠辗转发生的故事。影片本身就好像拍摄地重庆一样，无数伏笔和巧合横空交错，在一个三维空间中伸展成密密麻麻的诸多故事线，彼此结合。作为普通观众，如王小波说的一样，我们看电影不是为了受教育，而是为了娱乐。对于观众来说，电影只分两种：好看的，与不好看的。或者分的更详细一点：好笑的，与不好笑的。也许这部片子不能成为像《霸王别姬》、《活着》那样的经典，但是它好看，让观众开怀大笑了好多次。对于电影来说，没有比观众走出电影院后说"这片子真好看"再高的褒奖了。

筹备一年多，拍摄40多天的小成本制作电影《疯狂的石头》，是刘德华所推出的"亚洲新星导"电影计划的赞助影片之一，也是导演宁浩的作品第一次进入院线发行。宁浩导演在镜头语言和表现手法上，比冯小刚更先锋、更现代，而且节奏非常快。道理讲明白了，也把大家逗乐了。为时下拍摄小成本制作的娱乐片，提供了理想范本。

2007 年

《投名状》和《集结号》继续大片的票房辉煌。

《集结号》是一个有关退伍老兵的故事。为了一次到底有没有吹响过的集结号，老兵失去了全连所有的战友，十多年来他魂牵梦萦不得安宁：那是在解放战争的一次战役中，上面的命令是一个连队的战士坚守4小时，以集结号为令撤退，结果等了12个小时集结号也没有吹响。于是身为连长的谷子地（张涵予饰演）决定继续坚守下去，结果47个战士最终全部阵亡，但是一名战士在牺牲前告诉他，他听到集结号了，从此谷子地开始了寻找真相的过程……进入和平年代后，这47名战士被定为"失踪"，谷子地的后半生就在寻找47具遗骸、为追溯他们"烈士"的称号而活着……战争题材的大片，中国拍过不少，早期的《南征北战》、《红日》、到前些年的《大决战》、《大进军》，全都集中表现人民战争的汪洋大海，我们很少看到战场上的血雨腥风，看到战争中

⊙吴宇森作品《赤壁》

人性的挣扎和迷茫，看到小人物的孤独和无助，看到个体在战争中的作用和位置。《集结号》是一部不折不扣的中国式的抒写人性之美、歌颂浩然正气的大片，与冯小刚导演以往嬉笑怒骂的市井风格渐行渐远。

2007 年，我国电影综合效益达到 67.26 亿元，再创历史新高。其中国内票房达 33.27 亿元，连续 5 年保持 20% 以上的增长幅度；国产电影的海外销售（含票房收入）达 20.2 亿元。通过 6 年的电影发行体制改革，我国电影院线制逐渐成熟，2007 年票房过 3 亿元的院线达到 5 条，比上年增加了 4 条。

2008 年

中国电影史上最卖座电影《赤壁》问世，创造 3.12 亿票房。

93

第三章
远处的景象

1978
1980
1985
1990
1995
2000
2005
2008

电视发展史本身蕴含的历史信息量是非常丰富的，它让我们能够用一种立体的眼光来看待一个变化中的中国。

1958 年的 5 月 1 日，中央电视台的前身 —— 北京电视台实验播出。

从 1958 年到八十年代初，我国的电视节目一直处于缺乏竞争的"一台时代"，这一阶段在中国电视史上很少会浓墨重彩的进行叙述，原因很简单，那个时期，电视还不是我们现在所理解的大众媒介。

70 年代末 80 年代初，电视机逐渐走入普通家庭。1982 年，我国引进的第一条彩电生产线竣工投产。不久，第一个彩管厂在咸阳成立，彩电迅速发展并逐步形成规模。全国引进大大小小的彩电生产线一百多条。"熊猫"、"金星"、"牡丹"、"飞跃"等一大批国产品牌彩电涌现。

1983 年 3 月，在北京召开的第十一次全国广播电视工作会议一改以往"两级办电视"的发展格局，使中国电视业出现了突飞猛进的发展。自此，各省、市和自治区除了分别拥有一个电台、一个无线电视台和一个有线电视台外，还有一个教育台或经济台。

1985 年，我国电视机产量达到 1663 万台，超过了美国，仅次于日本，成为世界第二电视机大国。

1987 年 2 月 1 日，中央电视台第二套节目由面向北京改为面向全国播出，并实现了向经济信息频道的转变。

1990 年 4 月 18 日，全国第一家省级有线电视 —— 湖南有线广播电视台开始试播。有线台的成立，打破了无线电视一统天下的局面。而在播出的内容上，各个电视台也做了有益的尝试。

到九十年代中期，全国电视机年产量高达 3500 万台，从而稳居世界第一。2004 年，平板彩电销售终于超过了传统的显像管彩电。2007 年，TCL 一款厚度不到 10 厘米的超薄液晶电视问世，电视进入液晶时代。

1979 年 8 月，中央电视台设立《为您服务》专栏，介绍电视节目，回答观众来信。1980 年 7 月，中央电视台开办《焦点访谈》的先驱 —— 新闻评论性的专栏节目《观察与思考》。1981 年《动物世界》开播，并很快成为央视的王牌节目。

1983 年，中国和日本合拍的一部描写长江和长江两岸人民生活的 25 集纪录片《话说长江》于 8 月 7 日在中央电视台开始面向全国播放，引起了观众的强烈反响。新华社在报道该片引起的"长江热"时，曾经以《中国的〈话说长江〉热》为题，向国外播发了英文电讯稿，说"每到星期天的晚上，数百万中国人便坐到电视机前，收看由中央电视台播放的电视系列片《话说长江》"。该片的播出引起巨大反响的另一个侧面是先后收到观众一万多封评论、批评、建议的信，还有人寄来自己专门创作的以长江为题的绘画、书法和歌曲。当时有人盛赞该片是中国"激动人心的爱国画卷"、"知识的百科全书"。《话说长江》在 1983 年度全国电视专栏节目评选中获特别奖。主题曲《长江之歌》也广泛传唱。

随后，中央电视台与正大集团合办《正大综艺》，该节目采用特邀嘉宾——明星或名人 —— 猜谜、现场观众参与的形式，一举成为收视热点，同时也造就了许多电视名人，现任阳光媒体投资控股有限公司主席杨澜就是第一个幸运者。1983 年春节，央视正式推出"春节联欢晚会"。

1983 年春节，央视正式推出"春节联欢晚会"。春节联欢晚会是央视最成功的娱乐节目之一。从 83 年播出至今，看春晚已成为中国人过春节的新年俗，这是央视对中国传统文化节日的一大贡献。

随着时间的推移，人们在为央视春晚鼓掌的同时，对春晚的批评也愈来愈激烈。客观地讲，央视办春晚也有其不小的难度，如随着信息技术的发展，人们获得的精神文化产品日益丰富，对春晚节目水平的期望值也就水涨船高。为了办好春晚，央视不可谓不尽心：几乎提前半年就酝酿遴选总导演、国内外范围找演员、几番策划几番推倒重来，光实际操演就耗时三个多月。当然了，一些省台也相继推出春晚，但对央视打造的全国最大的新年夜宴，全国人民仍然充满了无限期待。

春晚也越来越成为各大传媒品头论足的热门话题。《三联生活周刊》著名专栏写手王小峰认为，近几年看春晚实际上就是一个失望体验过程，看到最后，大概就是想看看赵本山又抖什么包袱了，"如果他的包袱抖不响的话，您就会觉得这年白过了，晚会白看了。"

南京大学新闻与传播学院博导潘知常在其主编的《想象中国的狂欢盛宴》的

《神圣时间的文化书写》一章中是这样描述春晚的："在那些忧伤的乡愁、历史段落中隐藏的激情以及激进的岁月中那些挥之不去的创伤都在主持人神谕般的宣告、各路演艺明星的欢歌笑语中浪漫化了，在文化的时间书写中，历史的暴力土崩瓦解，只剩下一些暧昧的感动和媚俗的泪水。"

仿佛生活的戏剧化投影，电视剧往往更能折射出社会的种种变迁。

一般情况下，电视剧的平均收视率都要高于其他类型节目。有学者作过专门比较，一部热门电视剧一个晚上的收视观众数就相当于全国所有舞台艺术一年的观众总和。

1991 年，一部 50 集电视连续剧《渴望》引得万人空巷，它创下的巅峰效应成为一个时代的神化，被称为中国电视剧发展的历史性转折的里程碑。

现在，全国省级卫星平均电视剧播出量占频道总节目量的 40% 以上，有的台甚至达到 50% 以上，至于影视剧专业频道更是以播出电视剧为主体，在频道竞争激烈，电视节目多元化发展的态势下，电视剧的播出优势仍然十分突出。

让我们回过头，重新行走于电视剧发展三十年的时光走廊，丈量逝去的感伤和欢笑。

⊙ 电视剧《渴望》

1978 —— 1989　外面的世界很精彩

70 年代末 80 年代初，中国的电视剧事业开始走向复苏。正当电视以前所未有的深度介入生活的时候，中国的电视节目却逐渐陷入"无米下锅"的窘境。

99

1978
1980
1985
1990
1995
2000
2005
2008

1978~2008
中国流行文化三十年

⊙电视剧《西游记》剧照

由于电视剧稀缺，电视台想到了引进国外影视剧。1979 年，中央电视台播出的南斯拉夫电视剧《巧入敌后》成为了中国第一部译制剧。此后，《瓦尔特保卫萨拉热窝》、《桥》、《伟大的曙光》、《难忘的 1919》、《乡村女教师》……这些来自南斯拉夫、苏联和日本等国的电影于 1978 年前后陆续在国内电视荧屏上播出。本土创作上，虽然从 1981 年中央电视台推出第一部电视连续剧《敌营十八年》（9 集）起已有不少连续剧出现，但这时期电视剧的主流艺术样式是依据电影的方式拍摄的单本剧，这个时期，人们不仅见证了电视剧的成长，同时也见证了电视机从无到有的过程。那时只有一部分家庭有电视机，而且还是 9 英寸或 12 英寸的黑白电视，因此全国还流行起一种电视屏幕五色彩纸。

1985 年，北京郊区平谷县出现了全国第一个"彩电村"，此后看电视成为最大众的休闲娱乐方式。港剧《霍元甲》、《射雕英雄传》、《上海滩》相继播出，香港偶像文化热潮兴起。引进剧对观众思想的影响引起了知识界的反思，与此同时，很多人意识到传承中华文明的紧迫，《红楼梦》与《西游记》就是在这样的背景下诞生的。

1978 年

5 月 1 日，北京电视台改名为中央电视台。

全年播出《三家亲》、《窗口》、《教授和他的女儿》等 8 部单本电视剧。这些剧虽然今天看来艺术上比较粗糙，但播出后取得了良好的社会反响。

1979 年

电视台开始播出商业广告。

1 月 28 日，上海电视台播出中国电视历史上第一条商业广告：参桂补酒。

3 月，中央电视台播出央视第一条商业广告：幸福可乐。

中央广播事业局召开全国电视节目会议号召"大办电视剧"。全年播出电视剧 19 部，有体现年轻人奋发图强的《有一个青年》，表现对越"自卫反击战"的《祖国的儿子》、反映张志新烈士事迹的《永不凋谢的红花》和反映家庭关系的《爸爸病危》等。

中央电视台播出我国第一部译制剧：南斯拉夫电视剧《巧入敌后》。

1980 年

《大西洋底来的人》轰动神州，中国观众的社会记忆中铭刻了"麦克镜"、电子琴等新奇事物。

我国拍摄的第一部长篇电视剧《敌营十八年》引起广泛关注。尽管贬褒不一，但可喜的是，走出了第一步。

中央电视台播出电视剧 131 部，数量急剧增长，这些电视剧里，引起反响的有《凡人小事》、《女友》、《乔厂长上任》、《何日彩云归》等，作品的题材迅速扩大，风格上也向多样化发展。

1981 年

中央电视台共播出电视剧 128 部（集）。这一年，电视业面临空前的粮草危机，从此引进剧开始填补空白，大行其道。《姿三四郎》让中国观众如醉如痴。

《新岸》、《卖大饼的姑娘》、《你是共产党员吗》等作品一度在全国引起热议。《卖大饼的姑娘》是一部喜剧，它通过某中心店经理王英调到大饼摊工作后，团结同志，帮助后进青年，共同把生意做活主线，展现了三对青年不同的思想，性格以及他们的爱情遭遇。

这年的年底，中国内地已有电视机 1000 万台。据估算，全国电视观众已经过亿。

101

1982 年

全国电视机社会拥有量为 2761 万台，是 1978 年的 9 倍，电视在中国开始成为真正意义上的大众媒体。

1 月，广东电视台播出了录制的 8 集电视连续剧《虾球传》，这是内地制作的第二部电视连续剧。在成方圆《游子吟》的歌声中，《虾球传》开创了当时内地电视剧的收视高峰。

由在贵州当过十年的知青的叶辛同名长篇小说改编的《蹉跎岁月》一经播出，便引起了全国观众的共鸣，这是第一部描写知青生活的电视剧。《蹉跎岁月》以"文革"期间下放到贵州的上海知识青年柯碧舟的命运为主线，通过他因出身不好，遭到歧视，从自卑、消沉到觉醒、振作、奋进的过程，深刻地表现了一代青年的苦闷与追求。从《蹉跎岁月》开始，知青题材的电视剧成为独具中国特色的一种电视剧类型。《一首难忘的歌》唱出了千万人的青春记忆，唤起了无数人对人生的感慨。从八十年代的《今夜有暴风雪》、《雪城》，一直到九十年代的《孽债》，知青的故事仍然在不断地让人们感动和伤怀。

改编自《水浒》的 8 集电视连续剧《武松》，是一部精彩好看的武打片，主演祝延平是当时很多人心目中的英雄。他所扮演的武松打得一套出神入化的醉拳，一时吸引无数年轻人模仿。

《赤橙黄绿青蓝紫》较深刻地反映了中国八十年代青年的思想风貌，将青年一代怎样看待人生的严肃课题提到人们面前，尤其是通过对刘思佳性格的刻画褒贬，提出尊重人的个性色彩的呼唤，达到了一个新的思想层次。陈宝国靠处女作电视剧《赤橙黄绿青蓝紫》里饰演玩世不恭的车队司机刘思佳，一举获得首届大众电视金鹰奖最佳男演员奖。

1983 年

在电视机只能收到三个频道的年代，《霍元甲》成为第一部在内地播放的香港电视连续剧，一时引发收视狂潮。"昏睡百年，国人渐已醒。睁开眼吧，小心看吧，哪个愿臣虏自认……"主题曲《万里长城永不倒》传唱九州大地。

由广东电视台引进的 36 集日本电视剧《排球女将》，横扫内地荧屏，清新质朴、坚毅顽强的小鹿纯子走进中国观众的心。《排球女将》与"女排热"相互呼应，承载了一代人的青春记忆。

83 版《射雕英雄传》播出，武侠热升温。

1984 年

这一年出现了第二次引进剧的高潮。《血疑》、《命运》带来一轮日剧冲击波，让中国观众认识了山口百惠。以《女奴》、《卞卡》为标志的拉美电视剧旋风，给中国电视工作者带来了有益的启示。

港台剧《霍东阁》、《陈真》、《一剪梅》登陆内地荧屏。

《今夜有暴风雪》再次触摸知青返城的敏感话题。

1985 年

来自香港的电视连续剧《上海滩》引起轰动。《上海滩》是香港无线电视制作的 25 集电视剧，故事以民国年间的上海为背景，描述上海帮会内的人物情仇和爱恨悲欢。剧中男女主角的扮演者周润发、赵雅芝成为众多青年心目中的偶像。

内地电视剧走上新台阶，《新星》成功塑造了一个改革干部李向南的形象。剧中突出了许多落后的问题，反映了当时的改革必要，使体制改革成为家家户户关心的话题。《寻找回来的世界》关注青少年迷失的心灵，以充满诗意的风格表现了工读学校的老师们以满腔的爱心对失足孩子的关心、教育与挽救。28 集长篇连续剧《四世同堂》的出现标志着中国电视连续剧的发展进入一个新的时期。作品在将文学形象转变为屏幕形象时，努力体现老舍原作中的地方特色、北京风味。镜头对准普通的劳动人民，揭示他们的疾苦，同情他们的命运，并为他们被侵略者压迫、凌辱的悲惨生活处境申冤、呐喊。

1978 1980 1985 1990 1995 2000 2005 2008

1986 年

中国的电视观众已经达到 6 亿，电视机拥有量达 1.2 亿台，中国成为了世界上电视人口最多的国家。

从普通农民到商业巨贾，日本电视连续剧《阿信》打动中国观众。

1987 年

《红楼梦》是根据中国古典文学名著改编摄制的一部大型古装电视连续剧，共三十六集。前二十九集基本忠实于曹雪芹原著，后七集不用高鹗续作，而是根据前八十回的伏笔，结合多年红学研究成果，重新结构悲剧性的结局。

◎电视剧《红楼梦》剧照

《红楼梦》以空前的规模，众多的人物，生动地再现了封建贵族大家庭中充满矛盾的生活画卷。电视剧的编导们没有把焦点仅仅局限在宝、黛、钗三角恋爱的情节结构上，而是力图反映更广阔、更丰富的社会内容，这无疑是一种进步。从电视屏幕提供的画面可以看到，《红楼梦》中所有大大小小的事件和矛盾冲突，电视剧几乎都做了比较精细、比较完整的表现，而且表现出了极大的兴味。这在《红楼梦》的改编史上，恐怕是绝无仅有的。

1988 年

大型神话连续剧《西游记》播出。这是一个中国人耳熟能详的经典神话故事。连续剧《西游记》几乎包括了百回小说《西游记》里所有精彩篇章，播出

1978
1980
1985
1990
1995
2000
2005
2008

后引起了巨大反响。

《末代皇帝》真实地再现了爱新觉罗·溥仪从三岁小孩"登基"成为"天子",举行皇帝大婚庆典,直至被日本军国主义者挟持成为伪满洲国皇帝的曲折一生以及在新中国改造获得新生的故事。曾在国际录音录像市场上创汇百万美元(法国法宝公司第一个以 80 万美元得到在西欧和非洲法语国家播映权)。因在剧中扮演溥仪,男演员陈道明开始逐渐被观众熟悉。

《便衣警察》是海岩第一部被搬上荧屏的作品,播出时曾形成人人争睹的场面,反响十分强烈。此时走言情路线的"海岩剧"模式还未显现。台前幕后的参与者赵宝刚、冯小刚、宋春丽等如今已经成为影视圈知名人士。

美国系列电视剧《神探亨特》风行全国。

1989 年

电视连续剧的生产数量猛增到 1200 多集。从 1985 年到 1989 年 5 年间,电视连续剧的产量猛增了 10 倍。

中国电视剧史上最成功的农村三部曲:《篱笆、女人、和狗》和《辘轳、女人和井》、《古船、女人和网》,成为本年度的亮点。

对于七十年代或者八十年代出生的人来说,《十六岁的花季》是真正代表了当时中学校园生活和青春思潮的一部标志性电视剧。

台湾引进的《星星知我心》,使亿万观众泪流成河。

1990 —— 1995   平民的似水流年

进入 90 年代,以《渴望》为代表,电视剧制作迈进了大众化、通俗化的新阶段。用一句《东方时空》的片头语 ——"讲述老百姓自己的故事",《渴望》如涓涓细流流入观众的视野。《渴望》之后,众多生活剧题材电视剧如雨

105

笋般成长，直至现在，生活剧还是荧屏的主流。

1990 年

改编自钱钟书代表作长篇小说《围城》，由陈道明、葛优、李媛媛、吕丽萍等人饰演的十集同名电视剧在全国掀起热潮。使得"围在城里的人想逃出来，城外的人想冲进去，对婚姻也罢，职业也罢，人生的愿望大都如此。"这句话为人们所熟知。

据报道，电视剧播出后，陈道明收到钱钟书先生给他写的信，信中对他的表演大加赞赏。

电视观众迎来了新一轮的港台剧热，《义不容情》、《流氓大亨》、《春去又春回》打开了新视野。

1991 年

《渴望》的成功意味着价值观的回归。它与时代大背景映照，凸现的是中国人家庭、事业、婚姻在历史转型时期面临的考验和抉择。好人刘慧芳深入人心，以至于广大观众把张凯丽当成了诉说心事，解决疑难杂症的对象。

《渴望》播出后，扮演负心人王沪生的孙松一直找不到对象，后来找了一个圈儿里的演员，说起来还是没看过《渴望》。"举国皆哀刘慧芳，举国皆骂王沪生，万众皆叹宋大成"，成为当年的一道独特风景，也是电视剧史上不可不提的著名事件。

《编辑部的故事》是我国第一部电视系列喜剧，描写一个叫《人间指南》的杂志编辑部里，6个性格各异却都有一副热心肠的编辑之间的交流与碰撞，描写他们与社会发生联系后产生的形形色色的人生故事。剧中的调侃、幽默、讽刺、戏谑，开电视系列片之先河。方言剧的创作使电视剧更加大众化。剧中饰演李冬宝的葛优那圆滑处事、精于世故、语带刻薄、心地却善良的普通

⊙电视剧《编辑部的故事》

小人物的"北京表情"重新定义了"京味"。一代喜剧"大腕"就此诞生。

《外来妹》给更多涌动在经济大潮中的人们带来了梦想。而《雪山飞狐》成为更广泛的人群的追捧对象。大陆港台三地演员成功合作，为电视的娱乐化提供了有益的启示。

爱国主义和民族复兴成为年度的主题，《北洋水师》、《赵尚志》展现了民族情怀。

改编自艾芜小说《漂泊奇遇》的电视系列剧《南行记》既忠实于原著，又在原著的基础上有了大胆的创新。编导寻找到了一个与以往的改编迥然不同的切入角度来揭示主题，对艾芜的小说原著作了更具个性、更加深入的把握。纯美的画面更是此剧的闪光点。

《上海一家人》展开的"家国叙事"，启示人们个体命运与国家命运的密不可分。

1992 年

国产电视剧突破 5000 部（集）。

改编自王朔小说的电视剧《过把瘾》让王志文、江珊这两位名不见经传的演员一夜成名。

1993 年

《北京人在纽约》带动了一批类似电影剧的火热，反映了出国潮对中国人的冲击。"如果你爱他，就送他到纽约，因为那里是天堂。如果你恨他，就送他到纽约，因为那里是地狱。"伴着刘欢的一曲《千万次地问》，全国人民都从荧屏上把目光投向了那个遥远的国度，那个制造了让世界各地的人们魂牵梦绕的"美国梦"的国度。

1994 年

《我爱我家》的巨大亲和力和机智幽默的风格，为生活类电视剧树立了典例。

107

1978
1980
1985
1990
1995
2000
2005
2008

纪实电视剧《918大案》表现公安人员与犯罪分子的斗争，让人有眼前一亮有感觉。

电视巨作《三国演义》以三国历史和古典小说《三国演义》为基础，再现了三国时期的战争场景和人物故事，从不同角度阐释出三国文化的传统精神和谋略。不但在海内外传播了中国优秀文化，而且取得巨大经济效益。

香港电视剧《戏说乾隆》在首播三年之后风行内地，"戏说"与"大话"开始进入人们的视野。

1995 年

《宰相刘罗锅》这部四十集长卷，叙述了乾隆年间内阁大臣刘墉与贪官和坤斗智斗勇的故事。长期以来，在河北、天津、北京、山东、辽宁等地满汉群众中流传着大量关于刘墉的民间传说，这部电视剧正是在传说中建立起来的。它不是历史剧，甚至说不上是野史演义，而是在乾隆王朝近五十年兴衰史里一个关于宰相的童话，一个君臣之间的寓言。

1996 —— 2000　"戏说"的娱乐

1996年《快乐大本营》的播出获得了巨大成功，最红火时平均收视率曾达到33%，广告价格甚至超过中央电视台的平均价格。《快乐大本营》的成功引发了电视娱乐节目的热潮，吸引了全国各个电视台对娱乐综艺节目的关注和参与。

走过九十年代后期热热闹闹的游戏娱乐时代，进入了智力加博彩的益智娱乐时代。1998年11月22日，央视二套推出了《幸运52》，并紧随其后推出具有独特中国电视益智节目形态的《开心辞典》。一时间《开心辞典》、《幸运52》成了观众的最爱，收视率也居高不下。

108

1978
1980
1985
1990
1995
2000
2005
2008

1996 年

《水浒传》用现代化电视手段演绎脍炙人口的古典名著，一个个英雄汇聚、反抗强暴的壮烈故事，使观众被梁山英雄好汉们"路见不平一声喊，该出手时就出手"的行侠仗义精神所感动。

香港回归前夕，热播军旅题材剧《和平年代》。

《一场风花雪月的事》使"海岩都市言情剧"浮出水面。

《水浒传》成四大名著完美终结篇。

《一地鸡毛》关注小人物的生活和命运。

这一年的电视荧屏，更加关注现实生活，现实主义题材作品逐渐增多。《人间正道》、《红旗渠》在物质主义年代，振奋人心。

1997 年

《康熙微服私访记》，讲述一个清朝时期皇帝下民间微服私访的故事。在全国三百多家电视台及海外播出后，反应异常"火爆"，成为中国电视剧史上续拍最多的系列电视剧。

历史正剧担当起了比戏说历史剧更为重要的职责。史诗巨篇《雍正王朝》表现了皇帝与他的臣子和兄弟们之间剑拔弩张的斗争和冲突。诡谲多变的宫廷政治使人们看到了一代王朝史。在中央一套播出时创下收视的高峰，全国收视人口超过 1.8 亿。在我国台湾，《雍正王朝》更是创下了连续 6 次重播、收视率不降反升的纪录。

◎电视剧《康熙微服私访记》

1998 年

电视剧的鼎盛时代来临。电视成为大众门槛最低的娱乐平台。

109

琼瑶的《还珠格格》捧红了"小燕子"赵薇。中国人对待历史一向是比较严肃的，甚至带着敬畏的心理。但是，在电视剧中，历史却成了很多编剧肆意运用想象力的最佳舞台。《还珠格格》的出现极大地推动了电视剧的娱乐化进程。戏说历史的形式逐渐成了荧屏的新宠。

《牵手》曾被誉为"中国荧屏的《克莱默夫妇》"，播出后一度引起了极大的争议和讨论。有人批评其美化"第三者"，甚至有人呼吁要考虑到国情和中国妇女问题。但不论怎样，一石激起千层浪，它对中国当代婚恋观的探讨值得肯定。

1999 年

《永不瞑目》横空出世感动中国，播出后好评如潮。南方某大报的评语是"又一警匪题材精品"。其实，认真看过就会发现，该剧虽然以毒品案作为剧情发展的主线，但感情纠葛占据了其中大部分篇幅。英俊小生陆毅凭借《永不瞑目》成为炙手可热的明星。

2000 年

《贫嘴张大民的幸福生活》演绎普通百姓的胡同生活。这部现实主义题材的作品在社会上引起了强烈共鸣。一时间，全国上下都在议论：幸福是什么？

《将爱情进行到底》出台，这是内地首部真正意义上的偶像剧。

2001 —— 2008　价值观念的多元化

央视市场研究公司发布的《全国卫星频道覆盖率普查》显示，2006 年，我国电视观众总户数已达到 3.06 亿户，电视观众总人口数达到 10.7 亿人，平均电视机普及率达到 85.88%。而最新统计显示，我国城市家庭彩色电视机普及率为 126.38%，农村家庭彩色电视机的普及率为 60.45%。可以看出，广播电视是我国最普及的信息工具和最便捷的信息载体。

2005 年是国内真人秀快速发展的一年。其中，以"海选"、"全民娱乐"、"民间造星"为主要特征的"表演选秀类真人秀"成为最大赢家，《超级女声》、《梦想中国》和《莱卡我型我秀》都取得了不俗的收视成绩。同时，一批职场真人秀节目如东方卫视的《创智赢家》也发展起来，开始引发人们的关注，成为国内真人秀节目的又一大热点。

2001 年

《康熙王朝》是一部以史实为依托的鸿篇巨制，囊括了康熙在位期间最重要的历史事件：擒鳌拜、撤三藩、收复台湾等，真实再现了风起云涌的历史场面。而在表现历史真实事件的同时，《康熙王朝》又掺入了顺治帝避位出家、九子夺嫡等真伪难辨的历史谜案。

《大宅门》是一部在思想性、艺术性和可视性上都较好的电视剧作品，纷繁有序的故事情节、尖锐集中的矛盾冲突，将"白家"的兴衰与民族的命运紧紧相连，歌颂了中华民族自强不息、不畏强敌的民族精神。

李亚鹏、许晴主演的《笑傲江湖》是经典武侠小说的数个电视版之一，虽然金庸迷不喜欢李亚鹏的古装扮相，但是金庸先生喜欢，甚至说李亚鹏像他年轻的时候。

◎电视剧《大宅门》

根据台湾著名漫画家朱德庸原著《涩女郎》改编的 40 集电视剧《粉红女郎》，讲述了四个徘徊在爱情、婚姻、事业、金钱之间的女人的故事。时尚的风格受到观众喜爱。

《激情燃烧的岁月》在市场根本不被看好的情况下毫无预兆地火了。其后几年，军旅戏便升级为荧屏上一股强悍的力量。《激情燃烧的岁月》第一次塑造了一个平民化的战斗英雄，它把军人的生活从战场上搬到了家庭里，并且第一次在荧屏上塑造了一个真实的，有缺点、有脾气的军人形象，彻底击碎了军旅戏"高、大、全"的时代模式。

2002 年

◎电视剧《金粉世家》

《汉武大帝》讲述了汉武帝刘彻 54 年的统治历程。同时，汉武帝又是一个浪漫的诗人，一个痴情而多变的情种，他与阿娇、李夫人、卫子夫之间有着动人心弦的故事，他一生丰富复杂的情感为该剧的戏剧张力打开了很大的表现空间。

《金粉世家》根据张恨水同名长篇小说改编。二十年代初，国务总理金铨之家，可谓一代豪门金粉世家。风流倜傥的七少爷金燕西，是一个多情种子。与女学生冷清秋邂逅，一见钟情……随着故事情节的展开，观众与剧中人物仿佛一起回到那个风雨飘摇的年代。俊秀的陈坤、清丽的董洁，为此剧增色不少。

2003 年

六部金庸大戏《射雕英雄传》、《书剑恩仇录》、《倚天屠龙记》、《侠客行》、《天龙八部》、《连城诀》争霸荧屏。

2004 年

国产电视剧首次超过 1 万部（集）。三十二集连续剧《血色浪漫》制作完成。故事从文革延续到改革开放，折射出时间的沧桑感。它用对人性的关爱目光，通过精彩的故事设计，生动的人物形象和机智幽默的语言风格，给我们真实地再现了那段荒诞恐怖的历史，表现了一代人的挣扎、痛苦和迷惘，并成功地对接了这一代人在新时代的顺利和惶惑。

2005 年

武侠情景喜剧《武林外传》在稳居央视收视首位的同时，也引来部分观众的批评。

虽然定位在喜剧上，但走的却是"质疑"路线，《武林外传》将矛头对准了武侠剧，对武侠作品中出现的不少段落进行了讽刺，然而细看内容，完全颠覆了武侠剧给人的传统印象。一个个小人物粉墨登场，满口方言和现代词汇。网络写手宁财神担当本剧编剧，台词中英文混杂，当下流行的电影语言也充斥其中。"我服了you!""我现在只想说三个字——少放盐。""一点技术含量也没有！"给人的印象是："江湖"、"颠覆"、"搞笑"。

⊙电视剧《武林外传》剧照

2006 年

《亮剑》作为一部战争艺术和传奇色彩融会贯通的主旋律作品，得到了观众的广泛支持。这部电视剧的播出就好像是雪中送炭，让很多人想到了早已被淡忘的一个重要词语——信仰。

正像剧中李云龙所说："面对强大的敌手，明知不敌也要毅然亮剑。即使倒下，也要成为一座山，一道岭。"这是这位"战神"式将军一生的写照，同时也是很多当下都市人最缺乏的信仰与力量。

2007 年

张国立、蒋雯丽主演的《金婚》赢得口碑与收视的大丰收，归根结底，是因为真实与和谐。《金婚》以编年体形式记录了一对平凡夫妻从相识、恋爱到婚姻生活的 50 年历程。虽然是磕绊很多，但始终相濡以沫，执子之手，与子偕老。蒋雯丽更凭借此剧在金鹰电视节包揽三项大奖。她在获奖时称，《金婚》之所以受欢迎，是因为这部剧，演活了每个人的生活。值得一提的是，《金婚》的制作人也是《渴望》的制作人郑晓龙。郑晓龙谈起两部剧时说："这两部剧的主题是一样的，中国人越来越需要温暖的东西。"

《士兵突击》成为 2007 年荧屏最大的一匹黑马，以最朴实无华的叙事手法，最接近生活原生态的人物表现方式，通过最为传统的传播渠道 —— 口口相传的模式迅速红遍了大江南北。主人公"许三多"成了各大媒体的封面人物和年度人物，而剧中台词："不抛弃、不放弃"，"好好活就是做有意义的事"更成为很多人最新的座右铭。

2008 年

年度开年大戏《闯关东》不但符合中华民族文化的核心价值观，而且人物性格丰满，观赏性强，剧中人物的表演也很到位耐看。应该说《闯关东》的引人之处在于题材的独特性和故事的传奇性，以及塑造了朱开山这样一个可以经受时间考验的人物形象。该剧对一段曾对中国政治、经济、文化、心理、版图产生过重要影响的移民现象进行了艺术化阐释，其产生的社会影响将是史无前例的。

第四章
卡通人见人爱

1978
1980
1985
1990
1995
2000
2005
2008

卡通一词为英文 Cartoon 的译音，泛指漫画，后来影视片中的动画片也被称之为卡通。在当代，它主要是指国际上流行的，以大部头为主流、描绘连续性故事的漫画作品。美国是动画片最早诞生的国家。日本的动画与卡通漫画在二战后迅猛发展，成为世界"漫画王国"。美国米高梅影业公司卡通部主管约翰·福克斯 1998 年说："大约有 300000 种卡通形象，足以遍布地球村的每一个角落。"在现在的世界上，没有什么东西不可以变得"卡通"。外国人把卡通当作了一个大竹筐，把生活中的幽默的、抒情的、异想天开的甚至是怪怪的东西都往里装。

在 20 世纪 80 年代，海外卡通逐步登陆我国。卡通传入中国以来，深受少年儿童的喜爱，有调查显示，62.3% 的孩子经常看卡通读物。90 年代，卡通漫画与电脑一样成为一种消费时尚，卡通已经是无所不在。几乎所有的电视台几乎每天都在播出卡通片。每天下午从 4 点放学开始，就是孩子们的天地，所有的电视台都统一播放来自美国和日本的卡通连续剧。除了一部接一部的卡通连续剧外，还有大量的卡通形式的广告。电视里的卡通多得不能再多，凤凰卫视的音乐台和体育台，每隔 5 分钟就会有一大团闪闪烁烁的卡通蹦出来，跳着迪斯科向你轰炸，使你找不到一块没有卡通的净土。在电影方面，《狮子王》之后有《空中大灌篮》，《谁陷害了兔子罗杰》之后有《花木兰》。美国动画片《猫和老鼠》的奇妙、诙谐，广受孩子们的喜爱。《狮子王》在中国观众的观映率中，多是以家庭为单位的，不少家庭还不止观看一场；《空中大灌篮》在中国上映后，片中"兔八哥"的形象商品，走俏当时的大小商场。标有米老鼠、唐老鸭形象的米奇商标品牌，成为孩子们心目中的名牌产品。

卡通片伴随着儿童成长，几乎占据了孩子们所有的生活空间。台湾作家三毛曾写过一篇《塑料儿童》的文章，说她驾车带一些从没有见过大海的孩子到海边去，希望能给他们带来自己曾感受过的欣喜若狂。不料，那些孩子头也不抬地看着卡通画册，对车外的风光毫无兴趣。到了海边，在车上张望一下，"哦，那就是海啊"，看一下手表，就要求赶快返回，"6 点半电视里还有一个卡通片呢。"因为他们从小就在人工的、虚拟的环境中长大，对活生生的自然正在丧失相应的感受。童装、童帽、书包、文具、鞋子、玩具的造型、图案、

117

都成了卡通人物。卡通画册大都印刷精美，制作豪华。孩子们对卡通书百看不厌，许多家庭里已日积月累了不少卡通书籍、录像带、光盘；许多孩子能不喘气地说出一大串卡通形象——米老鼠、唐老鸭、加菲猫、圣斗士、美少女……他们拥有大量这些形象的毛绒玩具，穿戴着由这些形象命名的服装、鞋帽，使用这些品牌的书包、文具、钟表。T恤、背包、手表、记事本等这些孩子们的随身之物，如今已被精明的商家打造成了"卡通的天下"。孩子们竞相追逐，而上班族同样乐此不疲。一位精品店老板说，现在最"热"的就是在随身衣饰上配上可爱的卡通造型。

卡通到底是什么？对儿童来说，卡通就是唐老鸭、米老鼠、白雪公主、史努比、圣斗士、一休，卡通就是晚上6点到7点的一段快乐时光，就是可爱的人物、神奇的故事和灿烂的色彩。对成年人来说，卡通可能是他们平淡生活中一个可以异想天开的地方，是他们精神的愉悦、梦想的寄托和快乐的回忆。其实，有许多成年人也和孩子们一样喜欢卡通。对于这种现象，有人认为，成年人喜欢看动画片，也许的确是一件自然而然的事情。优秀的动画片简单、轻松，但决不肤浅幼稚，从更深的层次上，动画片可能代表着人类永恒的梦想和一个民族的精神意志。还有人说："人心永远不老。从钢筋水泥的都市文明逃离，躲进卡通营造的童真世界，卡通抚慰着我们世俗的心。热爱卡通，在王蒙的词汇里叫做躲避崇高。因为压力太重，累的太多，所以不要崇高，借着卡通来回到轻松。"

人们已经无法拒绝卡通。在国外很多国家，漫画已不仅仅是讲故事的工具，而被广泛应用，如历史教材的插图、儿童玩具、说明书手册、企业形象、平面广告、生活用品的外包装等等，使用起来轻松活泼，易于接受，能起到事半功倍的作用。有人说，卡通是一个标尺，可以衡量一个人的头脑够不够21世纪化。卡通已不仅仅是孩子们的专利，也日益成为成年人消解疲劳、放松精神的调剂方式。因此，对于卡通的制造商来说，它带来的是高额的利润和广阔的商机。

在现代都市，卡通已经成为无所不在的时尚文化，在卡通喂养下长大的一代正逐渐成为消费的主力。卡通形象令人着迷，卡通市场商机无限。

这几年，都市的"男生"、"女生"，大多疯狂地迷恋上一只白色的、矮矮胖胖的、有着圆圆屁股的小兔子。它紧闭双眼、装扮不羁，它的名字叫"流氓兔"。女生们把"流氓兔"挂在书包上，挂在校服拉链上，挂在手机上。男生们在网上看"流氓兔"动画片，爆笑过后讲给女同学听。

"流氓兔"最经典的造型，是眯缝着双眼坐在一个黄色马桶上，头上斜顶着一个撅子。它穿行在大街小巷的汽车后玻璃上、少男少女悠悠荡荡的书包肩带上，到处是它的芳踪。

这样一只多少有些形象不雅的兔子，赫然占据了一本流行杂志 2002 年第一期的显著位置。而一个专供下载"流氓兔"的网站，一度拥挤到不堪重负，服务器发生故障，只得暂停下载。在城市学校旁边的小文具店里，往往摆满了大大小小各式各样的"流氓兔"。有"流氓兔"铅笔盒、"流氓兔"不干胶贴、"流氓兔"笔记本、"流氓兔"水杯、"流氓兔"信纸……小到手机挂件，大到毛绒玩具，"流氓兔"占据了每一寸空间。这个蔫蔫儿的小家伙给商人们带来了丰厚的利润。一支普通的圆珠笔卖 1 元钱，在笔套上多了一个"流氓兔"，就可以卖 3 元，绝不讲价。一个"流氓兔"经典造型的手机挂件要价 18 元，普通手机挂件不到 10 元。"流氓兔"毛绒玩具的价格是 65 元，这个价格对学生来说有点高，可是每天还是能卖出很多。

"流氓兔"是来自韩国的网络动画明星，出生于 1999 年 5 月 8 日，矮矮胖胖，眼睛差不多永远处于睡眠状态。流氓兔出演的 Flash 动画不过十几个段子，但是，每一次看都会让大家忍不住偷偷地笑上半天。它经常携带着马桶和马桶撅子，有些懒还有些馋，喜欢吃胡萝卜，喜欢去星巴克咖啡厅……遇着事儿顺着自己的想法儿尽瞎说，有时耍点小聪明、贪点小便宜。肚子里有点儿坏水，蔫蔫儿地做了不少坏事。如：往鱼池里拉屎、吃"霸王餐"、逃狱……因为总是在动画中欺侮其他动物，身世清白的韩国兔，自然而然地蜕变成了众人口中的"流氓兔"。

在一些人想来，"流氓"肯定不是好东西。但事实上，看过"流氓兔"故事的人，对它的评价却是"可爱"、"八卦"。20 多岁的女孩是"流氓兔"的痴迷者，她们说："'流氓兔'是有那么一点坏，但是就像自己家淘气的小弟弟，让人爱恨交加。看着它，开心一笑，轻松多了。"

有人说，"不坏那么多，就坏一点点"，是当前漫画明星风靡的"法宝"。樱桃小丸子属于那种蔫儿坏、有点小脾气、好幻想的小女孩；蜡笔小新属于童言无忌、故意使坏、深谙成人心理的早熟男孩；加菲猫有自己的一套生活哲学，

119

对它来说，"只有猪肉卷是永恒的。"；"流氓兔"呢，则以捉弄别的动物为自己的一大乐事。它们本质上都不是那种十恶不赦的坏蛋，但它们的不完美、恶作剧却让人觉得亲切、好玩儿，更接近人真实的内心。

喜欢"流氓兔"的人，大多是新新人类。对于那些已经过了看卡通年龄的青年人来说，从这些漫画人物的拙行稚语中，隐约能寻找到自己少年时的痕迹。不愿意长大，不想过刻板无趣的生活，"有点坏"这个度刚好能满足不同年龄段人的心理期许。有一项调查显示，有4成网民将流氓兔作为自己最喜欢的网络明星。不少网民喜欢流氓兔的幽默，以及它以失恋为借口的失态行为。

不受拘束的"流氓兔"，总是象征着对假正经假斯文的小市民生活的一种"拆穿"、"嘲讽"和"调皮捣蛋"，而这又是深埋在身处庸常生活的人们内心之中的，因而，文艺家把这一矛盾，用特有的文艺方式来加以表达，自然会受到情不自禁的欢迎 —— 只不过道貌岸然者偷着乐罢了。而"动画"正是最适合于表达这种人生悖论的东西。

新新人类说："卡通卡通我爱你，就像老鼠爱大米。"

卡通无处不在，"新新人类"也就无处可逃了。他们这样看卡通，会不会连他们的头脑都卡通化了？你看他们的言谈举止，生活习性，是不是在许多方面都有卡通的影子：多少有一点夸张，有点变形，还有点抽象，然而却仍然有点可爱和饶有趣味？卡通对于人的影响，绝不仅仅在于提供了一种娱乐方式，还在各方面潜移默化地走进了人们的生活。

据北京未来之路市场研究公司的一项调查显示，6~12岁的儿童最喜欢的卡通人物前三位是"机器猫"、"米老鼠"和"美少女战士"。最喜欢的卡通片前三位是《美少女战士》、《机器猫》和《七龙珠》。除此之外，这些年流行的卡通片还有《米老鼠和唐老鸭》、《聪明的一休》、《头领战士》、《星球大战》、《三眼神童》、《宇宙骑士》、《隐者战士》、《圣斗士星矢》等等。随便问一个城市小朋友，他最喜欢的人是谁？十之八九是"蜡笔小新"或"樱桃小丸子"，这些从3岁到10岁左右的儿童，已经是未来新一波大陆"哈日族"的生力军。针对这种现象，北京一位社会学者说，儿童喜欢"蜡笔小新"或"樱桃小丸子"，无非是因为有趣，而且这些描写的对象主角，都是问题儿童或成绩不好小孩的生活，让人觉得没有距离感。另一方面值得注意的是，就在看这些外国卡通的潜移默化中，孩子被灌输教导要勇于做自己，同时生活上要更具包容性、尊重弱势族群。

在世界动画舞台上，中国动画学派以独特的风姿，引起了广泛的关注和赞誉。强调思想性，重视以健康的内容引导观众，是中国动画片突出的优良传统。但同时，强势的教育灌输，以团体为主服从权威淡化个性的要求，稍显生硬而缺少乐趣。

1977 ── 1984　春潮涌动

1977 年中国美术电影开始恢复创作生产，到 1984 年的 8 年时间里，共拍摄了 100 多部影片。从此，美术电影进入了一个再度繁荣的新时期，涌现了出许多优秀作品。《草原英雄小姐妹》根据真人真事改编，从造型和场景上均采用写实的手法，这是中国写实动画领域中一次了不起的尝试。

1978 年

主要作品有《两只小孔雀》、《狐狸打猎人》、《西瓜炮》、《像不像》、《歌声飞出五指山》、《奇怪的病号》、《小白鸽》、《画廊一夜》、《火红的岩标》、《两张布告》等。

著名的儿童文学作家金近说："孩子们的思想感情，最突出的一点是幻想，幻想贯穿着整个童年的生活。"童话故事《狐狸打猎人》描写了一个山村的人们，将岩石上画的一只狐狸，说成是一只凶狠的恶狼，引起了无名的恐怖。一只狡猾的狐狸利用人们的恐惧心理，装扮成那只恶狼，果真吓跑了一个猎人，取得猎枪，并进一步押着猎人替他给猎枪装子弹，原来造成狐狸如此猖狂的原因是，这个猎人一贯好吃懒做，不好好学本领，是个算不上"猎手"的胆小鬼……

121

1979 年

⊙国产动画片《哪吒闹海》

主要作品有《哪吒闹海》、《喵呜是谁叫的》、《好猫咪咪》、《母鸡搬家》、《熊猫百货商店》、《愚人买鞋》、《刺猬背西瓜》、《奇怪的球赛》、《天才杂技演员》等。

《哪吒闹海》，是一部宽银幕动画长片，这部被誉为"色彩鲜艳、风格雅致，想象丰富"的作品，在国外深受欢迎。它以浓重壮美的表现形式再一次焕发出了民族风格的光彩。

当时看来，《熊猫百货商店》教育我们要全心全意为人民服务。这部动画片把熊猫画得很可爱，特别是他骑自行车的时候更是醵态可掬。这个动画片让当时的孩子们记住了两句至今难忘的儿歌：

"我是快乐的小木匠，小木匠整天都要忙"……

"我们我们猴子，爱吃爱吃桃子"……

1980 年

主要作品有《三个和尚》、《张飞审瓜》、《三只狼》、《小鸭呷呷》、《丁丁战猴王》、《雪孩子》、《我的朋友小海豚》、《老狼请客》、《八百鞭子》、《黑公鸡》《黑熊奇遇记》、《我的朋友小海豚》、《吹鼓手》、《园园和机器人》、《小马虎》、《娇娇的奇遇》、《这是一首歌》等。

一个和尚挑水喝，两个和尚抬水喝，三个和尚没水喝。《三个和尚》篇幅虽短但寓意深刻，它既继承了传统的艺术形式，又吸收了外国现代的表现手法，是发展民族风格的一次新的尝试。

像所有那个年代的动画片一样，《雪孩子》的故事情节相当简单易懂，但是它的意境却是那么的美妙：在被大雪覆盖的小树林里，居住着小白兔母子二人，兔妈妈要出去寻找食物，为了不让小白兔一个人感到寂寞，兔妈妈为小白兔堆了一个雪孩子。故事就由此展开了。这是一个热心肠的雪孩子，虽然它的身体是冰冷的，但是它的心却是这么热情，它帮助小树林里每一个需要帮助的人，最后甚至不顾生命危险从火场中救出小白兔而牺牲了自己，但是大家却深深地记住了他。

1981 年

主要作品有《阿凡提的故事》、《九色鹿》、《崂山道士》、《真假李逵》、《善良的夏吾冬》、《摔香炉》、《猴子捞月》、《人参果》、《咕咚来了》、《抬驴》、《南郭先生》、《小小机器人》、《猫咪的胡子》、《龙牙星》等。

《阿凡提的故事》（种金子）是一部出色的影片，造型夸张，语言幽默，生动地刻画了新疆维吾尔民族的一个传奇人物，后来发展为多集系列片。

《九色鹿》取材于敦煌壁画的佛教故事，在美术设计上很好地保持了北魏壁画的独特风格。一位中年学者在谈到《九色鹿》这部动画片时曾说过这么一段话："这是一个古老的敦煌故事，我看一回感动一回。我语言乏力，实在没法称赞它。我只是想说：让我再看一遍吧！"

月亮掉进井里了！月亮掉进井里了！于是大猴子小猴子男猴子女猴子大家一个个的手脚相连下井打捞月亮，可手刚触及，月亮就碎了……我们现实中的很多事情，是不是也在水中捞月？

这一年，我国引进第一部动画片《铁臂阿童木》，自此，日本动画正式进入中国市场。至今，许多动画界人士在谈论进口动画经典作品时，仍言必称"阿童木"。

1982 年

主要作品有《鹿铃》、《假如我是武松》、《淘气的金丝猴》、《小红脸和小蓝脸》、《小熊猫学木匠》、《狐狸送葡萄》、《瓷娃娃》、《蛐蛐》、《曹冲称象》、《小兔淘淘的故事》、《盲女与狐狸》、《孔雀的焰火》、《纸人国》、《老虎学艺》、《狼来了》、《画家朱𡵻瞻》、《王七到此一游》等。

《鹿铃》讲述一家藏族牧民，收养了一只受伤的小鹿，在这家小主人精心的呵护下，小鹿很快痊愈，并和小女孩成了好朋友，当小鹿的妈妈找到小鹿的时候，也是家人要把小鹿放归大自然的时候，小鹿和小女孩难分难舍，最后，小女孩把自己脖子上的铃铛解下来，给小鹿戴上，最后一次亲吻她的朋友，在歌声中，为小鹿送别。故事真挚感人，成了许多人难以割舍的童年情结。

1983 年

主要作品有《蝴蝶泉》、《天书奇谭》、《老猪选猫》、《鹬蚌相争》、《长了腿的芒果》、《老鼠嫁女》、《钱……》、《过桥》、《猴子钓鱼》、《看门的黑狗》、《捉迷藏》、《小八戒》、《小松鼠理发师》、《应该靠自己》、《好呱呱》、《奇怪的手》等。

《老鼠嫁女》是个传统的民俗故事，兆愿生活富足美满、子孙万代。因为老鼠是很有灵性的小动物，经常出没在厨房、粮仓等食物充足的地方，从不在挨冷受饿的地方生活。所以有老鼠的家庭往往是富裕、舒适的家庭。一贯视为吉祥之征兆。因而演绎出"老鼠嫁女"、"老鼠娶亲"的民俗故事，生动有趣、栩栩如生。

《天书奇谭》是根据《平妖传》部分章节改编，讲述天宫里的袁公将天书传给人间，向蛋生传授法术造福于民的故事，充满喜剧风格，节奏明快，娱乐性强。

《人参果》获 1983 年菲律宾第二届马尼拉国际电影节特别奖。

《小八戒》是中国第一部贴布剪纸片。影片使用贴布的方法制作形象，即用一般平布染上各种颜色制作。这种方法有别于一般剪纸片用纸镂刻剪裁的做法。贴布的形象色彩鲜艳而富有民间风味。

1984 年

主要作品有《金猴降妖》、《三十六个字》、《三毛流浪记》、《西岳奇童》、《黑猫警长》、《火童》、《三毛流浪记》、《熊猫胖胖·信》等。

大型动画片《金猴降妖》，刻画了感人的猴王孙悟空形象，富于感情色彩；在传统的民族风格中加入诸如一些抽象绘画的手法和现代音乐，为民族艺术的发展做了有益的探索。

《火童》把装饰性造型和民族艺术熔于一炉，风格奇丽新颖。

1985 —— 1994　民族风浓

中国有着悠久历史的绘画、雕塑、建筑、服饰，乃至戏曲、民乐、剪纸、皮影、年画等民族民间艺术，为各种类型的动画片提供了取之不尽的借鉴材料。

《鹿铃》、《山水情》等水墨动画片，脱胎于中国画中的写意花鸟和写意山水，发挥和凭借笔墨韵味，强调笔墨自身内在的精神属性；《大闹天宫》、《哪吒闹海》、《天书奇谭》等传统动画片，借鉴的是中国古代寺观壁画，追求激烈热闹的情趣；《渔童》、《金色的海螺》、《牛冤》等剪纸片，吸取的是中国皮影和民间剪纸的外观形式，构思巧妙，大胆夸张；《南郭先生》、《火童》融合了汉代画像石和画像砖的刚健风格，质朴厚重，劲健秀美；《三个和尚》中，人物的举手投足，清新的背景音乐设计，灵感来自中国戏曲。《骄傲的将军》、《医生与皇帝》，将程式化的京剧脸谱赋予角色。即便同是水墨动画片，《小蝌蚪找妈妈》用的是齐白石的画意，设色清雅，笔酣墨饱，力健有锋；《牧笛》取的是李可染的笔法，笔墨苍润，玲珑深透；而《雁阵》则是贾又福的墨趣，在传统的笔法上有着创新。

中国动画片中描写的神仙、鬼怪、法术也完全本土化，像峨冠博带、行走驾云的太白金星，时而钻出地面、爱管闲事、矮得像地缸似的土地爷，穿着红兜肚、脚蹬风火轮、可以变成三头六臂的童子哪吒，手持如意金箍棒、一个斗十万八千里的齐天大圣孙悟空，能辨别忠奸、善恶的獬豸、谛听，还有顺风耳、千里眼、人参娃娃……这些植根于中国神话、童话、民间传说和文学作品的动画形象，全然土生土长，别无依傍，与古希腊、古罗马以及欧美等国的神祇、魔鬼、魔法、巫术迥然不同。正是对优秀传统文化的借鉴和对本土现实生

125

◎日本动画片《圣斗士星矢》

活的提纯，使中国的动画片呈现出地道的中国风貌。

　　由于国人心中"动画片就是小孩子看的东西"的观念始终没有抛开，这一阶段的动画片普遍过于幼稚。90年代初，中国引进了一些国外动画片，其中特别要提到的就是日本动画片《圣斗士星矢》。《圣斗士星矢》在国内播放后，引起了一阵斗士热，使中国人看到了日本动画的一点点轮廓。其后，又有世界上的各种精品动画引进，中国动画界开始了反思，这直接导致了之后的探索与尝试。

1985 年

　　主要作品有《女娲补天》、《草人》、《金猴降妖》、《夹子救鹿》、《水鹿》、《海力布》、《老鼠吃大象》、《没牙的老虎》、《连升三级》、《八仙过海》等。

　　《夹子救鹿》，淡雅而抒情，具有敦煌壁画的古朴风格。《草人》是模拟中国工笔花鸟画的形式摄制而成，别具一格。获1987年第二届广岛国际动画电影节教育片二等奖。《女娲补天》用简练概括的形象表现了人们想象中的上古时代，艺术形式上有所创新。

1986 年

主要作品有《超级肥皂》、《新装的门铃》、《葫芦兄弟》、《大扫除》、《不怕冷的大衣》、《一夜富翁》、《小裁缝》、《环球旅行记》、《狐假虎威》、《杞人忧天》、《熊猫胖胖 —— 空中遇险》等。

13 集的剪纸片《葫芦兄弟》，表现了一个荒诞有趣的民间故事：传说葫芦山里关着蝎子精和蛇精。一只穿山甲不小心打穿了山洞，两个妖精逃了出来。老汉在穿山甲的指引下，得到了宝葫芦籽，种出了红、橙、黄、绿、青、蓝、紫七个大葫芦。宝葫芦成熟落地成为小男孩，各具异能。他们一个接一个迫不及待地去与妖精拼斗，却一一被妖精抓住弱点，各个击破。最终 7 个葫芦娃齐心协力与妖精展开殊死拼搏，并打败妖精，把他们收进宝葫芦里。至今《葫芦兄弟》已经成为中国动画经典。即使现在，也能看见各种文艺晚会上一群可爱的小朋友在唱："葫芦娃，葫芦娃，一跟藤上七朵花。风吹雨打，都不怕，啦啦啦啦。叮叮当当咚咚当当……"

随着日本动画片《花仙子》的引进，中央电视台对进口动画片的垄断开始被打破，《花仙子》也随之成为那个时代重播次数最多的动画片。中国观众开始看到来自更多国家、有着更多文化背景的动画片。

1987 年

主要作品有《邋遢大王奇遇记》、《擒魔传》、《黑猫警长》、《长大尾巴的兔子》、《雪狮子》、《妈妈请休息》、《蚂蚁和大象》、《小兔菲菲》、《小数点大闹整数王国》、《地藏菩萨与斗笠》、《寂寥的天空》等。

《擒魔传》是一部木偶连续片，把舞台木偶艺术与电影手法结合起来，展现了《封神演义》故事的浩大场面。

《邋遢大王奇遇记》最大的亮点在于讲了一个好故事：邋遢大王误入鼠窝后，经历了多次逃走 —— 失败 —— 再逃走 —— 再失败的过程，其间的逃走策略也不乏精彩，有强行突围、利诱老耗子、做伴郎、找盟军等等，邋遢大王命运如何是最大悬念，而他的每一次逃走都构成小悬念，它能全身而退么？悬念直到最后才解开，他逃出来了，而且从此告别邋遢。令人奇怪的是，所有的一切只是邋遢大王的一枕黄粱。用今天的眼光来看，足够做贺岁片的题材。

这一年诞生的黑猫警长，是中国动画史上一个小小的高峰。那时候，甚至现在，大街上、学校里、电视上到处都有小朋友、大朋友在唱："啊……黑猫警长，啊……黑猫警长，向你致敬，向你致敬，向你……致敬……"

1988

主要作品有《山水情》、《选美记》、《独木桥》、《八仙与跳蚤》、《螳螂捕蝉》、

《强者上钩》、《鱼盘》、《孤独的小猪》、《皮皮的故事》、《小鹅与红房子》、《八仙与跳蚤》、《粗心和细心》、《十龙贺春》、《猴子和恶鱼》、《急中生智》、《猫和狐狸》、《小公鸡下水》、《夹赤豹》、《泼水节的传说》、《森林里的金月亮》、《阿龙和莉莉》、《笨狗熊》、《狼犬福克》、《小熊分饼》、《兰花花》、《小兔偷瓜》、《马头琴的传说》、《鲁西西奇遇记》等。

《山水情》采用中国水墨式作画，情节并不复杂，整个片子甚至没有对话，长度也只有十来分钟，但整个片子疏朗大气，韵味悠长。一举获苏联第一届莫斯科国际青少年电影节勇与美奖，保加利亚第六届瓦尔纳国际动画电影节优秀影片奖、加拿大第十四届蒙特利尔国际电影节最佳短片奖。

夏天，蜻蜓在荷花中穿梭飞舞，蝉在柳树枝头鸣叫。螳螂从树叶中爬出，探头窥视，悄悄地朝蝉的方向爬去。蝉已察觉，但镇定自若。当螳螂在背后举刀欲斩时，蝉振翅飞去。又一日，蝉在榆树枝头鸣叫。一张树叶在慢慢地朝前爬动。黄雀飞上枝头整理羽毛，它发现树叶在向蝉的方向爬动，知道其中有鬼，就密切注视着。螳螂驮叶伏行，接近蝉，这次蝉毫不察觉。螳螂迅速举刀向蝉猛砍，蝉被击中，吱吱直叫。正当螳螂在为自己的胜利高兴时，黄雀突然向螳螂猛扑而来，正是"螳螂捕蝉，黄雀在后"。这时从树洞中突然钻出一只紫貂，又向黄雀扑去……

1989 年

主要作品有《葫芦小金刚》、《狐狸列那》、《奇异的蒙古马》、《牛冤》等。

《奇异的蒙古马》是根据英国作家韩素音的剧作改编拍摄的 6 集动画片，表现了一匹野马的思乡之情，洋溢着国际友谊。

1990 年

主要作品有《一半儿》、《舒克和贝塔》、《森林小鸟和我》、《大盗贼》、《鹿和牛》、《冬天里的小田鼠》、《森林、小鸟和我》、《买马》、《猴子下棋》、《雪鹿》、《孤独的莉里》等。

舒克和贝塔是童话大王郑渊洁笔下最著名的童话形象，伴随了几代人的成长。

舒克是丛林中的一只小老鼠，一个偶然的机会他得到了一架小型的直升飞机，他立志要当一名神勇的飞行员，他开着自己的飞机，为树林中的朋友们做好事，得到朋友们的尊敬，他们联合起来共同打败了欺负他们的猫。贝塔是住在主人家中的小老鼠，他拥有一辆漂亮的小坦克，他用这辆小坦克与家里的大花猫进行斗争，但在大花猫受到惩罚的时候，他却救了它。贝塔想到外面的世界闯一闯，他告别了大花猫，来到树林里，正好碰见了舒克，他们一见面就交起了火，来了个陆空大战，不打不相识，他们终于成为了好朋友。一起开始了冒险的旅程……

1991 年

主要作品有《雁阵》、《自作自受》、《冬冬和瓜瓜》、《夜半怪声》、《嘴巴、耳朵和眼睛》、《镜花缘系列》、《智斗乌鸦》、《快乐的买买提》、《公主与樵夫》、《少年与雪妖》、《扎哇与火种》、《织女与猎手》、《七色花》、《后羿射日》、《夸父追日》、《抬驴》、《魔瓶》、《医生与皇帝》、《老鼠开会》、《少女与魔鬼》、《猫咪的愿望》、《蚱蜢与蜗牛》等。

《抬驴》讲述父子出门，子骑驴，人诽之；父骑驴，人亦诽之；父子同驴，人人诽之；无奈，只好父子抬驴。作为评论者，说的都有道理。不采纳意见者，固执；采纳所有人的意见者，愚蠢。精辟之致！

1992 年

主要作品有《十二只蚊子和五个人》、《桥下拾履》、《狐狸分饼》、《春天里的小田鼠》、《莲花公主》、《谁是冠军》、《莫拉战雪妖》、《误入"幸福国"》、《麻雀选大王》、《魔手套》、《好邻居》、《山蟋蟀》、《阿福》、《鞋趣宝宝》等。

《十二只蚊子和五个人》由两个小故事组成：12 只蚊子和 5 个人，屋内天花板上整齐地聚集着 12 只蚊子，从屋内相继进入甲、乙、丙、丁、戊 5 个人，在此过程中蚊子对人俯冲叮咬，同时动画上面用数学等式计算着叮咬的成绩，引发了一系列戏剧效果。作为动画，这个片子有点冷。

1993 年

主要作品有《小黄鼬的故事》、《小和尚》、《开心果》、《鹿女》、《大松与小松》、《自相矛盾》、《刺猬》、《三只小狐狸收西瓜》、《三只小狐狸摘葡萄》、《三只小狐狸·清泉水》、《三只小狐狸·天鹅蛋》、《三只小狐狸·越野赛》、《三只小狐狸打水井》、《三只小狐狸救豪猪》、《痴雀》、《沙燕》、《神马》、《黄鼠狼的故事》、《警犬救护队》等。

鹿女是佛经中所说的仙女。事见《杂宝藏经·鹿女夫人缘》。《鹿女》讲述鹿女大义感动炎、夏二王，从此两邦和睦相邻，永世和好的故事。

1994 年

主要作品有《珍珠泉》、《白蝴蝶》、《聪明小鸭子》、《狼和小羊》、《香蕉娃》、《周处除三害》、《辣椒先生》、《白猫》、《人与神像》、《活宝侦探》等。

中央电视台把动画片全都归到《动画城》节目里，起用了自己的卡通主持人 —— 小鹿姐姐、张静姐姐。随后，节目中开播国内首档介绍国外动画资讯类板块。

1995 —— 2004　新漫画十年

1995 年，官方正式出台了旨在扶持本土动漫产业发展的"5155 工程"，由此进入中国新漫画十年阶段。"5155 工程"是中宣部和新闻出版署实施的中国儿童动画出版工程，即力争在两三年内建立 5 个动画出版基地（分别由辽宁少儿、中国少儿、少年儿童、接力和四川少儿 5 个出版社牵头），重点出版 15 套大型系列儿童动画图书，创立 5 个儿童动画刊物，即《中国卡通》、《北京卡通》、《少年漫画》、《漫画大王》、《卡通先锋》。

一批漫画达人：姚非拉、赵佳、谭小春、颜开、"京城三剑客"相继出现，成为中国新漫画十年的重要人物。姚非拉《梦里人》、颜开的《雪椰》、赵佳的《黑血》被业界认为是对中国新漫画有较大影响的代表作。

生于七十年代的姚非拉是国内最早成为签约漫画作者的人之一，1995 年开始在《北京卡通》上连载长篇《梦里人》，细诉青春的梦想故事，连载时间长达六年，创出内地连载时间最长纪录。《梦里人》还被 CCTV 改编成系列动画片，这是央视首次尝试制作青春题材动画片，也是大陆内地首次改编漫画为动画片。2004 年出版的《80℃》，成为国内新漫画版权首次输出海外的作品。

1995 年

主要作品有《白色的蛋》、《梨子提琴》、《西游漫记》、《丁铃铃》、《娇娇与晶晶》、《爱漂亮的老虎》、《聪明的狐狸》、《火柴与火柴盒》、《乡下来的老鼠》、《哭鼻子大王》、《汪汪探长》、《大头儿子和小头爸爸》、《雷电》、《卡通娃》、《没毛狗》、《千年变》、《舞马》、《小鸟》等。

《大头儿子和小头爸爸》是一部系列性的童话组合，它由诸多微小而有趣的故事组成。大头儿子、小头爸爸、围裙妈妈是一个三口之家，他们是中国现代家庭教育典型的缩影。在这个家中，大头儿子享受着父母的爱，快乐而

131

又健康地生长着。正如德国著名作家埃里希·凯斯特纳所揭示的"草帽"一样，父母应该给他们的孩子创造足够多的回忆资本，因为爱是一生都不能忘怀的。

1996 年

主要作品有《倔强的凯拉班》、《天堂乐园》、《百鸟衣》、《日月潭》、《博士娃斗变色龙》、《神马与腰刀》、《南瓜车》、《蜗牛过生日》、《冰淇淋太阳》、《小松鼠月亮》、《春天里的歌》、《小贝一家》、《小鸽子》、《龙卷风》、《奇奇漂游记》、《鲁彪与小猫》、《小猪哼哼》、《电子将军》、《兔儿爷》、《大草原上的小老鼠》、《玩具星》、《熊猫京京》、《中华五千年》等。

《倔强的凯拉班》根据法国心尔纳的同名游记小说改编，按德国杜尼约克制片公司委托加工摄制完成。影片描写凯拉班一次外出做生意，他拒绝政府关于过海峡要纳税的规定，舍近求远绕黑海一圈，回家途中所遇到的一系列戏剧性的故事。根据故事离奇、情节复杂、人物众多的特点，编导主创人员采用了提炼、概括的方法，淡化游记色彩，加强对人物的性格的描写，尤其对主人翁凯拉班倔强脾气的描写，使影片形成西方文化与东方文化的糅合，风趣、幽默和离奇、惊险交织在一起的独特风格。

1997 年

主要作品有《金刚哪吒》、《小猪系列》、《马头琴的故事》、《神笛》、《妖树与松鼠》、《白雪公主与青蛙王子》、《蝶双飞》、《环游地球八十天》、《鹤的传说》、《牙刷家族》、《番茄酱》、《哈哈镜花缘》、《太阳之子》、《济公的鞋》、《1的旅程》、《毛毛与乐乐》、《小熊笨笨的故事》、《俊鸭子欧巴儿》、《摄影师伟伟》、《查查先生》、《铅笔骑士和橡皮大盗》、《阿标正传》、《黄飞鸿》等。

封神榜传奇系列之《金刚哪吒》讲述哪吒斩妖除魔的传奇经历，其中人物的造型与设计都很出色，服饰的设计上结合现代与古代的美感，打斗的场面也十分激烈精彩。

1998 年

主要作品有《库尔勒香梨》、《火把节》、《泼水节》、《红石峰》、《雪狐》、《登月之旅》、《牛牛和西西》、《封神榜传奇》（金刚哪吒篇）、《太空饭店》、《咕噜先生》、《小猪系列》、《哪吒与钛星人》、《十三号地门》、《番茄酱》、《知识老人》、《蚊王火柴头》、《小老虎康康》、《小精灵灰豆》、《小仙女》、《小糊涂神》、《蓝皮鼠和大脸猫》、《"辉煌童年"卡拉 OK 动画片》、《神脑聪仔》、《万万千千为什么》、《京娃儿和兔儿爷》、《三头鸟》、《海尔兄弟》等。

蓝皮鼠和大脸猫是魔奇杂技团的明星。经常外出演出，每到一处就会发生一个故事或一个奇遇。蓝皮鼠聪明伶俐、助人为乐，善于动脑筋想办法，本领高超，却不甘寂寞，害怕委屈，不肯吃亏。大脸猫则憨态可掬，又馋又懒，喜欢抛头露面，却又胆小怕事，但有什么说什么，决不虚伪。他们俩共同的特点是既善良又胆小，既聪明又不太成熟。他们还有一对住在蓝皮鼠耳朵里的搭档：甲虫金豆豆和绿芳芳。

1999 年

主要作品有《白鸽岛》、《我为歌狂》、《封神榜传奇》、《捣蛋和顽皮》、《小贝流浪记》、《西游记》、《月亮街》、《形同虚设》、《红毛头和蓝毛头》、《电脑探秘》、《霹雳贝贝》、《恐龙学校》、《宝莲灯》、《灭妖记》、《三十六计奇遇记》、《小草帽》、《猫咪小贝》、《邻里之间》、《七棵树》、《谁是盲人》、《走出家教误区》、《十字街头》等。

大型动画《宝莲灯》，吸收国外的制作方法与经验，同时结合中国的传统神话传说，是可贵的尝试。2500 万票房成绩的背后，是当时国人对整个 90 年代中

⊙国产动画片《西游记》

133

国动画业落寞的集体祭奠，以及盼望重新振作的美好愿望。

大型长篇动画《西游记》问世。

这一年开始制作的 52 集长篇动画《我为歌狂》、52 集长篇动画《白鸽岛》与 100 集长篇动画《封神榜传奇》，是中国动画业积极探索的结果。52 集电视系列动画片《我为歌狂》是献给少男少女的一首"歌"，有着较为时尚的构想 —— 叶峰和楚天歌，一个"酷毙"，一个"帅呆"，是一所高中的两位超级帅哥。他们英俊潇洒不相上下，对音乐的热爱难分伯仲，甚至连女生中的"楚迷"和"叶迷"也势均力敌，旗鼓相当。可是，不论校内校外，他俩永远处于对立的局面，永远想证明自己比对方更出色，因为他们都是心比天高的男孩，更因为他们遭遇了绝对精彩的女孩……《我为歌狂》不仅热遍上海银幕，且小说销售 60 万本，漫画销售 300 万册，续集还没开播已经卖出 25 万册小说，创造了国产动画片前所未有的奇观。

2000 年

夸克市场研究公司在 2000 年对京、沪、穗三地针对 14～30 岁青少年进

○美国动画片《花木兰》

行卡通及卡通消费调查，"中国青少年喜爱的动画作品"中，喜欢日本动画的人占 60%，喜欢欧美动画的人占 29%，而喜欢中国原创（包括港台地区）动画的占 11%。

3 月，国家广电总局颁发《关于加强动画片引进和播放管理的通知》，规定国内电视台播放引进动画片的时间不得超过动画片播放总量的 40%。在"十五"规划中，广电总局还提出要每两年有一部国产动画影片推向市场。

当初迪斯尼的《花木兰》申请在中国上映时，甚至引起高层的重视，一位中央领导给广电主管部门写信说："请你们研究一下，一个中国的民间传说被制成卡通后为什么会引起如此轰动效应，以后我们自己能否创作一些这类卡通。"

上海美影厂推出两部动画电影《不要说出这个秘密》和中德合拍的《气球旅行》。令人欣慰的是，《不要说出这个秘密》和《气球旅行》已经在拓展受众年龄群方面做出了努力。

由故事片导演彭小莲执导的《不要说出这个秘密》是一部真人和三维动画合成的现代都市童话片。描写一个在高楼里长大的白领家庭的女孩可可，因学业繁重和物质优越而不了解生活，同时感到难以表达的孤独。后来她发现了一把魔伞，并和它建立了友谊。魔伞带着她飞进普通人的生活，飞进各种各样的家庭，使她认识了不同的人，找到了友谊……

木偶片《气球旅行》则虚构了这样一个故事：100 多年以前，两位探险家想乘气球去非洲探险，了解地图上的空白点。在探险过程中，他们碰到了各种野生动物，克服重重困难后终于完成了这次意义不凡的"旅行"，并与当地的百姓及土著居民结下了友谊。

这一年，北京电影学院率先成立了动画学院并逐年扩大招生，在本科生的基础上还招收了中国首届动画研究生。

据中国动画学会统计，2000 年，全国的动画公司登记在册的共有 120 多家，全国动画片的产量 13000 分钟，是 1999 年 6500 分钟的一倍。国产动画片的目标是到 2005 年达到年产 48000 分钟。

2001 年

为贯彻国家广电总局 2000 年上海会议关于大力发展国产动画事业的精神，

中央电视台制定了国产动画发展方向和战略目标，在 5 年至 10 年中形成重点国产动画节目系列，采用以重点节目的创作和制作带动常规节目发展的节目制作方式，确保重点节目的整体质量达到国际上乘水准，保证重点节目进入国际动画节目交易的主流市场，将国产动画事业推入产业化运作轨道。

央视国产动画年播出量达到四千分钟。其中包括 52 集《我们的家园》、104 集《小神仙和小仙女》、26 集《小虎还乡》、26 集全三维动画系列片《城市野战排》、26 集《关东三宝》、26 集《栗子狗》、26 集《八仙过海》、13 集《西西瓜瓜》以及泥偶短片《父与子》和 13 首动画 MTV 等。

从 2001 年 8 月 5 日"亚洲卡通漫画展"的调查报告中可以看出，中国 14~20 岁观众对日韩动画节目的欢迎程度为 82%，对欧美动画节目的欢迎程度为 81.5%，而对国产动画节目的欢迎程度仅为 44.5%。

2002 年

⊙国产动画片《水浒传》

1993 年至 2002 年的十年间，我国国产动画片总产量之和仅为 33900 分钟。

国产动画巨作——《水浒传》与观众见面。

上海一家民营动画公司与法国合拍了动画片《马丁的早晨》，拍竣当年就入围动画界的奥斯卡盛典——"法国昂西国际动画节"，20 多个欧美国家的电视台购买了该片的电视播放权。

2003 年

相对于巨大的市场需求，2003 年国产动画片产量仅 29000 分钟。

2004 年

国产动画片产量为 21800 分钟。主要作品有《哪吒传奇》、《梁祝》、《围棋少年》、《乒乓旋风》、《黑客狙击手》及《唐诗故事》、《青青号》、《奇奇颗颗历险记》、《神厨小福贵》、52 集动画片《东东》等。这些作品主题鲜明、贴近生活，艺术上也有所创新。

《梁祝》作为国产动画大片推出，采用国际较先进的"3D + 2D"制作技术，人物造型均模仿迪斯尼风格，还添加了流行的说唱音乐，并邀请当红艺人配音，功夫可谓做足。然而有目共睹的是，《梁祝》遭遇了意外的票房惨败。

《哪吒传奇》讲述了中国民间神话传说中一个小英雄的成长故事。全片通过哪吒从一个身上有许多毛病的不懂事的孩子，经过正义与邪恶斗争最终成长为一名真正的为民除害的小英雄的故事。

我国首个"国家动漫游戏产业振兴基地"在上海挂牌成立。

4 月 20 日，国家广电总局向全国印发《关于发展我国影视动画产业的若干意见》，从体制管理、市场经营和创作研究三个方面切入，基本勾勒出国产动画业的全新版图。

5 月初，据国内媒体报道，中国经文化部批准的网络游戏运营商已有 60 多家，2003 年总收益突破 30 亿元人民币。

7 月 1 日起，我国开始实行国产电视动画片题材规划制度。

中韩合作动画片《瑶玲啊，瑶玲》8 月在央视首播。神话灵异题材一向是传统国产动画片的强项，《神笔马良》、《天书奇谈》、《茅山道士》部部叫人回味无穷，更不用说创造国产动画片辉煌的《大闹天宫》了。《瑶玲啊，瑶玲》可望为传统神话灵异题材动画片又增添一精品。

10 月初，文化部成立"支持动漫和电子游戏产业发展专项工作小组"，决定实施"民族动漫和游戏精品工程"。

12 月 26 日，上海电视台卫星动画频道开播，这是继湖南金鹰卡通以及北京电视台卫星动画后，当年第三家获得国家广电总局批准的卡通频道。

中国原创新漫画经历了从无到有、进而力争从有到好的历程，但是把质量做精、内容做好、速度提高，挖掘自己的风格和题材，并形成完善的漫画产业链，却是一个很艰难的过程。

在中国，漫画作者往往是一张纸、一支笔，画出来后，还要想方设法在杂志上发表，一页一页拿稿费。这种原始的手工作坊的生产方式影响了中国原创漫画的发展速度。

在漫画产业发达的国家，专业出版社就像电影制片厂、唱片公司一样，帮作者提供很多必要的条件，请编剧助手、成立工作室，负责组织、协调、策划、推广的工作，作者就是一门心思画画。日本的出版社甚至还提前支付稿酬，为作者提供启动资金。

在国外，特别是日本，漫画产业的发展已相当成熟，形成了一条复杂的产业链：在杂志上连载 —— 选择读者反馈好的发行单行本 —— 改编成动画片 —— 制作衍生产品（根据漫画造型制作玩具、服装、日常用品等）—— 开发游戏，漫画、动画与游戏有千丝万缕的联系。

国外动画片的生产 —— 播出 —— 衍生产品开发 —— 收益 —— 再生产，是一个完整的产业循环链。而在国内，缺乏盈利模式，产业链断裂，使动画产业尚未进入可持续性发展阶段，主要表现为动画生产机构没有足够的资金来投入生产。另一方面，国内并不缺少优秀的动画制作人员，许多世界知名的动画片都发包到我国制作，但是，在故事创意、剧本创作、形象设计以及后期营销上，与国外尚有差距，形成了"两头小中间大"的不良局面。这两方面的因素制约了国产优秀动画片的大量涌现。

"5155工程"之后，中国进入了一个漫画断层。如今30岁左右的人心中还缅怀着漫画，而90后的孩子看的更多是网络流传的动画片。

2005 —— 2008　路漫漫

动画片表现力十分丰富，有木偶，有皮影剪纸、折纸，制作材料有陶瓷、塑料、石膏以及竹片等。不同的表现方式配合所要表现的主题，以充分达到内容与形式的统一。动画用这些特殊的手段去反映生活，可以做到真人表演等其他艺术形式难以实现的东西，那就是"虚幻想象"和"极力夸张"，这正是动画电影艺术规律的重要特征。动画片的想象力也是多方面的，它的一个重要因素是不受题材、体裁、样式、风格等等的限制，像魔术师那样，不断创新，出奇制胜，它的艺术特点才能具有长远的生命力。

2005 年

国产动画片实际生产数量已达 42700 分钟。

随着国家对动漫产业支持的力度逐渐加大，越来越多的资本开始介入动画业，大量的房地产企业如中南、广厦等先后宣布进入动漫产业。同时，中国动画教育也开始朝着多元化、应用型、高层次方向发展，为动画产业提供和贮备了专业的制作人才。据不完全统计，截止到 2005 年 1 月，全国开办动画专业的大专院校近 200 所，在校生约两万人。

1 月 1 日起，实行优秀国产动画片推荐播出办法。

1 月 20 日起，实行国产电视动画片发行许可制度。

从广东南方电视台 2005 年 1 月 25 日提供的一份节目收视监测数据中可以看到，国内首部以侦探故事为内容，针对未成年人法制教育的大型原创动画片《神探威威猫》，收视率高达 3.8%，这是一部突出威威猫机智勇敢，扬善弃恶，主张正义的品质，让孩子们潜移默化得到法制教育的大型侦探动画系列片。

9 月 7 日，浙江中南集团投入巨资的我国第一部 500 集大型国产动画片《天眼》捐赠仪式，在人民大会堂隆重举行。一个富有正义感、纯真善良的阳光少年，来自遥远而神奇的天眼星球，他有一只具有魔力的天眼，可以变形，扮演不同的角色，也可以帮助别人完成一些愿望。他和地球的孩子共同演绎了一段快乐的童年故事，使孩子们在不知不觉中领悟科学魅力，学会善良诚实、爱心奉人的处世方式。

2004 年广电总局颁布《关于发展我国影视动画产业的若干意见》后一年的时间内，成立了 15 个国家动画产业基地，4 个国家动画教学研究基地，相继开播了湖南金鹰、上海炫动、北京动画三个卡通频道。为了大力发展和扶持国内的动漫产业，国家广播电视电影总局又做出了国产动画和引进动画每季度播出比例不低于 6：4 的规定，使得我国国产动画片的需求量达到每年 25 万分钟。

2005 年 8 月，上海大世界吉尼斯总部宣布，由湖南三辰影库卡通节目发展有限公司制作的《蓝猫淘气 3000 问》以当时播出 500 集、7500 分钟（全部 3000 集，总长 45000 分钟）的长度，创造了最长动画片的中国吉尼斯纪录。这一纪录打破了 1986 年出品的美国动画片《辛普森》保持的 242 集的世界吉尼斯纪录。

我国动画产业化运作最成功的典范三辰出品的《蓝猫淘气三千问》，已先后向韩国、美国、印度尼西亚等 17 个国家和地区输出了版权，品牌授权每年的收入在 1600 万元至 1800 万元，加上销售衍生品的收入，每年在 4000 万元左右。

在湖南，"蓝猫"有 500 多人的制作队伍，全部采用艺术生产流水线作业，流水线上细分为 36 道工艺。但是，这种分工并不是传统工厂里的简单分工，因为计算机网络特殊的资源共享和随时修改的功能，使每一位工作人员既是整个流程中的一个环节，又是独立创作、独立发挥的一个艺术源头。流水作业大大提高了制作效率，为卡通的规模化生产提供了可能。正在开发的工业化卡通数据库，可以将业已绘制完成的几千万件卡通素材重组、整合，无限生成新画面。

《蓝猫淘气 3000 问》，以卡通动画为形式，以传授科普知识点为内容，打出了"科普卡通"的旗帜。这个科普卡通，在第三届国际卡通博览会期间引发了一场有趣的争论。争论直接涉及卡通的本质。赞成者说，卡通就是一种艺术形式，你用它来科普也好，做成广告、做成游戏都无不可。科普卡通是找到了最大的科普对象 —— 青少年群体最喜爱的形式。质疑者对卡通作为知识读物的生命力表示疑虑，他们指出，卡通根本就是娱乐产品，卡通片的经久不衰，不是依靠传播知识，它更强调趣味和亲和力。幽默感和娱乐性，才是卡通无可替代的特质。

2006 年

国产动画片产量已达到了 82000 万分钟，远远超过 1993 年至 2003 年的生

产总和 —— 46000 万分钟。但大部分是"来料加工"的境外产品，国产动画片仅占 1/3 左右，受市场欢迎的更是凤毛麟角。而数据显示：我国存在着大约 150 亿元人民币的动画片市场。动画产量的增长和巨大的发展潜力使它成文化产业中的一个亮点。伴随着从中央到地方政府不断出台的优惠政策来促进动漫基地的发展，国家级媒体为推动中国动画产业也展开了实质性作为。

中国社科院发布的文化蓝皮书《2007 年：中国文化产业发展报告》认为，近 20 年来，外国动画作品改变了中国受众的动画需求倾向，当外国动画明星形象和剧情编排风格深深地印刻在中国受众的记忆中时，人们的文化审美观也在不知不觉中悄然改变，最终成为他们观赏动画片的参照标准，这些标准又引领着他们对动画的消费选择。

武侠动画片《虹猫蓝兔七侠传》在央视播出时因为暴力血腥问题遭遇停播再播事件。

4 月，文化部、信产部、广电总局等十部委联合下发《关于推动我国动漫产业发展若干意见的通知》；国家相关部门"培育国产动画品牌的决心"，将使国产动画片创作生产出现前所未有的良好态势。

《魔比斯环》是一部完全由电脑技术制作完成的动画片，是中国首部从内容风格、制作技术到市场运作都完全与国际接轨的三维动画片。该片讲述了一个机智勇敢的 14 岁男孩杰克，为寻找失踪的父亲来到了拉菲卡星球，在一场正义与邪恶的战争中，杰克营救出父亲的故事。

《魔比斯环》的出现，带来了一种全新的制作模式 —— 由中国人出资，雇请国际精英，版权百分之百属于中国。由于制作班底里有不少外国人，因此，他们的参与还使影片具备了西洋风格，出售海外版权时有一定优势。

◉ 三维动画片《魔比斯环》

2007 年

共制作完成国产动画片 186 部，共 101900 分钟，比 2006 年增长了 23%。

动画大片《勇士》制作完成。《勇士》讲述了蒙古少年巴特尔在寻找杀父仇人的过程中，渐渐感悟到人生真谛，最终成长为草原第一搏克（摔跤）英雄的传奇经历。

《勇士》堪称是上海美影厂继《大闹天宫》、《哪吒闹海》、《天书奇谭》、《金猴降妖》、《宝莲灯》之后的第六部动画电影巨作，也是被国家广电总局列入"十七大"献礼片名单的唯一一部动画片。

全国共有 16 个省份以及中央电视台生产制作国产电视动画片，其中湖南、广东、江苏、上海和浙江五省市动画片创作生产数量排在前 5 位。这一些省市的人才需求量相对集中。长沙、广州、上海、北京等城市位居国产动画片的前几名。江苏无锡电视台、中央电视台、浙江中南卡通等机构原创动画片每年制作量超过了 3000 分钟。全国 17 家国家动画产业基地在这一年自主制作完成了国产动画片 132 部，8 万多分钟，占到了全国总产量的 79%，比 06 年增长了 57%，增长速度惊人。

3 月，在原中央电视台动画部基础上转制而成的央视动画有限公司，被誉为中国动画产业发展的转折点。

暑假期间，由上海今日动画原创制作的从内容到制作手段都充满中国元素的金奖动画片《中华小子》在欧洲引起轰动。在法国电视三台播出期间，赢得了法国青少年电视节目中收视率冠军。

全长 2820 分钟的《阿法贝乐园》系列动画片暑期开始在央视少儿频道黄金时段播出，连续播出时间将超过 10 个月。

3 月，长达 90 分钟的《奇异家族》完成了前期制作。《奇异家族》在技术方面采用以传统手绘为主的 2D 动画结合无纸、3D 相辅助的新形式。影片主要讲述了林区小女孩"雨果"发现了一只白色的小狮虎兽，雨果将受伤的小狮虎兽带回家，一伙利欲熏心的坏人却将小狮虎兽抢走了，失去儿子的狮子、老虎抓走了雨果，就此一段奇妙的人兽营救行动激烈地展开了……以家庭情感为主题、以人与动物为线索、以保护自然为背景，这是一段剧情紧张刺激的奇异

1978
1980
1985
1990
1995
2000
2005
2008

陈小虎

唐小龙

三藏

花小兰

⊙国产动画片《中华小子》主要人物

经历。

　　《悟空大战二郎神》是我国首部将三维动画技术与中国传统木偶相结合的动画电影，这也开创了传统木偶与现代技术结合的先河，对于我国传统文化传承和保护是一次有益的探索。影片创新地将三维动画技术运用到各种背景和场景的制作中，一些为众人所熟知的大型场景如：天庭灵霄殿、花果山、南天门、瑶池等都是运用三维技术制作而成，形象而生动地展示了《西游记》中所描绘的那些令人遐想的场景。

　　11月28日，湖南动漫领域两大巨头、同时也是中国国产原创动画产量最高的两家企业 —— 湖南宏梦卡通传播有限公司（宏梦）、三辰卡通集团有限公司（三辰）在长沙宣布合并。中国动漫产业终于迎来了其发展史上的首次大整合。

2008 年

　　国产动画大片《风云决》公映后的第七天，投资方之一的 SMG 代表、影视剧中心副主任王磊的喜悦溢于言表，他刚刚接到来自上海万达影院经理的报喜短信：万达影院安排的《风云决》场次已经超过了100场，这超过了去年同期真人动画片《变形金刚》的成绩。

《风云决》公映前一周电影的预售收入就达到了200万，全国公映第一天票房达到了600万，首个周末全国票房达到了1000万，

据文化部牵头的《中国动漫产业基本战略研究》课题组统计：我国现在拥有动漫生产机构5473家，国产动画片的产量从2003年的12000分钟，锐增至2007年的10万分钟。国产动画电影也从每年的1至2部，发展到现在的每年10部左右。动漫教育的发展更加迅猛，据教育部统计，全国开设动漫专业的大专院校从2005年的237所增加到2007年的447所，在校研读动画专业的学生达到了50万人，远远超过美国、日本等动漫发达国家。但北京电影学院动画学院院长孙立军认为，动画需要的是创作与技术兼备的复合型人才，由于我国的本科教育分工过细、限制过严，学生很难在大学阶段兼修其他科目，造成其艺术修养不足，实际操作能力差。

为推动我国动漫产业的繁荣，我国各级政府已经采取了一系列有效措施。

⊙国产动画大片《风云决》宣传画

国家建立了专门扶持动画片生产的专项资金，其中每年有 1000 万元用于对电视动画片的资助，400 万元用于对电影动画片的资助；国家在全国推动建立了 17 个动画产业基地和 6 个动画教学研究基地，促进规模化发展和培养优秀动画人才；并在全国组建了 3 个动画频道，另有中央电视台少儿频道、电影频道的少儿栏目播出动画片；此外，各地还有 31 个省电视台、300 多个市一级的电视台都有少儿栏目，都在播出优秀的动画片。

⊙国产动画电影《真功夫之奥运在我家》

被国外片商喻为"中国版《辛普森一家》"的国产动画电影《真功夫之奥运在我家》，在上海电影节期间引起不小的轰动。电影通过剧中人物外国体育记者安妮的北京之旅，展现了新北京的风俗民情。还以全新 3D 的场景设计，倾力再现了北京 2008 年的风采。

1978

1980

1985

1990

1995

2000

2005

2008

第五章
舞动的霓裳

1978 —— 1986 服饰的变化静悄悄

新中国建立以来，中国人的服装的主流特点是大众化，并且特别突出其政治意义，具有"大众政治化倾向"。尤其是在文化大革命中，服饰更是与政治紧密相连，红卫兵都喜欢穿草绿色军装，以象征是毛主席的战士。普通老百姓的服装以灰、蓝、白为主，很少有鲜艳的、对比强烈的色彩，在图案上也是以格和小花为主。这种服饰表现了人们审慎、拘谨的态度。

粉碎"四人帮"，刚开始思想解放的时候，人们的服装还没有显著的变化，在外国人眼里，当时的中国人还是"蚂蚁蚂蚁"：蓝蚂蚁、灰蚂蚁。那时候，街上没有刺目的广告牌，道路畅通没有车流堵塞，照片是黑白的，人们的表情纯朴而迟钝。女人一律

⊙上世纪七十年代的服装以灰蓝色为主

梳着清汤挂面的齐耳短发，或者循规蹈矩的辫子，男人则是平头或小分头。平面剪裁的制服化衣着抹杀了所有的性别特征，质地是"的确良"，领子是两边对翻，下端刚好是齐刷刷的一字型，一种朴素到最低限度的衣着。

1978 年

年轻人从进口的电影、电视中看到了新鲜的喇叭裤，争相仿效。这种上细下宽、把臀部绷得圆滚滚的、拉链不分男女一律开在正前方的裤子在世界范围

内的流行已经接近尾声，进入中国，却得到了喜欢自我表现的年轻人的喜爱，女青年也不甘落后。喇叭裤的裤脚最宽的时候达到了一尺二，两条裤脚的宽度超过了腰的尺寸。

他们穿喇叭裤时，还会穿上高跟的皮鞋，有的鞋跟上钉上三角形铁片。走起路的时候，皮鞋踢踏响，裤脚扫马路。再戴上蛤蟆镜，拎着四喇叭的录放机，回头率是百分百。

喇叭裤是从水手裤裤型发展来的。据说水手在甲板上工作时间长，海水容易溅上来，冲洗甲板时的水也容易流进靴筒。水手们想了一个办法，把裤脚加宽，让宽大的裤脚罩住靴子，使海水不能溅入靴筒。还有一个说法，喇叭裤由于裤脚肥大，在人落水后增加浮力，从而为求生争取了时间。中国改革开放之初，正是国外流行喇叭裤潮流的尾声。中国抓住了这个国际时尚的尾巴，让喇叭裤紧紧地裹着小青年们滚圆的臀部和骄傲的大腿，从城市到农村迅速流行起来。喇叭裤在中国引进西方服饰上起到了开先河的作用，流行了几年之后，就被筒裤、萝卜裤、老板裤等取代。到90年代末，随着国际时尚潮流的变化，喇叭裤又重新流行起来。

70年代末80年代初，太阳镜首先从香港传入大陆。这时的太阳镜款式流行大型的，因为形似青蛙的两只眼睛，所以被人们戏称为"蛤蟆镜"。还有两个镜片呈现两个外围向下倾斜的趋势，被戏称为"熊猫镜"。有人舍不得撕去镜片上的透明纸印制的商标，以显示为真正的进

⊙流行喇叭裤

口货，就那样戴着。相声讽刺说："老远一看啊，白内障！"

女青年的发式也打破了短发或辫子的模式，出现了新的花样。表现年轻女性秀丽特点的长发（又称披肩发），受到女青年的青睐。至于男青年，则出现了蓄长发、大鬓角的时髦群。

这些现象曾引起一些人的惊慌。报刊上开展了对"奇装异服"的讨论，有人指责青年人是盲目模仿"西方资产阶级的生活方式"。穿喇叭裤、戴蛤蟆镜、留长头发的男青年让他们觉得有些不太正经。有些人批判穿喇叭裤是"颓废"、"腐朽"的表现，把穿它们的青年甚至称之为"流氓"。漫画家们把穿喇叭裤的青年画成反派人物，相声段子说胡同里有人穿了喇叭裤，从此不用扫胡同了。还有人写文章，说喇叭裤并不是什么新鲜东西，早在中国魏晋时代的男子就穿喇叭裤，中国其实是喇叭裤的老祖宗。1980年上海一家服装厂做了几万条喇叭裤，上面批示不能卖，因为"男不男，女不女，怪模怪样，又难看，又俗气"。有些上了年岁的人发牢骚说："现在从背后发式上已经难以区别男女了。"有的地方甚至动员团员、青年上街纠察，不许青年人穿喇叭裤。遇到不听"禁令"的，就用剪子强剪。某些城市的市政府还在报纸上公开刊登禁令说：留披肩发的女青年不准进入市政府大门。一时间，青年人的穿戴和发式问题成了社会各界议论和关注的热点。

1979年

《中国青年》杂志第6期发表了郭思文写的一篇引起争论的文章：《谈引导——从青年人的发式和裤脚谈起》，文章一方面规劝青年说："我们并不赞成青年人蓄长发、穿喇叭裤。不主张青年在衣着、发式等问题上花过多的精力，青年应该把自己的精力用到工作、学习上去。"另一方面，文章转向重点："但我们也不赞成在青年的衣着、发式等个人生活问题上过多地评头论足和指摘干涉。""在林彪、'四人帮'横行期间，青年人一律绿军服，挽起袖口，强剪辫子，豁牛仔裤，没收后跟稍高一点的皮鞋等等。这种'全面专政'我们还不曾遗忘。肃清林彪、'四人帮'的流毒，

⊙戴蛤蟆镜的模特

151

应该也包括肃清它在文化和生活方面散布的形而上学的影响。""毛主席在谈到批评问题时,曾经指出,批评要注意大的方面,不要只注意小的方面,对个人的缺点,'如果不是与政治的和组织的错误有联系,则不必多所指摘,使同志们无所措手足。'在个人生活爱好问题上,只要不违反法纪,无伤于道德风尚,是应当允许求大同、存小异的,毋需强求一致,更不宜把一般生活爱好都联系到思想原则问题上来分析批判。头发的长短,裤脚的大小和思想的好坏并没有必然的联系。""其实,就发式来说,中国男子自古是蓄发束髻的,我们今天的分式发、小平头,都是从外国学来的;光头,即古代的和尚头,是来自于印度的佛教,也是'洋'。在裤脚问题上,中国的上著裤式是丐裆裤,裤脚是绑起来的。现在流行的裤式也是来自西方。难道要让大家穿起丐裆裤才好?"

1980 年

广州高第街开张,这条街道成为全国第一个著名的服装市场。沿街搭建的简陋的棚子里,个体服装批发摊贩忙忙碌碌地点货数钱,鼓鼓囊囊的编织袋从这里扛到火车站,四季不断地运往全国各地。这里确实是人满为患,500多米的街道要走1个多小时。起初这里是卖走私过来的香港旧衣服,逐渐换上广东当地服装厂加工的产品,式样竭力模仿香港,以此被内地惊为时髦。

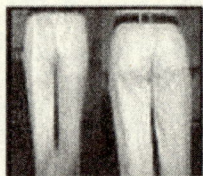

⊙红衬衫搭配白裤子

1981 年

都市时髦男性的装扮是白裤子搭配红衬衫。

1982 年

山口百惠主演的电视连续剧《血疑》在中国热播,女主角大岛幸子身上的学生装成为青年女性最为青睐的热门服装款式，当时曾有专门的《幸子衫裁剪法》、《幸子衫编织法》等书热销一时。

经国务院批准，中国人民银行从 9 月下旬开始，在国内市场恢复出售黄金饰品。开始销售时，由于生产和销售部门对黄金饰品的品种和款式的具体情况还不十分清楚，因此只在北京、上海、天津及各省首府共 31 个城市的工艺美术部门定点生产和销售，后来逐步扩大了销售地区。当时国内出售的黄金饰品主要有戒指、项链、挂件、金丝眼镜架以及某些镀金制品，24K 黄金饰品成为抢手货，并且向中高档的饰品发展。

这一年军装复苏。街头上重又出现了穿草绿色的旧军装和布鞋，挎军用包的年轻人。

牛仔裤也在这时流行起来。关于牛仔裤的起源，据说是在 1850 年，美国的巴伐利亚移民李·维斯特劳斯在淘金热中用帐篷布制成工装裤，卖给淘金工人。因为其布料坚固，很受工人们的欢迎。20 世纪 50 年代以后，牛仔裤在美国迅速流行起来。1957 年，美国牛仔裤最大的制造商李·维斯特劳斯公司做了一个统计，显示美国牛仔裤销售量已达到 1.5 亿条，几乎平均每

⊙军装复苏

个美国人一条。到 70 年代，牛仔裤风靡全世界。80 年代初，美国电影《欲望号街车》在中国上映，由于詹姆斯·狄恩和马龙·白兰度的出色表演，使他们穿牛仔裤的形象震撼了中国青年。牛仔裤以其现代感与国际化的形象征服了中国消费者；耐磨，耐脏，不拘小节的穿着方式，着实让中国的时髦青年潇洒了一回。牛仔服翻新快，变化多，凡是时髦的款型，牛仔都有，80 年代以来一直引导着时尚新潮流。现在，不仅牛仔裤依然作为青年人的普通裤装，而且出现了牛仔夹克、牛仔坎肩、牛仔短裙、牛仔背包等。牛仔布也有厚有薄，出现了多种颜色。

人们已经开始对服饰打扮产生注意和兴趣。上海人率先举办了一次时装展览会，展品是当地产品，居然吸引了近 50 万人来参观。国家纺织部也在这个

153

时期发出文件——《更快更好地解决人民的穿衣问题》。

1983 年

化纤纺织品因为不掉色、结实耐用而广为流行。

5月1日，中国第一个专职时装表演团体上海服装表演队在北京农展馆影剧院首次公开演出。

第一部在内地播放的香港电视连续剧《霍元甲》中，演员黄元申和梁小龙剪的那种前面有刘海，后面长及脖子的发型流行于年轻人中，有人戏称为锅盖头。

⊙电影《霍元甲》剧照

这一年，中共中央总书记胡耀邦对服装行业的同志们说："我们要把中国人民打扮得整齐一点，干净一点，漂亮一点。"他带头穿起了西服。在党的十三次全国代表大会上，中央五位政治局常委第一次集体着西服出席记者招待会。中共领导人的服装似乎就是一篇改革开放的政治宣言，在国内外产生了巨大的政治影响。全国掀起了西服热，引导了男性服装的潮流。

但是，刚开始的时候，人们的西装还是很成问题。有人评说当时西装的流行："穿化纤西装，不打领带的是民工，打上领带就成了上门推销或在街

⊙西装热

头发传单的大学生；换上毛料的西装，打上难看的领带的是国企领导人或乡镇企业小老板，换成三粒扣总穿白衬衫的是年轻的白领，只有外资企业的中层以上干部才恢复了西装的名誉。看上去能让人眼睛一亮的是那些洋文不错的代理人，穿旧西装、头发修理干净的通常是日本人。"

年底，中国彻底取消了已经延续了几十年的布票，服装改革的呼声迅速响遍全国。

1984 年

街上流行红裙子。那是当年最时髦的打扮，这来自于对一部时尚电影的跟风。电影的名字叫《红衣少女》，片子一公映，立时成为时尚的标签，红裙子一时风靡全国。每个追赶时髦的年轻女子都要赶着去买或自己动手做一条红裙子。

9 月，当时的纺织部部长吴文英到淄博视察工作，身穿金黄色的紧身褂、线条流畅的裙子，一时成为新闻。新闻稿援引吴部长的话说："要解放思想，大胆穿起美的时装。"

⊙运动服

受世界范围内崇尚健美、热爱运动的影响，1984 年以后掀起了运动服热。带有弹性的面料使着装者无拘无束，鲜艳的色彩和大胆的拼接设计令人轻松、愉快。紧接着，运动服时装化，弹力棉的紧腿裤与宽松的运动衫成为青年人的时尚。其中针织服装在这一热潮中发展起来。以前的针织服装仅仅是内衣，在运动服热的刺激下，带有弹性的针织服装走向市场，吸引了人们的目光。

1985 年

这年的冬天，青年人以围白围巾为美。周润发主演的《上海滩》开播。许文强头戴礼帽、西装革履，白围巾轻拭鼻尖的派头倾倒了无数少女。

1986 年

一位健美运动员在比赛中穿着一种上下分离的两件式泳衣亮相，这种泳衣极为暴露，仅仅遮盖了女性最为敏感的三个部位，在国内引起轩然大波，这就是在今天已经极为平常的比基尼首次在国内亮相。

7 月 12 日，《中国纺织报》在第 28 期第 4 版登载了一篇有关北京早期服装市场的稿件，题目是《北京流行黄裙子》。文章中写道："对行情反应灵敏的个体服装摊贩，迅速推出一批黄裙子。在西单夜市上，放眼望去，一排排黄裙子有如一丛丛盛开的黄玫瑰……一位姓程的个体商贩告诉记者，他最多时一晚上卖出 100 多条黄裙子。他从广州买来黄色水洗布，自己加工后出售，每条裙子卖 8~18 元不等。"一篇报道迅速瓦解了红裙子统治的天下，女性着装进入了红黄并存的鲜艳时代。

1987 —— 1990　风情万种话时装

80 年代中期以后，我国世态民情最显著的变化是服装的变化。这种变化首先冲破了"千人一面"的统一规范，向多样化、个性化发展。人们在观念上对个人选择什么服装的干涉力量小了，个人有了一定程度的选择自由。可供选择的服装的范围也扩大了，服饰的新潮迭起，从迷你裙到健美裤，从西服到太空服，从幸子帽到高筒皮靴，……服饰选择范围的扩大使城市显得五颜六色。青年们对服装的选择不再是因于某种对抗心理，人也不再对青年们着奇装异服感到愤愤不平。不断深化的对外开放和交流，外来服饰文化的影响，也为中国的服饰的多样化启发了思路。同时，人们收入的增加为选择多样化准备了物质条件。

改革开放以来，我国城乡居民衣着消费一直平稳增长。衣着消费缓慢增长

1978
1980
1985
1990
1995
2000
2005
2008

⊙90年代白领装

的同时，成衣消费率逐步上升。反映了城镇居民衣着消费的社会化服务程度增强，自己动手缝制衣物的比重越来越小。城镇居民衣着消费的主要特点是：中老年青睐中高档服装，年青一代不断追逐时装化和个性化，不同品牌不同风格的专卖店琳琅满目，市场上国际名品比比皆是，T字台上的风骚隔日便成为街头时尚。

农村居民的衣着消费观念也逐步更新，开始注重衣着打扮，穿着由保暖型和传统型趋于潮流型和城市型。其突出的变化是对原布的购买量逐步下降，传统的手工自制服装已越来越少，对成衣的购买量逐步增加，并越来越讲究穿着的款式、花色、质量、舒适和装饰，且趋于高档化。

这时的羊毛衫也开始时装化，原来也是属于内穿的羊毛开衫、背心、套头衫等也改头换面，以时装的姿态出现在人们眼前。80年代后期，羊毛衫时装化的趋势越来越明显。

冬季的军大衣已被滑雪衫代替，滑雪衫原来也是运动服，内填羽绒，色彩鲜艳，以轻便保暖、易于清洗著称，在款式变化上也越来越丰富。最初时兴鼓鼓囊囊的面包衫，翌年便调头搞两面穿，继而更新换代，流行脱卸式，能够一胆多罩。直到90年代仍流行不衰。

80年代中期以后，迷你裙流行更甚。从夏天流行到冬天，短到不能再短

157

的长度直至双腿裸露，配以上身宽大的时装，这种不稳定的倒三角形倒也是非常符合青年一代反传统的个性。有趣的是，当年流行黑皮迷你裙，不分年龄，不分职业，许多女性均亮出了她们"美丽"的大腿。一位外国人来到中国，问旁边的导游，是否误入红灯区，导游非常诧异。原来，在国外，黑皮迷你裙据说是妓女的标志，令人哗然。

上海一直是中国时尚潮流的中心。20世纪80年代上海服饰开始复苏，那种一款、一式压倒一切、风行一时的情形再也不见了。流行不再是雷同，不再是千篇一律，而且正因为如此，上海的服饰才显示出异彩。另外，无论从哪一款、哪一式而言，流行的时间都越来越短。1986年，上海流行日本柔姿纱，

⊙流行健美裤

1987年是日本冰花绸、缎纹绸，1988年是韩国珠丽纹一统天下。1988年"V"型装束余劲未减，1989年冬A型长款大衣翩翩而来。

到90年代，服装的流行变幻无常、捉摸不透，但有一点是共同的，那就是"返璞归真"，越是接近自然的、越少刻意雕琢的服饰，越是受到人们的欢迎。棉、麻、丝、毛等天然面料及其混纺织物，受到人们的青睐，服饰的色彩、花型、款式也均由联想自然、表现自然而来。一股崇尚自然的世纪末之风，一直影响到童装，童装摈弃繁复的矫饰，设计朴实简洁，搭配讲究协调。服饰的五彩缤纷又体现在面料的多样化上。面料趋于薄、轻、软。服饰的五彩缤纷还体现在色彩图案上。各种色彩都出现在服饰上，而色调一般总是过于艳丽刺眼。图案受崇尚自然风气的影响，在90年代初的几年中，经蜡染、扎染、浸染处理而呈原始神秘意味的迷离图案和绘制有热带植物、果实、花卉等内容的热带风光图案，都曾风行一时，传统的几何图案、花草纹样图案在表现形式上更有发展。服饰世界的五彩缤纷，使中老年妇女选择色彩图案的范围越来越宽广，男子服装经过80年代的尝试，也变得更加俏丽多彩。

服饰的五彩缤纷还体现在款式上。各式套装、套裤、裙子、裙裤、马夹、

夹克、衬衫、T帕、大衣、针织衣服、编织衣服等同台争艳，款式多变，国际名牌皮尔·卡丹、佐丹奴等纷纷亮相，不对称的流行使得服装设计师的才智得以充分显露，返朴归真的潮流使得诸如蝙蝠衫的仿生服装，以及各式生态服饰各领风骚。西装早已从单排扣、平驳领发展到双排扣、枪驳须、由此引发了须带由窄到宽的改变，而面料、色泽也日益多样化。牛仔也不再是往日的模样，色彩、面料、款式都不再那么单一。短衣、夹克、裙子、裤装赢得了众多消费者的喜爱。印花牛仔布和薄型牛仔布也已不再是新鲜东西，内衣外穿、女装男性化……传统思维定式被悄悄打破。

不仅是服装，人们的所有服饰都发生了根本性的变化。1985~1986年间，"发屋"取代了理发店，出现在各大城市，改变着人们头顶上的形象。奇妙的摩丝，神奇的定型水，温柔的香波，怪诞的护发素，彻底结束了"冷烫精"一家独霸城市的历史。洗头不仅是一种卫生，而且成为一种艺术。在发型方面，男人的"三抄头"早已排挤了"一边倒"，同时也摧毁了长发一度有过的浪漫意味。相当多的城市青年以"三抄头"配上浪潮西装、时装皮鞋为着装的时尚。女子的发型出现了"钢丝头"，在摩丝的支持下，全部的头发张狂地竖向空中，充满了赤裸裸的野性。"翻翘头"则是另一番景象："它放纵，但极有节制；它张狂，但极有分寸；它温柔，但决不颓靡；它迷人，但决不轻佻，它是文雅的极端行为，是唯美的自然主义。"

1991 —— 1999   街上流行文化衫

90年代是中国女性服装变化最快的年代，一种潮流还没有形成几乎就面临着过时的尴尬，一群北京女孩托一位在广州上大学的同学捎带当时很时髦的健美裤，没想到同学暑假回北京时带的好几条健美裤大家都不愿意要，原因是健美裤已经过时了。

从1991年夏天开始，文化衫开始在北京青年中流行，以后风行全国。

文化衫是一种印有字画的T恤衫。文化衫起初似乎是美术学院的学生的时髦。他们用丙烯颜料在白汗衫上画上他们喜爱的或者能够展示他们个性的形象和图案，例如猫王、毛泽东、猫头鹰等。1991年夏天，印制成商品大量推销的文化衫，据说主要是由青年画家孔永谦创作的，他敏感地把握了一小批鼓吹结构主义、用POP艺术消解主导文化结构的新潮画家背后的社会文化和心理基础，并开发出它的商业价值。在北京的文化圈内，如影视创作组、大型演唱会也发给工作人员印有特定标记的汗衫。后来是摇滚乐迷们在汗衫上印上崔建的名字和歌名。

质地轻柔和构图独特的"文化衫"自80年代以来就出现在城市的大街小巷中，受到年轻人的追崇。流行的文化衫从形式上可分为：广告文化衫、画像文化衫、文字文化衫等；从内容上可分为：幽默文化衫、戏谑文化衫、纯情文化衫等。穿广告文化衫流露出一种随意性，穿画像文化衫表现出明星崇拜和领袖崇拜。熊猫、长城、京剧脸谱、象形文字和各种

⊙街上流行文化衫

龙的造型应有尽有，很多人愿意花上十几元或几十元度身订制自己或朋友的"生日衫"、"毕业衫"、"情人衫"。一款"毛泽东思想放光芒"表现的是那"火红的年代"，所以颇受经历过那个时代的中年人的欢迎。一款叫"蓝莲花"的T恤，画的是一个小孩头顶瓜皮帽，带着一条狗好奇地走进清朝的大烟馆，馆内烟雾缭绕，躺着许多留长辫子、穿马褂、面黄肌瘦、人手一把大烟枪的中国人。这款文化衫因为不文明而受到查处。还有更"不文明"的文化衫，比如画上骷髅、马桶和身穿三点式泳衣的妖艳女郎图案的文化衫，或印满安全套的文

化衫，算是另类的选择。

而文字文化衫则是五花八门。它们的文化主题，第一种是小人物对人生境遇的自我调侃，文化衫上印的词包括："烦着呢，别理我"、"真累"、"拉家带口"、"酸甜苦辣"、"不会来事"、"天生我才没有用"、"我爸我妈不要我"、"练摊没本，当官没门，出国没钱，走私没胆，想当老板缺心眼儿"、"一事无成"、"是上班，还是练摊？"、"有些个事你越把它当回事它就越是个事"等等。第二种是言情和玩幽默的，如："千万不要爱上我"、"我只有一个缺点"、"我想有个家"、"今晚我们相识"、"一次爱个够"等等。第三种是玩弄和出售京味的，如"真棒真瓷真铁真的"、"真搓火"等。第四种更为招摇，比如："我们是害虫"、"密探"、"我是一只小小鸟"等。

90年代中期，日、韩面料进入中国。麻类、仿麻、麻上印花的新样式受到人们的喜爱。

1997 年

这年夏天，都市白领男性们一齐爱上了浅蓝色衬衫。美女们则爱穿凉拖。拖鞋本是家居和澡堂里的专利，但大街上出现了许多趿着五颜六色的凉拖鞋的年轻女性，凉拖大多以透明塑料和真皮制成，以高跟的为多。

1998 年

吊带裙抢足了时尚的风头。时髦女孩子把属于鸡尾酒会和晚礼服的袒肩露背带到了阳光下的草坪上。吊带裙在90年代中期就已传入中国，当时在消费者中并不流行，只是演艺明星们偶尔穿穿，过了一两年后，才有少数时髦姑娘在海滨浴场穿着它们。

这之后，流行的单项热点已经销声匿迹了，"千军万马挤独木桥"的现象基本上没有了，这说明中国人对着装的追求已经转向个性化、多元化。大家不再只是简单、盲目地追随"流行"，而是选择自己喜欢并且适合自己的衣着打扮。服装的主要作用已经不再是御寒，而是一种个性和魅力的体现。

某时尚杂志上有一句让人印象深刻的话，大意是：假如昨天在米兰或巴黎

161

发布的一种时装款式今天出现在北京或上海某位女性的身上,你千万不要奇怪。90年代末,中国服装至少在高端人群中已经实现了与世界的同步。奢侈、豪华、昂贵不再是用来批判西方生活方式的专用词,而成为人们理直气壮地追求的生活目标,对名牌的崇拜成为高尚品位的表现。与前面提到过的60和70年代相比,中国女性在20年中像是跨过了一个世纪。

2000 —— 2008 世界的民族风

在21世纪,世界服装艺术中的中国元素也开始得到越来越广泛的体现,唐装走俏全球,旗袍热遍世界,中国服装作为一种文化潮流和商业主流在全世界受到瞩目和尊重。

⊙唐装热

这一时期，中国女性的日常着装意识在这个年代发生了一次彻底的革命，她们从长期以来注重价格和款式变化为更注重品牌，着装的品牌档次成为女人品位、档次的主要标志——中国女性开始以更独立的身份出现在重要的社交及商务场合，"没有件名牌的行头没法见人"成为普遍女白领的共识。

拥有几件名牌衣服，如今对于普通中国人来说也不再是什么新鲜事。随着环保话题的日渐兴起，质地天然，色调、款式贴近自然的服饰越来越受青睐，各种各样的生态服装也悄然面市。

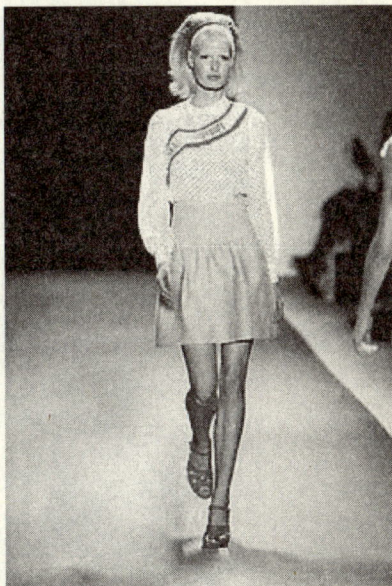
⊙国际 T 台上的中国风

在 21 世纪的最初几年，中国女性对于服装诉求的最高境界就是穿出个性——最好是独一无二，一部分有条件的高端女性开始向世界著名品牌商订做衣服。追求个性、标新立异是现代女性服装需求中最重要的元素。对于一个真正时尚的女性来说，如果有可能的话，她可以从北京专门飞到广州或香港，而目的仅仅是为了买一双跟自己的服装匹配并且是全中国独一无二的鞋子。

世界服装艺术中的中国元素也开始得到越来越广泛的体现，世界顶尖设计大师在服装设计中，常常借重中国民族文化的典型符号和要素。如旗袍的理念、汉字之美、对称的审美标准等。

唐装走俏全球、旗袍热遍世界，中国服装作为一种文化潮流和商业主流在全世界受到注目和尊重。

2001 年

唐装享誉全球。

上海 APEC 峰会上，20 位国家领导人集体亮相，他们齐刷刷地穿着大红色和宝蓝色的中式对襟唐装，刹时光彩四射，此情景通过电视、报纸等媒体传

163

⊙《花样年华》剧照

遍全球，中国唐装迅速流行。

王家卫于新世纪元年拍摄的《花样年华》被当作这个年代服装的关键词，因为女主角张曼玉在片中展示了数十款旗袍，造型性感、优雅。它们不仅成为导演表现上个世纪 30 年代十里洋场的符号，还将旗袍这种典型的中国化服装集中地呈现在全世界面前。旗袍热卷土重来。

短短 30 年，中国人对服装的审美已经发生了颠覆性的转型。"只要我喜欢，没有什么不可以"的着装心态已成为当今中国人着装的中心意识。天寒地冻的严冬季节，你也能看到穿着单薄的美女袅袅婷婷掠过你的视线，要想俏冻得跳的年代已经过去了，私人汽车的普及、办公条件的优越足以使更多的女性把夏天的轻衫薄裙一直穿到雪花纷飞。

今天，当我们站在一个历史的制高点上对新中国成立以来的女性服装进行文化式的盘点，是一件相对轻松的事情，但对于每一个经历过它们的人来说，每一个季节、每一个年代的更迭，都是一次岁月的埋葬，也是一次脱茧重生。

第六章
从大哥大到时尚手机

1978

1980

1985

1990

1995

2000

2005

2008

1983 年 10 月 13 日，是首部商用手机的诞生日。Ameritech Mobile 通讯公司总裁当时发布了现在看来显得健硕的摩托罗拉 DynaTAC 手机。它重 2.5 磅，价格 3995 美元，相当昂贵。此外，手机的个头也比较大，初期的手机身重有800 克左右。1983 年，手机犹如一块砖头的体型；1991 年时，手机的重量为250 克左右，厚度超过 7 厘米；1996 年秋，出现了体积为 100 立方厘米、重量为 100 克的手机。此后又进一步小型化、轻型化，到 1999 年就轻到了 60 克以下。到了 2008 年，手机的厚度更是达到了前所未见的不足 6 毫米。

除了质量和体积越来越小外，现代的手机也越来越不像"手机"了。在众多概念的引导之下，除了最基本的通话功能，手机还拥有彩信、上网、游戏、拍照，看电影甚至模拟其他操作系统的功能。

有多少当年引领手机概念的品牌如今已经走入了历史 —— 爱立信、西门子都曾以无比辉煌的方式谢幕。曾经引领大哥大潮流的摩托罗拉，其龙头地位早已拱手交给诺基亚。

1978 年，人口总数超过 9 亿的中国，只有电话交换机 406 万门，其中自动交换机 116 万门，尚不及 400 万人口的香港地区；电话普及率平均每百人不到半部，低于当时非洲国家的水平。

从 1985 年起，中国邮电通信的发展速度开始超过国民经济的发展速度。1987 年中国第一个移动通信网络的开通，拉开了中国移动通信产业 21 年的发展。与此同时，也拉开了移动通信产业重要一环 —— 手机终端产业与制造的 21 年。21 年的发展，中国手机产业从无到有，已经成为全球的第一生产大国和第一手机市场大国。

当电影《手机》的镜头在城市背景下的时尚手机和古老山村的一部老式电话间频繁切换时，艺术的表现力，令电信技术带来的生活方式和时代的变迁表露无遗。

⊙摩托罗拉 DynaTAC

167

而即使不用蒙太奇手法，当每个人在尽情畅游互联网的时候，回首为装一部普通电话而托关系送礼的年代，也不禁惊叹生活方式被电信技术所改变。

1987 —— 1993　从"大哥大"开始

1987 年

⊙大哥大专卖店一景

中国移动通信集团公司开始运营900MHz 模拟移动电话业务，模拟移动电话开始进入中国。广州全运会开通了全国第一个模拟移动电话系统，当时只有 200 多个模拟手机用户。

模拟移动电话系统主要采用模拟和频分多址（FDMA）技术，属于第一代移动通信技术。模拟移动电话时代手机的功能往往仅仅只是局限于通话功能，而且受到技术、材料各方面的限制，款式上相当单一，缺乏变化，可称之为手机的史前时代。凡号码以"9"字开头的手机都属于模拟网。由于当时的模拟手机价格极为昂贵，因此它也成为了身份和财富的象征。

第一款进入中国的民用模拟移动电话是摩托罗拉 8000X，诺基亚也在稍后推出了 121 型，进占中国市场。其后，摩托罗拉 8800X、爱立信 328 以及诺基亚 232 都成为了这一时期的明星机型，但是价格依旧让普通人不可企及。

1992 年

一台带号码"大哥大"的价格是 1 万 5 千元，入网费 6 千元，安装费 460 元，月租 150 元，通话费 0.5 元 / 分钟。这都远远在当时中国人的平均购买力之上。

那几年，在公共场合打手机还是一种时尚。拿着一台大大的手机在街上招摇过市，确实是"身份的象征"，称为"大哥大"也名副其实。一些土财主们嘴里叼着牙签，在大街上捧着个砖头似的大哥大大呼小叫，让不少人羡慕不已。以至于有赶时髦装老板的人拿着玩具手机在马路旁装模作样。

从 1988 年到 1993 年，摩托罗拉相继推出 9000 和 8800LCD 型号，机身减重为 550 克，价格也有所下降。8800LCD 新的液晶显示屏幕令人耳目一新，而成本更低。这一改革为日后手机液晶屏幕显示的流行奠定了基础。

1994 —— 2001　手机革命时代

1994 年

3 月 26 日，邮电部移动通信局成立。

7 月 19 日，中国联合通信有限公司（简称中国联通）成立。

年底，广东首先开通了 GSM 数字移动电话网。建立全国第一个省级 GSM 网络。

1995 年

1 月，爱立信 GH337 进驻中国，成为第一款进入内地的 GSM 手机。从此"大砖头"的地位逐渐衰落颓败，手机革命时代到来。

1978
1980
1985
1990
1995
2000
2005
2008

1978~2008
中国流行文化三十年

爱立信推出第一款可以自编铃声的手机 —— GH398。

1998 年

10 月，第一款内置游戏的手机在这时诞生 —— 诺基亚 6110，开创性地内置了 3 款游戏：贪食蛇、记忆力和逻辑猜图。而且两个兼容的诺基亚手机间可实现交互式游戏。这一新概念深刻地影响着后世手机行业的发展。从此手机游戏时代拉开大幕。时至今日，几乎没有手机不预置游戏的。

如今，手机游戏已经成为一个单独的产业，与手机本身共同进步、共同发展。而手机游戏业延伸出来的手机游戏平台更是将手机游戏与通讯网络更加紧密地结合了起来。

1998 年以后，手机的价格一降再降，标志着手机平民化时代的到来。手机市场异常火爆。

1999 年

更多厂家介入、更多款式及功能的选择，手机入网费也大幅度下调，使得买一部手机并不是可望不可即的事情。刚从学校毕业的小女孩轻轻松松地用第一个月的工资就能买一部诺基亚 3210，或阿尔卡特趣怪的"脚板仔"OT221，修长的 NEC DB2000，飞利浦 929、939 更得白领小姐的喜欢。于是，其称谓也由神圣高贵的"大哥大"变成了并不异乎寻常的"手机"。

3 月，爱立信推出了 R250 PRO，手机首次可以防水、防尘、防震动。此时爱立信将手机业的一个新概念展示在世人面前：三防手机。三防概念打破了手机这一精密电子设备非常脆弱的传统，让手机也可以尽情地奔放于蓝天白云之下和大地小草之中。虽然三防概念此后很长一段时间没有被重视，但是在如今这个重视个人身体健康和户外活动的现代社会，三防再一次被赋予更深厚的内涵并再次应用到手机上。

6 月 30 日，中国电信移动电话用户由 1998 年底的 2357 万户增至 3109 万户，仅 180 天，新增用户 725 万。连入网费加上销售裸机，以 3000 元 / 户计算，其营业额就是 225 亿元！

7月22日，中国电信、中国联通的移动电话号码成功地实现了"升位加零"，标志着我国已经超过日本，成为仅次于美国的全球第二大手机拥有国。

10月，双频概念诞生。绝大部分数码蜂窝式手机都工作在 GSM 900MHz 频率，随着 GSM 900MHz 频率资源的日益匮乏，网络提供商不得不增加 GSM 1800MHz 频率。，而诺基亚 6150 则成为首个应用此概念的手机。双频手机可在用户无察觉的状态下，在 900MHz 和 1800MHz 两种网络间自动选择最通畅的服务信道并自动切换，从而避免了掉话现象。所以双频手机拥有更好的通话质量。

⊙诺基亚 6150

2000 年

世纪之年。这一年注定了手机行业将实现跨越式发展，大量以往看起来缥缈不可及的概念转换为新技术并应用到手机中。

1月出现的诺基亚 7110，弹出式滑盖、变色龙外壳和诺基亚导航键（NaviTM Roller）等功能都比不上一个并不起眼的服务：WAP（Wireless Application Protocol），中文名称为无线应用协议的 WAP 技术，让手机推开了国际互联网的大门，从此再未关上。同时，WAP 也成就了一大批服务供应商 SP（Service Provider）。

这一年，汉诺佳（Hagenuk）的新手机让熟悉了当时手机外形设计的人们惊讶 —— 汉诺佳推出的这款 CH9771 没有天线！其实并不是没有天线，只是天线由显露在外的"小尾巴"深藏到机壳内了而已。CH9771 没有改变手机的体积重量，从而使得"无天线"这一壮举有劳无功。倒是由此启发了诺基亚。从诺基亚 8210 开始，以及西门子的 3568I，无不在采取着这个成功的设计理念，手机着重于便携时代。随着时间的推移，内置天线设计却渐入人心，如今人们的审美观已经很难再接受拥有天线的机型了。

3月，摩托罗拉 L2000 上市，其支持 GSM 900/1800/1900MHz 三频，为用户进行全球旅行铺平了道路。

171

3 月，第一款全中文界面的机型 —— 摩托罗拉 CD928+ 正式在我国销售。在手机刚刚在国内市场出现的时候，操作界面使用的都是英文标示。这对很多用户来说十分不方便。CD928+ 的出现使得中国市场有了真正意义上的全中文手机。不光编辑短信可以中文输入，连电话簿也可以输入中文名字。

4 月 20 日，中国移动通信集团公司正式成立。

9 月，日本的夏普往手机上补了点东西：一枚 11 万像素的 CCD 摄像头！夏普 J － SH04 于是成为首个应用拍照手机概念的移动电话。从此拍照手机一发不可收拾，最终，摄像头成为了大部分手机的基本配置。

从 2004 年 11 月夏普 V602SH 首次支持光学变焦到 2006 年 3 月三星 SCH-B600 的摄像头首次达到一千万像素，我们能够看出手机拍照这一概念给予了厂商多么强大的动力。

⊙三星 SGH-M188

10 月，第一款支持 MP3 的手机三星 SGH-M188 出现在人们的面前，两个月后，西门子 SL45（中文版 6688）将 MP3 手机这一概念发扬光大：支持 MMC 流动存储卡让人们不用再截取音乐片段后再传入手机。

手机应用 MP3 及流动存储卡的概念意义深远，人们不用再聆听单调的乐曲，同时能够在手机中存贮大量的信息。如今手机还可以支持更多音乐格式，可以支持与 MMC 同样容量但体积却小很多的各式存储卡。甚至音乐手机已经成为一个系列产品，可以单独列出一个子类。

12 月，爱立信响应了人们的这一呼唤 ——"流动数码助理"R380sc 开创了手机 + PDA 的先河，并为以后智能手机的发展拓展了思路。这款手机内存达到 700 多 K、支持 POP3 邮件、超大的触控屏幕、外置数字键盘的新式翻盖、支持名片式电话本等等特性，都为以后的智能手机指明了方向。

第一台家用运算的 CPU 频率只有 66 赫兹，而今智能手机的 CPU 动辄达400、500 赫兹，由此可以看到技术的进步是如此的飞速。当爱立信 R380sc 高擎智能大旗的时候，还没有追随者。而今却有数个智能手机操作系统携上百款智能手机昂首阔步行进在这条大道上。

2001 年

6 月 30 日，中国移动通信集团公司完全停止了模拟移动电话网客户的国际、国内漫游业务。

7 月 9 日，中国移动通信 GPES（2、5G）投入商用。

8 月，第一款将蓝牙功能内置的的手机爱立信 T39mc 问世，短距离无线通讯新概念被应用到了手机实物产品上。

8 月，爱立信 T68 做到了"精彩画面，手中重现。"虽然之前的西门子 SL1088 已经做到了 3 色显示，但是 T68 才是真正的彩色。256 色的画面在如今看来如此粗糙，但是爱立信最后的绝唱却在当时掀起了滔天巨浪，以至于很长一段时间，手机店都是将其封印在玻璃盒子中供人参观。

9 月底，我国手机拥有量达到 1.7 亿户，超过美国最新统计的 1.201 亿户，位居世界第一。

12 月 31 日，中国移动通信集团公司关闭了模拟移动电话网，停止经营模拟移动电话业务，曾经开创一个时代的模拟移动宣告终结。这之后，我国广泛使用的 GSM 技术采用窄带的 TDMA，允许在一个射频（即"蜂窝 &rdquo 同时进行 8 组通话。GSM 数字网也具有较强的保密性和抗干扰性，音质清晰，通话稳定，并具备容量大、频率资源利用率高、接口开放、功能强大等优点。

时尚手机新颖轻巧的造型，悦目多变的色彩，直逼得灰黑厚重的老派手机骤然失宠，特别是当手机的身价一降再降到两三千、一两千的诱人心动价时，买手机不再是了不得的奢侈，人们就开始挑剔长相和姿色，频频换上了新宠。这时，两三个月就有新款手机上市。各个厂家，一方面是"科技，以人为本"，一方面是"超越无限"，一方面是"清晰、自由、轻松……无所羁绊的交流空间"，各家都在共同追求小巧玲珑的"浓缩科技精华"，在功能上不断翻新。有关资料显示，2001 年上半年，国内市场手机主打机型就在 60 种以上，摩托罗拉、诺基亚、爱立信、西门子、三星等知名公司几乎把他们目前技术最先进、款式最新颖的手机都亮了出来，中国已成为手机时尚的舞台。由于中国是目前世界成长最快、潜力最大的市场，各大手机厂商的大多数产品从全球范围讲都是最早或较早在中国发布。以至于外电评论，"中国的手机消费者差不多总是吃到蛋糕最上面的那颗樱桃。"

与此同时，手机厂商还从对产品功能的鼓吹迅速转移到情感诉求。玲珑轻薄如彩蝶双翼的摩托罗拉"V"系列也以时尚感全力出击；最酷的是NOKIA8810，亮晶晶的银色推拉盖设计，像一只大号的打火机，可以放在高脚杯中。不带天线的手机也颇受欢迎。后来换机身都赶不上流行，干脆"彩壳随心换"了。上班时手机还是灰的，下班后去Party就变作鲜红，逛街换橙黄，周末郊游又成了翠绿、粉紫、宝蓝……扣上不同颜色的面板，手机就像芭比娃娃一样听话又时髦。还有无色透明面板，可以亲手打造独家绝版手机。正如手机广告说的："足以让你的个性张扬到夸张"。

手机不再只是单纯的通信工具，而已经变成一种生活的象征，因而也就与时尚联系在了一起。在中国，手机时尚的潮流是与世界同步的，甚至有点超前。2000年，当好莱坞明星们趋之若鹜、争相购买刚刚问世的V系列手机时，中国的大城市里也已经出现了这款产品的俏丽身影。无论是诺基亚、爱立信还是摩托罗拉，在中国推出的产品和广告都讲究时尚品位，要带给你"非一般尊崇的感觉"，演绎出"无线网络、无线人生"的自由与浪漫。

2002 —— 2006 GSM 数字网

2002 年

年初，摩托罗拉推出了世界上第一款旋转结构的手机 —— V70，一亮相，立刻令全世界惊艳不已。这也是自从1999年1月西门子SL1088将滑盖手机带给大众之后的手机结构设计的再次创新，从此，手机的外形设计增添了第五个大类 —— 继直板、翻盖、折叠和滑盖之后，旋转式设计方式将手机设计概念再次推向高潮。

174

4 月 8 日，联通新时空 CDMA 网络正式运行。

5 月 17 日，中国移动通信 GPRS 正式投入商用。

2003 年

上半年，中国移动用户总数达 2.34 亿用户，普及率为 18.3 部 / 百人。

7 月，我国移动通信网络的规模和用户均居世界第一，手机产量约占全球的 1/3，已成为名副其实的手机生产大国。

2004 年

摩托罗拉推出的 V3 将手机结构设计概念再次刷新 —— V3 的厚度为 13.9 毫米，那时候，手机虽然已经全面小型化，但是手机的厚度仍然保持在 2-3 毫米之间。摩托罗拉 V3 的这一创新一举将整个手机设计业界的概念带入了"刀片"时代。

⊙摩托罗拉推出的 V3

2005 年

9 月底，中国电话用户总数已达 7.1 亿，其中移动电话 3.7 亿户、固定电话用户 3.4 亿户。

2006 年

我国手机产量达到 4.8 亿部，比 2005 增长 58.2%；手机出口量为 3.85 亿部，占整体比重的 85%。

175

2007 ——— 2008   3G

3G 是第三代移动通信技术，是下一代移动通信系统的通称。3G 系统致力于为用户提供更好的语音、文本和数据服务。与现有的技术相比较而言，3G 技术的主要优点是能极大地增加系统容量、提高通信质量和数据传输速率。此外利用在不同网络间的无缝漫游技术，可将无线通信系统和 Internet 连接起来，从而可对移动终端用户提供更多更高级的服务。它能够方便、快捷地处理图像、音乐、视频流等多种媒体形式，提供包括网页浏览、电话会议、电子商务等多种信息服务。为手机融入多媒体元素提供强大的支持。

日本移动通讯巨人 NTF DoCoMo 已于 10 月 1 日开通全球第一个 3G 服务，目前，亚洲成为 3G 发展最快的地区。

2007 年

3 月底，中国移动共有 3.161 亿用户，是目前为止按用户数量计全球最大的无线运营商，而其中，北京移动的用户数量就有 1000 万之多。

9 月 14 日，信息产业部副部长娄勤俭公开表示，我国 3G 手机的技术研发和产业化已取得重大进展，基于 TD-SCDMA、WCDMA、CDMA2000 等三种 3G 标准的移动通信产品已比较完整，部分产品已具备国际竞争力。

这一年，我国手机销量达 1.5139 亿部，同比增长 26.9%。

诺基亚在全球销售第一款导航手机 N95。GPS 功能成为手机新热点。

2008 年

国产手机 OPPO 品牌曝了个冷门。到了今天手机已经能够上网、摄像、播放视频、音乐，功能几乎无可再挖掘的时候，OPPO 研发的 REAL 系列 T5 手机打破音乐手机技术上的瓶颈，应用了分别针对通讯功能和音乐功能的双重系统，在音乐格式上支持 APE 和 FLAC、视频播放上第一次实现无需硬件解码直接 RMVB 格式转换。这些足以让 T5 挑战声音的原本真音，音效堪比 CD 机了。T5 不但满足了在技术上由中国人实现了首创和领先，而且也打破了挑剔的人们对音乐手机音质的成见。

2008 年第一季度国内手机销量为 0.5260 亿部，全年手机销量预计是 2.452 亿部。GSM 手机占大多数，销量是 0.5 亿部。同时，第一季度 CDMA 手机市场总计只有 250 万部，TD-SCDMA 销量约为 6 万部。中国移动报告第一季度新增 2280 万个用户，中国联通新增 450 万个用户。这意味着 2008 年新增用户总数可能达到 1 亿人。

⊙OPPO 研发的 REAL 系列

手机销量比新增用户多，是因为许多人已经换了第二部、第三部、第 n 部手机，并且还在继续淘汰旧机型。

仅 2008 年 10 月，国内手机市场销售的机型就有 8150 款之多，当月新增机型为 90 款。

177

1978

1980

1985

1990

1995

2000

2005

200

第七章

电脑 从办公室走向家庭

早在 80 年代中期，电脑进入发展的轨道，大学开设了 Basic 语言课程。进入 90 年代，电脑由办公室逐步开始进入家庭。最早在家里使用电脑的是一批记者、作家和科技人员。平时以写作为业的文字工作者，电脑的快捷输入与编辑功能对他们最有吸引力，用电脑进行写作，逐渐流行。现在，北京的作家群中电脑的普及率达到 80%。

《中国知青梦》的作者邓贤回顾自己使用电脑的经历说：

我是在 1990 年秋末的一天，由一个朋友推荐迷上电脑的，原先并没有买电脑的打算，更准确地说是没有这笔钱，只是跟朋友演示看看，满足好奇心，谁知一看就不可收拾，我心里有个强烈的声音说：你不能没有电脑！……

开始使用电脑后，邓贤的写作速度由以前的每小时 1500 字提到 3000 字。他感觉到"生命内涵因此扩大了若干倍"，"比别人多活了一次"。

90 年代，多媒体技术的出现，促使个人电脑快速地发展起来。有专家说，80 年代是个人电脑时代，90 年代是多媒体时代。多媒体技术是集声音、视频、静止图像、动画等各种信息媒体于一体的信息处理技术，它可以接收外部图像、声音、录像及各种媒体信息，经过计算机加工处理后以图片、文字、声音、动画等多种方式输出，实现了输入输出方式的多元化。同时，多媒体电脑的操作也越来越简单化，这也有利于电脑的普及。有关资料显示，现在使用电脑的人当中，49.1% 的人是在自己的家里使用电脑，34.7% 的人既在单位也在家里使用电脑。这说明，家庭拥有电脑和使用电脑已经成为电脑使用的一大趋势。

1968 年

12 月 9 日，全世界第一个鼠标诞生于美国加州斯坦福大学，它的发明者是 Douglas Englebart 博士，设计

⊙世界上第一个鼠标

它的初衷就是为了使计算机的操作更加简便，以代替键盘繁琐的指令。

1976 年

世界上第一个 5.25 英寸的软驱诞生，这是由 Shugart Associates 公司为 IBM 的大型机研发的。后来应用在 IBM 早期的 PC 中。

1980 年

索尼公司推出了 3.5 英寸的磁盘。

1982 年

罗技公司发明了世界上第一款光机鼠标。

1984 年

罗技的第一款无线鼠标研制成功。

英国的 Adlib Audio 公司迈出了 PC 多媒体化的第一部，他们推出了第一款魔奇声卡，这款声卡的出现让 PC 拥有了真正的发声能力，不再是 PC 喇叭滴滴答答的声音。

1987 年

有一句话颇为流行："预测未来的最好办法，就是把它创造出来。"这句话是计算机界的大师阿伦·凯（Alan Kay）的名言。最早提出"PC"概念的就是阿伦·凯。在 20 世纪 70 年代的一份备忘录上，阿伦·凯还正确预言到，"20 世纪 90 年代将有成百万的个人计算机，而且都将连接到全球公用的信息设施上"，这就是今天的互联网。

9 月 20 日，中国高能物理研究所的钱天白成为中国上网第一人。他向德国卡尔斯鲁厄大学发出了中国第一封电子邮件，从而使中国首次实现了与 Internet 的连接，在当时的德国，接通 Internet 不过是两年前的事情。即使在整个欧洲，也仅仅是 4 年以前的事情。

1989 年

新加坡创新 Creative 公司推出了一款 SoundBlaster 声卡，声卡史掀开了新的一页，比起魔奇声卡，SoundBlaster 拥有 8bit 的采样大小和单声道模拟输出能力，真正拥有了数字信号的处理能力。

1994 年

平面直角显示器诞生，大多数的 15 寸显示器还在使用平面直角屏幕，还有少量显示器使用了柱面屏幕，这种屏幕在垂直方向已经实现了完全的笔直，而使用最多的纯平面屏幕，它在水平和垂直方向都是笔直的。

4 月，位于北京中关村的教育科研网 NCFC，以高速电缆和路由器实现主干网的连接，正式开通了与国际互联网的 64kps 的专线连接，并以"CN"作为我国的最高域名在国际互联网管理中心登记注册，同时向 NCFC 的成员提供全部的互联网络服务。至此，中国成为国际互联网络的第 71 个参加国，成为国际互联网络大家庭的一员。

1995 年

中国的电信部门开通中国公用互联网络 CHINA. NET。

这一年，电脑商在中国销售了 100 万台电脑，进入家庭的电脑已达 300 万台。国外大公司 IBM、AST、康柏、飞利浦、NEC 纷纷进驻中国。

1996 年

中国第一家网吧"卡萨布兰卡"在深圳蛇口开业。

1997 年

6 月 3 日，中国互联网信息管理中心成立。中国的网民有 67 万人。

10 月，中国的"三 W"网站有 1500 个。

1998 年

微软公司推出大众化电脑操作平台的最新版本 Win98。6 月 25 日午夜 12 点，美国最大的电脑零售超市 CompUSA 热卖了 Win98 操作系统 98 分钟，令中国的发烧友们望眼欲穿。9 月 1 日零点，一场名为"午夜狂飙"的首发热卖出现在中国的北京、上海、广州、成都、福州的连邦专卖店，当夜上海销售了 74 套，广州 58 套。

有一项统计表明，1998 年全球电脑游戏的销售额已经超过了电影的销售额。

计算机刚出现的时候，人们根本没有想到用电脑进行娱乐。最早是那些长期与电脑为伴的工作人员为了缓解工作压力，编制了一些极为简单的趣味小程序来娱乐。1970 年个人电脑 APPLE 系列机出现后，电脑的附属娱乐软件开始走进市场。最先出现的是一些简陋的动作、射击游戏。80 年代末 90 年代初，电脑游戏进入了黄金时代，多媒体技术的出现使游戏的声光效果达

⊙网络游戏《帝国时代》

到相当的高度，因特网更使得全世界的电脑玩家进行网上对抗成为现实。

随着各种硬件性能的提升和软件的改进，经过 10 多年的发展，电脑游戏已经成为与电视、电影比肩的一大产业。电脑游戏里的人生是虚拟的，体验却是真实的。

⊙网络游戏《大富翁》

游戏者可以在《帝国时代》里指挥千军万马，可以在《仙剑奇侠传》里领略情圣的滋味，可以在《大富翁》里挥金如土。每一局游戏的过关或是解开谜底，对电脑游戏迷来说，都是极大的享受。

电脑游戏可以说是生逢其时，因为 90 年代是一个电脑时代，在电脑上谈情说爱显得很时髦，电脑游戏自然冠冕堂皇。在各种电脑或游戏机专业杂志上，甚至在一般的杂志、报纸上，都开辟专栏解释电脑游戏攻略。名人们也喜欢凑热闹，接受采访时总是似乎漫不经心地透露自己现在玩什么电脑游戏。完全不懂电脑游戏显得落伍和乏味。有统计说，目前电脑在都市家庭中的拥有率已经达到 23.6%，但是用得最多的还是玩游戏。据统计，80% 以上的家用电脑经常被用来看 VCD 和玩游戏。中国正版电脑游戏软件年销售量近 300 万套，而同期的盗版游戏软件销售量可能是正版的 20 倍。

高科技的发展赋予了这种娱乐不可阻挡的魅力，有人预言，电脑游戏终将取代电视，成为新世纪的霸主。日本电脑文化评论家冈田俊男说："现在就是电脑游戏的年代"。有一本游戏软件杂志的封面上赫然写道："电子游戏是通往电脑世界的捷径"。作为一种新的文化消费形式，电子游戏在今后的大众文化领域将占有一个引人注目的位置。

1998 年前后，网吧业迅速兴起，从大中城市到一般城镇，网吧如雨后春笋，纷纷挂牌营业，尤其是省会城市异常火爆。先行一步的北京、上海、武汉等地，已发展至千家左右。

185

1978

1980

1985

1990

1995

2000

2005

2008

1999 年

2 月，中国"三 W"网站有 15153 个。

4 月 2 日，《青年报》发表了一篇文章，提出网虫的 12 条标准，虽近调侃，但也有一些意味：

（1）停电两小时就浑身颤栗，迫不及待地拿起电话，拨通 ISP 的号码，嘴里不间歇地模仿拨号上网时"猫"的声音，试图连通网络；

（2）上网查看电子邮件，屏幕显示："没有新邮件"，就再次上网检查新邮件。如果屏幕提示收到了新邮件，就再次上网，检查更新的邮件；

（3）被夫人埋怨只沉迷于网络，在被警告缺乏沟通和交流的婚姻是不牢靠的之后，大梦初醒，赶紧再买一台电脑。再申请一条电话线。从那以后，夫妇就在网上聊天，而且，夫人叫吃饭也发 E-mail。

（4）驾驶车子不慎，将要撞上路边的树时，反映奇快，赶紧寻找"后退（BACK）"按键；

（5）工资总不够花，所以打算兼职；时间总不够用，所以想辞职；

（6）无休止地在网上参加各种夺标竞赛，花上几天时间击溃所有对手以赢得印有某电脑厂商徽标的廉价 T 恤衫；

（7）每天早上起床后第一件事和晚上就寝前的最后一件事，就是上网和网友聊天；每天要关掉电脑时，要不就不甘不愿，要不就依依不舍。一旦把 MODEM 的插头拔掉，就好象和爱人分别一样痛苦；

（8）每次检查电子邮件时，如果没有新的邮件，就"自动"再检查一遍，没有的话又检查一遍，直到最后被迫自己寄一份电子邮件给自己；

（9）当朋友相托找件东西时，会毫不犹豫地对他说："去 YAHOO 找找！"

（10）电脑不能操作时为不能在 IRC 里和朋友聊天而叫苦不迭，却没想到给他们打电话；

（11）购物时，会情不自禁地问："有没有免费的东西可以下载？"

（12）至少有一项对全体网虫有贡献的发明创造，比如将家里的电脑椅改造成抽水马桶。

沉迷在因特网上的那一类人被叫做"网虫"。有一篇文章专门论"网虫"：

一般地说，网虫要到晚上9点以后才会打起精神。这时分，上网费开始打对折了，每分钟6分钱，虽说比起美国虫还很悲惨（他们每月20美金无限上网）。在这时候拨号很可能听见一串串忙音，假寐了一天的网虫们的猫儿纷纷在呼叫自己的INTERNET提供商。那悦耳的握手声往往难以出现。大大的虫还要稍等会儿登场，就同戏

⊙网虫

剧中的主角让跑龙套的先登场。等到大虫们上线，网上已经人声鼎沸了。先去信箱收取邮件吧，网虫一般先做这个。收信很容易，鼠标点上几点，那条蓝线就徐徐推进了。也许有10封邮件，也许有30封。如果订阅了新闻组就热闹了，它能一下子塞给你几百封信。下线读信。边看边把朋友的邮件回了，三言两语就行，网上通信不讲究有头有尾。再就看看新闻、热门话题、谈情说爱，还有股票或软件，反正五花八门什么都有，一律免费，就看你的阅读能力了。接着再进论坛转转，收点消息，和人争辩一番，网上说话比较没有顾忌。去聊天室一看，那些从未谋面但异常熟悉的网友们已经在了。他们每人有个怪怪的名字，在亲热地和你打招呼，顺便聊聊感兴趣的话题。正聊着，ICQ 阿哦一声，报告有人在想你了。ICQ 被称为网上呼机，弟兄们谁在线上一目了然。眼明手快的网虫们可以同时和五六个 ICQ 的朋友聊天，和一个人通语音电话，还捎带翻看 WWW 网页，真正是手忙脚乱。乱中出错也是有的，把给张三的信息发给了李四，大家笑一笑就过去了。在 ICQ 聊得热火朝天的，甚至暧昧今分的，其实一辈子都不见面。最后要做的事情是去看看有什么好的软件，把它收下来。边下载边浏览有趣的网站，网上没有国界。看着美女或野兽的脑袋一点点地挣扎出来，一直到脚。看远远近近的新闻，那个叫邦尼的加勒比海飓风哪里去了，那位姓克的先生日子还好过吗？网虫突然想到明天还要上班哪，一打瞌睡老板的脸

色比较难看。看看时间,已经4点钟了,这时的网路如同深夜的马路,畅通无比。可惜真的要下网了。和还要坚持的网友道别,Hi,明儿见,拜拜!猫咔哒一声断了线。照例看一眼记时软件,已经在线上6个小时了。飞快地心算一下,算上电话费,六六三十六元。心里有点疼。

这年12月,中国的网民达到890万。

网虫不是一般的电脑和网络爱好者,而是对网络的痴迷胜过所有人。按照上海的网虫们对这一身份的要求,网虫必须每天上网4个小时以上。

网虫们在网上创造了一个虚拟的网上社会,他们在网上聊天、交友、谈恋爱,发表网上文学,或者在论坛上高谈阔论。最有意思的是他们创造的网络语言。比如,进了聊天室,选择说话方式有公开的、秘密的。你对网友说,咱们秘密谈吧。这就露怯了,应该说"私聊"、"潜水",或者去"开房"。进了BBS,看见"欢迎你来灌水",就是让你发表意见,与之相应的还有"造砖"。"灌水"是随便写,"造砖"是用心写,光从写作费力程度的不同就可以看出两种写作方式的差别。网络的自由决定了语言的自由,网络的语言就是轻舞飞扬的,只要有借力之处,只要有好的原材料,网络就会以一种不可思议的速度让它蔓延扩散,它可能没有龙卷风那种气势,但优美,网络语言是一种不是秘密的语言密码,这些充满个人色彩与时代背景的密码,创意丰富,用途广泛。不断在网上"灌水"的好处是,不但满足了"e人类"的发表欲,还诞生了一大批颇有潜力的网络写手。

网上的新词可谓是"满天飞舞",如果你不了解网络语言,就很难被视作网虫中的真正一员。网上美女的称呼叫"美眉",丑女们被称为"恐龙"。如果再加上"肉食性"三个字,则表示长相丑陋的"泼妇"。网上还是拼音字母、英文字母简写的天下。这起初主要是网虫们为了提高网上聊天的效率而采取的方式,久而久之就形成特定语言了。如果有人在网上喊你"JJ",是指一个亲昵的称谓——"姐姐"。还有"GG"、"DD"、"MM"、是"哥哥"、"弟弟"、"妹妹"的意思。一到网上,大家不分男女老幼,一律冠以GG、JJ、DD、MM的称呼,这为原本冷冰冰的虚拟数字网络时代平添了一份温馨的亲昵。"FXD",是大名鼎鼎的网络评论家方兴东,"JQP"是姜奇平、"WSH"是吴士宏,等等,这些都是IT业的精英。"与XX的第一次亲密接触"来自网络文学,CAO、CBO、CCO、CDO……来自网络泡沫,网上失身、网络恋爱来自网络应用……我们天天看着 e 在面前晃动。于是，凡是和 e 同音的汉字都可以用它来替换。这也是"e 种创意"、"e 种时髦"、"e 往情深"、"e 帆风顺"、"e 外之喜"、"e 见钟情"，"忙了 e 天，也该歇 e 歇了"……

网上又是错别字的天下，而且这些错别字错得很可爱，错得让大家都能接受。"斑竹"说，文章写得好，会送你一些小"东东"。"斑竹"就是版主。"东东"就是"东西"。同样的，"我来乐"——"我来了"；"气死我乐"——"气死我了"；"菌男"——"俊男"；"霉女"——"美女"。网上也是数字的天下，因为数字远比汉字简单、方便。"7456"——"气死我了"；"886"——"拜拜了"；"687"——"对不起"；你真是"286"，那是说你脑子转得慢，像台 286 电脑一样。网上形象语言也很多，愤怒了，可以选择一个横眉竖目的脸谱发过去，心情好时，则可以选择哈哈大笑的卡通形象。

网络语言正真切地走进我们的生活，并为时尚又增添了新的内容。用作家陈村的话来说，这是中国文字改革的又一次浪潮。

微软与安捷伦公司合作，推出了 Intellimouse Explorer 鼠标，揭开了光学成像鼠标时代序幕。其中 Intellieye 定位引擎是世界上第一个光学成像式鼠标引擎，它的高适应能力和不需清洁的特点成为当时最为轰动的鼠标产品，被多个科学评选评为 1999 年最杰出的科技产品之一。

中国市场个人电脑销售量为 480 万台，与 1998 年相比增长率超过 20%，高于 1998 年的增长率。

2000 年

年底，CNNIC 官方的正式数据表明，中国互联网用户突破了 2000 万。

在互联网的带动下，2000 年的个人电脑的增长率超过 25%。

2000 年堪称网吧的膨胀年，直线下调的上网费给网吧成长提供了契机。从中心城市到中小县城，网吧如雨后春笋般出现在街头巷尾。北京的普及程度，更令人难以置信：在书店、复印社，在美发厅、服装屋，甚至在牛羊肉店内，隐蔽的小门后，都可能藏着微型网吧。一位不愿意透露姓名的中学生告诉记者：破旧的门面前停了许多山地自行车的场所，十有八九就是。2000 年网吧发展引人关注，还在于著名门户网站和大企业集团的涉足。

189

⊙设备先进的网吧

11月，中华网与飞宇连锁网吧商谈合作事宜。12月，新浪网发布消息，将在深圳、成都、上海等十大城市推展新浪网吧项目；联想 FM365.com 则在四大城市近 350 家网吧开展了网吧推广活动，其它网站也纷纷行动。以生产家具闻名的光明集团也进军网吧经营业，规划在全国建设 2 万个网吧。中国科学院中国互联网络信息中心发布的统计数据，为网吧的迅速发展做了注解：在全国约 2250 万网民中，20.55％的人主要在网吧上网，而在中小城市这一比例更高。

正像其他新生事物产生之初一样，网吧也将一大堆麻烦摆到我们的面前。武汉市公安部门调查显示，进入网吧的以大中小学生为主，约占 70％，大专院校周边可达 90％，年龄主要分布在 18 岁至 25 岁之间；郑州原点市场研究有限公司的调查数据显示，被调查的 3000 名大中学生中，曾光顾色情网站的占 46％，热衷聊天室的占 76％，选择玩游戏的占 35％，只有不到 20％的学生上网是搜索信息、下载软件。全国网络文明工程组委会副主任徐文伯谈到，由于缺乏网上管理经验，造成网上出现一些虚假信息，一些语言粗俗、格调低下，网上恋情不负责任，对青少年精神世界带来消极影响。面对家长和社会的诸多谴责，一些有识之士认为，一味地指责限制，只能更加陷于被动。网吧中的问题是发展过程中出现的问题，应该全面客观地分析问题产生的原因，有针对性地提出解决问题的办法。北京飞宇公司总经理王跃胜说，网吧一些负面问题固然存在，但不能因噎废食。许多青少年尤其是大专院校学生就是在网吧中第一次触网，并逐步掌握了网络技术，这对推进信息化进程、普及网络知识，起到了重要作用。网吧是个新生事物，作为网络经营场所，只要管理、防范措施得当，完全可以将负作用减少到最低程度。

2001 年

4月，《国务院办公厅关于进一步加强互联网上网营业场所管理的通知》下发后，北京市立即出台了清理整顿措施，明确规定：上网服务营业场所，电脑数量不得少于 20 台，中小学校 200 米内禁止设立网吧，要求所有网吧必须在醒目位置张贴上网公约和未成年人限时进入警示标志。

2002 年

中国网民已达到 6000 多万，成为仅次于美国的第二大互联网市场。

对于大多数人来说，上网并不是仅仅为了追赶时髦，而是因为上网具有十分强大的功能。电子邮件、获得信息、网上交友、网上求学、网上购物、网上求医、网上游戏等等，无所不包，应有尽有。电子邮件是一种快速的通讯方法，通过电子邮件一般可以在几分钟内将图片或文稿快速地传到收件人那里，就像科幻电影里有超人神助一般，不论在国内还是在海外，比普通传真还要方便迅速，并且费用低得多。上网的一种最广泛的用途就是下载网上信息，这为收集和采集信息提供了方便快捷的途径；所以网络也被称为"第四媒体"，这说明它对待信息的迅捷性和影响的广泛性远远超过了传统媒体。电脑上网使喜欢交际的人又多了一种交友的方式。无论身在何处，网上成员的交流和沟通就像和邻居打招呼一样简单；方便快捷的电子邮件使网上的祝福格外令人感动；电子游戏可以和朋友在休闲时一起玩一玩；许多网站都设有聊天室，上网的人可以随时地自由自在地发表自己的见解。上网可以把包罗万象的学校搬回家，有小学、中学、大学，甚至还有研究生专业培训。网上学校是网络技术和新型教育的完美结合，是一种全新的、汇集了优秀教师和电脑高级人才智慧的基地，集知识性、趣味性于一体的交互式教学模式。进入这类学校，完全可以个人的兴趣和爱好选择自己喜欢的学校和科目，不受时间和空间的限制。一家远程教育教学网声称："远程教育使我们的学习和生活发生了革命性的变化，我们不能简单地把它视为计算机之间的连接，更主要的是它为我们提供了一种全新的学习方法和新的生活方式。"此外，网上商店、网上书店、网上售票、网上旅行社等全新的信息把传统的经营和服务洗刷一新，时间和空间的距离被压缩成了网上的一瞬间。网络医院也是未来医院的一种发展模式，通过网络，可以实现异地专家会诊，实现远程遥控门诊，患者坐在家里就可以得到著名专家的会诊，得到及时治疗。

2005 年

5 月底到 6 月初，英特尔和 AMD 相继发布双核处理器使得双核 PC 市场骤然升温。个人电脑的发展速度一直验证着很多年前的那个"摩尔定律"：电脑微处理器的性能每隔 18 个月提高一倍，而价格下降一倍，或者说，用一美元所能买到的电脑性能，每隔 18 个月翻一番。如果普通消费者对这个定律还不太明白的话，一定知道 286、386、486、586 或者奔三、奔四、奔五这样对电脑最通俗的称呼。实际上，即使 586 或奔五这样的称呼，也已成了旧概念，现在比较流行的叫法是酷睿，即双核，也就是说，电脑已有了两个心脏，处理能力比早年的 286 不知强多少倍了。

2006 年

我国的计算机产量达 9336.4 万台，比上一年增长 15.5%。

2007 年

在中国已成为全球重要电脑市场的今天，电脑巨头们往往把最新的电脑设

⊙电脑生产车间

计思想和趋势应用到这一市场。从国内外企业最近发布的产品来看，个性化数字娱乐和豪华高端台式电脑正成为厂商开发的着力点。国内电脑市场在经历了一系列同质化与低价的风潮后，豪华与高端台式电脑的发展势头今后将越来越明朗。

从注重个性化、娱乐化到高端化，越来越多的用户不再只把电脑当作上网、工作的工具，而是对电脑的功能提出了更多要求，这将促使厂商加快开发、设计，从而进一步丰富电脑产品市场。

2008 年

市场调研机构 Forrester Research 最新的一份报告称，到 2008 年年底，全球 PC 使用量将达 10 亿台，2015 年时，这一数字将增长至 20 亿。Forrester 表示，近年来个人电脑的发展进程可以用"神速"二字来形容：当全球个人电脑使用量达到第一个 10 亿数量级的时候，所用的时间为 27 年，但当达到第二个 10 亿的时候，仅仅用了短短的几年时间。

193

自从痞子蔡和轻舞飞扬在网上"第一次亲密接触"之后,网恋成了许多 e 人类追逐的一个梦想,在这张恢恢大网中,网恋故事在不断上演。

网恋的美丽,在网上一篇非常流行的小说《第一次亲密接触》中表现得淋漓尽致,这篇小说细致入微地刻画了网上恋情的温柔缠绵、凄婉动人和惊心动魄,其中的男女主人公(痞子蔡、轻舞飞扬)也早已成为网上爱情追寻者们心目中的白马王子和梦中情人,他们的形象和名字深入人心,广为流传。不少人通过网上聊天和电子邮件的方式结交了若干异性朋友,其中不乏有谈得十分投机的。

网恋为什么会这样动人呢?首先,距离会产生美。网上的恋人,一般相距遥远,有的处在两个城市甚至两个国家。通过电脑屏幕,看着一个远在天涯海角的人向你倾诉火热的感情,那份新鲜和感动,远不是坐在公园的长凳上可以体验到的。网络中,在南京要认识一个三亚的人比认识隔壁公司的人容易多了。同时,由于相距遥远,见不到面的双方在表达爱情时就更加热烈奔放,就能把所有想到的挂念、关心或者自己的心事和不愉快毫无保留地通过网络传递过去。网络所营造出的宽松的环境,为爱情的发展提供了最好的土壤,也使原本羞涩的人敢于表达自己的感情,因而从根本上提高了网上爱情的质量。从某种意义上说,网上爱情更浪漫。

与现实生活中的爱情相比,网恋难以涉及到房子、收入等生活中的具体问题,双方很容易全身心地投入到二人世界中去。这种天堂般的环境,真正恢复了爱情的本来含义,从这个意义上来说,它类似于发生在大学校园里的爱情,在一种远离世俗的气氛里,爱情当然要绽放出比现实生活中更鲜艳的色彩。

尽管恋爱的双方甚至连面也没有见过,但是在感情的交流上,有时它要比生活中的感情交流还深刻得多。没有生活中可能遇到的种种问题,有时也明知道这种爱情不会有结果,网上恋人间的感情交流往往直抒胸臆,没有任何隐瞒。在生活压力日甚一日的现代社会,这种感情交流无疑起到了宣泄情感、缓解压力的作用。

我们有时会很无奈地感叹:深层次真诚的交流,在现实生活中已经很难找到。正是我们所渴望的这份真诚,使网上爱情变得更加灿烂。还有最重要的一点,双方设想的网上恋人的形象与他(她)本人实际生活中的形象是有差别的。

由于缺乏任何实际的接触，恋人们往往只靠网上聊天的直觉和自己希望的形象来描绘对方，潜意识中为对方赋予了许多美好的特点，自己心目中的爱人往往聚集了古往今来一切爱情传说中的最美好的优点。这种情况下，爱情也就格外优美。

同时，在真正投入网上恋爱的人中，大多数是年轻人，年轻人爱幻想的特点，也为网上爱情增添了更美丽的色彩。这些就是网恋格外美好的原因。但是，值得每一位网上恋人注意的是，我们所说的只是网络上的爱情，在网上，它是美丽的，但它不能一直在网上，所以，它不可能一直美丽下去。

网络爱情的发展不外乎两种结果：一种是在网上无疾而终，这未必是件坏事，因为你可以永远拥有一份很美好的回忆。二是继续发展到网下进行，成为现实中的恋人。如果双方没有充分的心理准备，那时你可能会发现这个他（她）不是网上的那个他（她）了。这也是很正常的现象，从本质上讲，不管一个人网上所显现的形象多么好，他（她）都是现实生活中的人，和你我一样普通的人。有你我一样的优点和缺点，所以，不要对你网上的恋人希望过高，他（她）可能就是公共汽车上坐在你左边的那个不起眼的男人，也可能是马路上那个穿着俗气却骄傲的女人。当然，也还有另外一种情况：你的网上恋人在现实中真的是一个你要找寻的人，那你就该请大家喝一杯了，因为你有了和《第一次亲密接触》中男女主角一样的境遇。真诚地祝福你，因为童话真的在你身上变成了现实。

网络的出现，无疑给年轻人提供了更方便快捷高效的爱情方式。不过，交往范围的扩大，也提高了网络恋爱的风险。现实恋爱，由于与交往对象有极其多的现实接触，当事人双方就会有更多更全面的了解，特别是父母朋友等现实关系的介入，都使交往的责任感更大，恋爱行为更慎重。而在网络中，这些约束都没有。和你谈情说爱的那个人，如果他（她）不愿意说真话，你其实对他（她）完全一无所知。而人在陷入感情之中时，常常失去对对象的客观判断力，这给利用网络玩弄感情的人甚至一些不法分子提供了机会。通过网络交友谈情，达到骗财骗色目的的犯罪已经见诸于各种报道。玩神秘的游戏有刺激，但必然增加了游戏的风险。

195

第八章
盛世收藏热

1978
1980
1985
1990
1995
2000
2005

⊙铜鎏金绿度母坐像

在历史上，中国人对于收藏古玩字画的偏爱数千年没有中断。在这期间，形成了全国性的三次收藏高潮：第一次是在宋朝，第二次是在清朝康熙乾隆年间，第三次是出现在清末民初。改革开放以来，我国的经济向好，社会安定，收藏品交易市场蓬勃兴起，文物艺术品拍卖价位迭创新高，企业也争相介入收藏品市场。所以，中国历史上第四次收藏高潮已经来临。

在"文革"以前就已经有收藏活动，当时最热门的收藏是集邮。1955年出版的《集邮》杂志报道了中国集邮公司开业的情形："1月10日，集邮爱好者盼望已久的国营中国邮票公司开始营业了。这一天虽然不是星期天，但是，北京东安门大街77号中国集邮公司的门市部里都挤得满满的，其中有歇班的工人、有中国人民解放军战士、有戴着红领巾的少先队员、有年轻的中学生，还有穿长袍的老先生。"结果，当日的邮票很快卖完，许多排着长队的邮迷只好领了"号牌"，被告知改天凭牌来取邮票。邮政总局临时调派增加人手赶制邮票，还惊动了部长。这一年的10月，上海集邮分公司开业的当天也出现了相似的场面，原来计划逐日发售的1万份邮票价目表，第一天就卖掉了9000份 —— 集邮爱好者之多之广令人始料不及。中国集邮史上真正大众化的时代到来了。"文革"前17年中参加集邮的人数没有确切的统计数字，但是全国的集邮公司却从1955年的9个猛增到1959年的230个，销售收入也翻了八九倍。为了满足集邮爱好者的需要，邮电部曾下令再版一批邮票，包括纪念邮票13套和特种邮票3套，每枚的印量都有250万，比原版增多了六七倍。

199

　　"文革"刚一结束，收藏就又重新开始了。最开始收藏的还是邮票。

　　1977年4月15日上午8点，400多名集邮爱好者聚集在广州邮票分公司门前，他们自觉排好队，等候开门营业。这天，该公司出售的是盖销纪念、特种邮票专册、小型张连套票、单枚纪念特种邮票四方连等9种集邮品。开门营业后两个小时，1000多套（册）邮票便一售而空，价格200多元的盖销纪念、特种邮票专册，竟也有近百人购买。这些购买邮票的集邮爱好者，多数是工人、干部，也有工程师、教师和学生。据邮票分公司统计，15日这一天的营业额达15000多元。广州邮票分公司复业一年里，共销售特种邮票、纪念邮票28种，37万多套，此外还销售了大量的首日封、纪念品及邮摺、邮册等集邮用品，总营业额达120万元。

　　1980年1月的一天，停刊14年刚刚恢复出版发行的《集邮》杂志编辑部里，一位来访的读者失声痛哭。原来，"文革"中，他因集邮被打成了反革命，十多年里受尽屈辱，前不久才得以平反。如今看到集邮恢复，《集邮》杂志又出版了，不禁喜极而泣。《集邮》杂志的复刊号上发表了长篇文章：《集邮是人民文化生活的需要》，打消了爱好者们心中的顾虑，这项本来曾广泛流行的休闲活动重又火爆起来。各地的邮票公司和邮票协会迅速恢复，各种规模的大小邮展上参观者络绎不绝。集邮册和邮票夹成了商店文体柜台上的抢手货。当时，同学毕业、同事工作调动，甚至亲戚朋友结婚，买本漂亮的集邮册作纪念品或贺礼，十有八九会大受欢迎——即使他本人用不着，家里也准会有个弟妹或者亲戚什么的是集邮迷。据统计，1980年全国各地集邮协会的在册会员是1万多人，到1990年，这个数字已经变成了88.9万人，集邮爱好者从十几万增加到800多万，这还只是个很粗疏的统计数字。起初，集邮迷们是从亲戚朋友同学同事的来往信件中剪邮票。80年代初的收信人常常会发现自己的信件上被开了个天窗——邮票不见了，他们见多不怪，也不生气，知道准是哪个性急的家伙不打招呼就把邮票给"集"走了，不久，邮票公司开设了新邮预订业务，各地的邮局或文化宫门口，星期日也出现了自发的邮票交换集市，加上不少集邮组织不时组织展览、讲座，集邮迷们变得"专业"起来。集邮，成为80年代休闲生活中颇有气势的一道景观。

　　80~90年代，收藏逐渐发展成为一种民间自发的具有广泛社会性的热潮。各地大小城市不仅成立了多种门类的收藏组织，出版了多种门类的收藏杂志，而且古玩市场和艺术品拍卖行也纷纷建立起来，各种民间收藏馆所、收藏沙龙、收藏展览，都办得红红火火，有声有色。尤其是嘉德、荣宝斋、朵云轩、瀚海等文化艺术品拍卖行的锤声，把海外收藏家也吸引过来了。目前，全国各地通过 6 个层次，形成了收藏品市场。这 6 个层次是：国家文物商店、集体个体商店、收藏品的赶场、摆地摊、茶馆、个人家庭之间的交流。据不完全统计，目前全国从事文物收藏的人数多达 7000 万人。若按"家家户户收藏"、"自觉不自觉收藏"计，收藏者不下数亿。仅四川省就有将近 30 万人在从事各类收藏活动，其中收藏品价值较高，收藏积极的约有 5 万多人。目前，四川省收藏家协会有会员 200 多人，其中有教授、大学生、企业家、工人、农民等。年龄最大的 81 岁，最小的只有 15 岁。上海有全国规模最大的收藏大军，90 年代初时，民间收藏已达 130 个种类，人数超过 10 万人，已经有 25 家家庭博物馆。在苏州，1993 年，一批个体户在城西的吴趋坊开出了第一条古玩街，60 余家古玩店掀起了收藏热，大街小巷的各种古玩地摊更是数不胜数。从各式古钱到领袖像章，从旧书到电话磁卡，从烟灯烟枪到各种印花证券，从各种手工艺品到知名不知名的大小画家的作品，都有人专门收藏。

困扰收藏者的普遍难题是真伪辨别和价值判断。随着收藏热的出现，形形色色的假冒古董古玩，成为了都市街头地摊上随意可见之物。这些假古董的制造者利用一些人古董鉴别知识的欠缺，制假贩假，捞取了数额巨大的不义之财。

目前，收藏活动的范围十分广泛。到了 90 年代，原本一支独秀的集邮此时已经衍生成包罗万象的收藏了。收藏专家四处涌现，私人收藏博物馆也有了几百家。除了传统的名人字画、古玩、古瓷器、珍稀古籍等文物外，几乎人们能够想到的一切东西都有人收藏。有人写到当今收藏的范围：

"今天的收藏者，从收藏火花、邮票、烟盒、书籍、书画作品、钞票，已经到了收藏几乎所有东西的地步了。现在有收藏蝴蝶标本、香水瓶、拖鞋、汽车模型、家具、电话磁卡、旧粮票、刑具、刀具、钢笔、手表、旧报纸杂志、眼镜、金银首饰、旧照片、衣物、头发、骨骼、牙齿、钱币、石头、沙子、名人遗物、录象带、CD、VCD、名酒名烟、水晶、钻石、垃圾、电视、动物皮、铜器、铁器；等等等等的收藏者，在城市中几乎是一个小军队。常常你一不留

201

心就会碰到一个收藏者，他和你聊起来肯定就是关于他的收藏。"

　　收藏的首选是包括字画古籍在内的文化艺术品，这类藏品不但格调高雅，也越来越为收藏家所青睐，而且由于它几乎肯定会随着岁月的流逝而快速增值，所以，它自然成为收藏者的主要投资方向。古典家具也成为人们投资的新热点。明清家具代表了中国古代家具制造的最高水平，是我国传统艺术的一项突出成就。但是，由于年代久远，现有的存世量很少，所以十分珍贵。投资古典家具的收藏风险小、增值快、获利大。1978年，一对明式黄花梨木圈椅售价才80元，现在已经卖到10万元；一张清代红木雕花八仙桌原仅售50元，到1985年时卖200元，现在一万块钱只能买到料很小、修配过的八仙桌。古钱币也是收藏的一个热点。在不少城市的文化市场或收藏品地摊上，可以见到各式各样的古钱币：贝币、刀币、"开元通宝"，乃至小钱、铜板、银元。"袁大头"银元和"金圆券"、"关金券"，人民币的纸币和硬币的不同版本，都在收藏者的视野之内。此外，现代名人字画、近现代钟表、老式照相机、收录机、香烟牌子、火柴盒、月份牌，甚至纽扣、火花、钥匙、算盘、筷子、易拉罐、汽水瓶、邮币卡等，都成了收藏品。60年代发放的各种票证，如粮票、布票、烟票、盐票、油票、棉花票等等，也成为收藏的一个热点。文革时期的各种毛主席像章、各种版本的《毛主席语录》以及其他文革物品，都在收藏之列。

　　在山东省阳谷县，有一位叫布建芳的医生，号称"世界集纽扣大王"。目前，布建芳已藏有208个国家和地区的古今各式纽扣8万多枚。据1994年出版的《实用收藏知识全书》记载，世界纽扣之王首推美国的查曼女士，她藏有各国、各个时代的各色纽扣2万多枚。1996年，布建芳在家里办起了世界纽扣展览室，据说这是目前世界上纽扣收藏种类最多、也是我国唯一的一个纽扣展览馆。布建芳的展品分为纪念、标志、珍贵、奇型、古老、孤品、大小、质地8大类别，其中质地类分为玉石、钻石、玛瑙、珍珠、贝壳、牛角、骨、竹、木、布、革、瓷、塑料、有机玻璃、玻璃、金属16个类别。布建芳还撰写了《纽扣的历史》、《扣的发展变化》、《扣的分类》等十几篇文章。有关专家认为，布建芳的纽扣收集与研究，填补了我国的一项空白。

　　天津民间艺术家霍学正被上海大世界吉尼斯总部认定为世界上收藏琢玉最

多的人。霍先生一生爱玉，琢玉，更爱收藏各类玉器，与玉结下了一生情缘。据新华社报道，霍先生 20 多岁开始琢玉，一干就是几十年，他的工作室里摆满了他亲手雕琢的翡翠、孔雀胆、白玉、珊瑚、象牙、玛瑙等珍贵玉石。从 1960 年至今，他雕琢和收藏的工艺摆件、挂件、仿古制品、首饰玉器等达 3 万件，其作品还被国内外广泛收藏。

近年来，我国的艺术品拍卖、民间收藏市场持续火爆，已成为继股票热、房地产热之后的第三大投资热点。从 2004 年到 2005 年，中国艺术品市场进入一个高速发展的时期，拍卖场院次和上拍数量出现了非理性的暴涨。这意味着，中国艺术品市场的属性有了根本性的转变，即艺术投资的理念和方向由收藏性向投资性急转。"艺术品收藏将成为最赚钱的投资产业"—— 半个世纪前美国《财富》杂志做出的断言，正在我国得到印证。

让我们将目光拉到 80 年代初，那时中国历史博物馆入藏孙然家数十幅元、明、清名家精品，包括倪赞《水竹居图》不过 20 万元，故宫博物院以 25 万元入藏元黄公望《溪山两意图》便是令人咋舌的天价了。2008 年 10 月 18 日，在四川苏富比拍卖有限公司的拍卖会上，曾搭乘"神六"遨游太空的《长征万里图》起拍价 325 万元，最终以 5500 万元的天价拍卖成功。

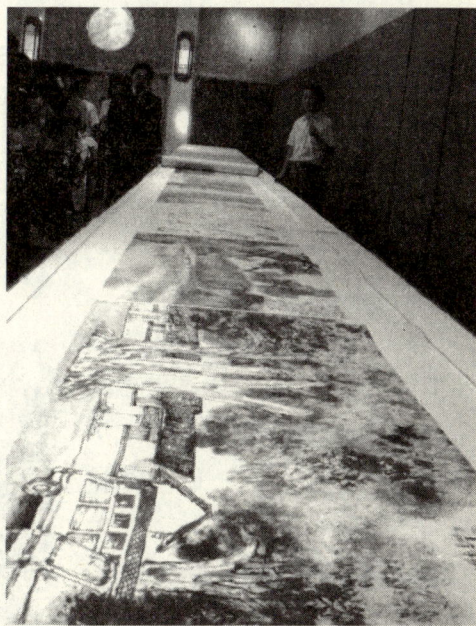

⊙《长征万里图》

1991 年

潘家园旧货市场雏形诞生。这是由各个摊户自发形成的"马路市场"，俗称"鬼市"。

203

1978
1980
1985
1990
1995
2000
2005
2008

1978~2008
中国流行文化三十年

⊙《浔阳遗韵》

潘家园位于北京朝阳区东三环南路，其"旧货市场"的面积有6、7个标准足球场那么大，号称全国最大的旧货、收藏品、民间工艺品市场，也是亚洲最大的旧货市场。现在有3000多个固定摊位，占地面积为4.85万平方米。

在国内油画拍卖市场中，通常将1991年作为油画市场发展的一个分水岭。因为在这一年的香港佳士得秋拍中，陈逸飞的《浔阳遗韵》以137万元港币创下中国油画拍卖的最高记录。这不但使国内收藏家看到了中国油画的市场潜力，而且也使国内外油画市场开始渐入佳境。

1993 年

8月8日，"劲松民间艺术品旧货市场"扩建，地点离"潘家园旧货市场"很近，之后改名为"北京古玩城"，而"这不是一个简单的称谓问题。"业内专家评说，让"古玩城"的金字招牌堂而皇之地竖到了楼顶上，出现在文物、工商部门批准颁发的经营许可证上，"这无疑是对中国现行文物专营体制的突破。""北京古玩城"成为了一个"样板"，许多地方纷纷效仿。一时间，以"古玩"作称谓的市场涌现出许多。

⊙古玩城一角

1995 年

潘家园街道办事处陆续投资 350 万元人民币，开发了现址，引导摊贩腾开马路进场，并正式定名为"潘家园旧货市场"。

1997 年

7 月 9 日北京另一处颇有人气的古玩市场 —— 报国寺市场正式开业，并举办首届国际钱币展。

1999 年

4 月 30 日，北京报国寺全国票证门券交流活动吸引了全国各地数千名收藏爱好者，一些珍贵粮票、布票的成交价格高达数千元。

9 月 23 日，在中国书店举办的连环画专场拍卖会上，上海新美术出版社出版的一本连环画《白蛇传》，以 2000 元价格成交。

12 月 18 日至 19 日，在武汉举行的大型连环画交流展示拍卖会上，一套 50 年代初由上海美术出版社出版的 60 开本《三国演义》连环画以 1.7 万元的价格成交。

2000 年

京、津、沪、穗等地艺术品拍卖都保持了良好的上升趋势，北京翰海、中国嘉德和上海朵云轩继续占据主导地位，3 家全年总成交金额逼近 5 亿元大关。

4 月 27 日，上海图书馆举办隆重仪式，迎接清代著名学者翁同和家族世代珍藏的 80 余种珍贵古籍入藏该馆。这批古籍是以大约 500 万美元的价格入藏上海图书馆的。

5 月 1 日，保利集团、北京文物公司在香港举办的中国文物拍卖会上，以近 5000 万港币巨资收购了 4 件圆明园的珍贵文物。

205

1978
1980
1985
1990
1995
2000
2005
2008

1978~2008
中国流行文化三十年

5月6日，在天津蓝天拍卖行主槌的"天津文物公司春秋展销会"拍卖专场上，一只4.8厘米高的清代乾隆胭脂红珐琅彩鼻烟壶以242万元的价格成为身价最高的鼻烟壶。

6月，国家邮政局联合国家工商局颁布了《集邮市场管理条例》，同时又出台了一系列政策。宏观调控、总量适度的发行政策让邮市朝着规范化和成熟化发展；从6月起，国家邮政局在全国范围内开始大量销毁不适用面值的邮票及1992年到1998年超库存的邮票，这是我国邮政史上最大规模的一次销毁邮票活动。下半年邮票发行在上半年压缩的基础上又进行了调整。

10月30日，在香港苏富比举办的秋季艺术品拍卖中，一只明代嘉靖五彩鱼藻纹罐以4400万港币的成交价格，刷新了中国瓷器的拍卖记录。

11月3日开幕的上海艺博会，拒绝艺术家以个人的身份参展，画廊成为参展主体，占参展总数的70%以上。北京、广州的艺博会，画廊的参展数量也较往年有大幅度增加，标志着我国一、二级艺术品市场已进入正式接轨的阶段。

据不完全统计，2000年国内经营艺术品的画廊已超过2000家，创历史最高记录。其中仅上海一地就接近400家。这些新出现的画廊以经营当代画家的作品为主，大多采用代理、买断、代销等经营方式，专业水平大幅度提高，经营方式也更加规范。

11月6日，在中国嘉德2000年秋季艺术品拍卖会中国古代书画专场中，宋徽宗的《养生论》，以990万元的价格创造了中国书法作品的最高记录；

11月6日，在北京荣宝2000年秋季拍卖会上，李可染的《万山红遍》以501万元的价格创下了这位大师作品的最高价格记录。

11月7日，上海浦东联洋土发展公司与法兰西画廊初步签约，雕塑大师罗丹的一件《思想者》铜雕落户上海。

11月19日，徐悲鸿油画名作《愚公移山》以250万元的价格在嘉德在线拍卖网上成交，创下了艺术品网上交易单件作品的最高价位。

据统计，2000年我国邮币卡电子商务网站大约有60家左右。由于邮品钱币体积小、价格低，因此网上交易比较活跃。例如"中国集邮在线"每天点击人数达7000人左右，邮品的成交额每天在1万元左右。

12月10日，大连万达集团玥宝斋在北京翰海2000年秋季艺术品拍卖会上，以440万元收购了一幅清代著名画家八大山人的《孤禽图》。实力雄厚的企业收藏机构进入收藏领域，是2000年国内艺术品市场的一个亮点。

12月16日，由上海博物馆艺术品公司同上海文物商店合资建立的上海敬华艺术品拍卖公司正式挂牌成立。

2001 年

随着上海敬华2001年12月15日秋季拍卖会收槌，中国大陆2001年文物艺术品拍卖市场落下了帷幕。北京翰海、中国嘉德、上海敬华、中贸圣佳全国四个最大的拍卖公司，一共成交拍品7800件，成交总金额58715.8万元，远远超过2000年的35161.4万元，创造了历史最高记录。

北京翰海全年一共成交文物艺术品2527件，成交额22329.1万元，在全国独占鳌头。他们春季推出的雍正《青花釉里红云龙纹大天球瓶》，以1045万元成交，在海内外影响颇大。中国嘉德全年成交拍品3374件，成交额14359.3万元，全国名列第二。他们推出的傅抱石《秋谷飞瀑》，以671万元成交。中贸圣佳公司只推出一场大型拍卖会，成交拍品369件，成交额4771.8万元，名列第四。其中陆治《云川图》，1995年在中国嘉德公司第一次拍卖以93.5万元成交，此次成交价为605万元，五年增值五百万元，给艺术品收藏者增加了信心。

2001年清代瓷器创下的拍卖成交记录，意味着国内清代瓷器投资空间的扩大，也为投资者提供了更多的选择机会。

前几年，艺术品拍卖市场上基本上都是由乾隆粉彩官窑创造高价位，雍正瓷器出现得很少。两三百万元，在当时已经就是很高的价位了。而在2001年里，雍正瓷器把瓷器拍卖价位从几百万元，一下拉高到1000万元左右，对投资者来说，雍正瓷器和乾隆瓷器的价格空间就有一个很大的想象力。

2002 年

10月28日，第9届全国人民代表大会常务委员会第30次会议表决通过了《关于修改中华人民共和国文物保护法的决定》。新法规定，公民只要通过

1978~2008
中国流行文化三十年

合法途径（依法继承赠与、文物商店购买、从经营文物拍卖的拍卖企业购买、公民个人合法所有文物相互交换或依法转让、国家规定的其它合作方式）获取的文物均可依法买卖流通。这样就使得长期处于地下状态的私人文物市场，可以光明正大地做"阳光下的交易"了。

2004 年

全国收藏类期刊层出不穷，都市报纸收藏版争奇斗艳，央视艺术品投资节目收视率直线上升，这一切都为普及收藏知识、培育收藏市场、壮大收藏队伍做出了贡献。加上遍布全国的收藏组织、国有博物馆、私立博物馆举办的各种活动所产生的社会效应，大批酷爱收藏的名人明星效应，有力地推动了艺术品收藏市场的蓬勃发展。

据不完全统计，此时，我国艺术品收藏投资者人数已超过 7000 万，占全国人口的 6%，中国艺术品拍卖成交额比 2003 年增加两倍多，年交易额达到 200 亿元左右。根据中艺指数显示，04 年全年指数从 1132 点上涨至 1498 点，涨幅约 32%，全年仅书画市场的成交额就达到 96 亿元人民币。

这一年，全国拍卖公司共进行了 300 场次的拍卖会，上拍数量超过 20 万件，成交总金额近 60 亿元。

苏富比的香港春拍中国艺术品及珠宝等成交额达 4.45 亿港元，比上年的秋拍增长了 28%，创历年之最。一位南方的民营企业家在中国嘉德春拍会上以 1650 万元买下吴昌硕的《花卉十二屏风》。中国嘉德的春拍入账 3.6 亿元，再次奠定了其在国内拍卖市场中的"霸主"地位。翰海春拍会上，当代国画大师陆俨少的《杜甫诗意百开册》山水画册创造了 6930 万元的天价纪录。

年初，1989 年下达的四部委文件因与《新文物法》相冲突而被取消，该文件赋予个人在一定范围内购销文物的权利也被随之取消了，而这是私营文物卖家们的立身之本。在相当长一段时间里，中国法律有明文规定，民间不准涉足文物交易。1982 年公布实施的《文物保护法》中有着这样的表述：私人收藏的文物可以由文化行政管理部门指定的单位（即国有博物馆和国营文物商店）收购，"其他任何单位或者个人不得经营文物收购业务，"这彻底封死了民间一切文物流通的渠道，因此，它只能处于"地下"状态，得不到法律的承认和保护。

年末，全国第一家有民营成分的股份制文物公司破土而出，私人经营文物通过公司化进而实现了合法化。

古玩市场、画廊市场与拍卖市场在艺术市场中三足鼎立。

7000 万的艺术品收藏大军，其数以亿万计的藏品除了部分来自大小拍卖会外，更多来自于古玩市场"淘宝"。古玩市场呈燎原之势，燃遍全国各地。各地在恢复旧有的古玩市场同时，还建起了许多新的古玩市场。

古家具颇受人关注。以北京为例，除北京古玩城在大钟寺开辟了古家具城之外，高碑店还开了一家占地 6 万平方米、迄今全国规模最大的古家具市场——古典家具民俗园。在古家具的带动下，许多地方的仿古家具行情渐涨。

2000 年初露苗头的文革物品收藏和投资在 2004 年终于火爆登场。首当其冲的是潘家园建立了交易面积达 3000 平方米的文革文物为主的现代收藏品专业市场，近 100 个店面供不应求，来自全国十多个省市的上规模的文革文物收藏者入驻。月成交额达上千万元。

10 月在北京举办的全国徽章及现代收藏品展览交易会，2500 名来自国内 10 多个省市的藏家和经营者参与，较"五一"期间举办类似交易会摊位数量增加十倍左右，交易额达数千万元，创造了历史之最。

2005 年

全国拍卖公司进行了 800 场次的拍卖会，平均每天有 2.2 个拍卖专场，上拍数量超过 38 万件，拍卖成交总额接近 100 亿大关。拿春拍来说，中国嘉德拍卖成交额超过 6 亿元，北京翰海拍卖成交额 5.18 亿元，北京荣宝拍卖成交额 3.6 亿多元，上海朵云轩拍卖成交额 2.26 亿元，北京华辰拍卖成交额也首次突破亿元大关。

中国书画作品行情继续火爆。书画市场在两个方面发生的巨大变化，即书画拍卖的火爆和名家书画的市场价格上涨幅度惊人，不少藏家已不再将书画藏品低价出售给画廊了，大名家的精品力作往往会送到著名的书画拍卖行去参拍，就是中小名家的作品也是或送拍或以市场价寻求出手，因此在货源紧缺的状况下，甚至出现了为数不少的画廊业主前往书画拍卖会去拍回画作，再放在画廊中出售的现象。这一年春拍，北京、上海、香港以及天津、南京、杭州、广州

209

七地 24 家主要拍卖行,共推出中国书画作品 19062 件,总成交额为 32.98 亿元。在杭州西泠印社秋拍上,一幅北宋的无名氏作品,竟以 748 万元的价格一举中魁。

中国嘉德春拍"中国当代书画拍卖专场"以 100%的成交率和 1963.9 万元的总成交额,让人们看到了当代书画作品的收藏和投资潜力。北京荣宝春拍,当代绘画大师吴冠中的巨幅水墨作品《黄土高原》以 1870 万元成交,创下了其个人水墨画作品拍卖成交额最高纪录。

12 月 16 日,中财秋拍油画专场,老一辈的颜文梁、全山石等的油画,当代写实代表人物陈逸飞、艾轩等,几乎都创造了许多新的记录。詹建俊和罗中立的作品纷纷拍到了 120 万和 30 多万。陈逸飞的《布达拉宫》更是以 750 万元的价格成交,打破了画家原先的成交记录。

这一年拍卖市场中创造上千万天价的古代作品不在少数,其中不少古代书画都是二上拍台,几年前均以几十万元或几百万元拍卖成交,今年却以几百万元或千万元以上拍出。如中贸圣佳的北宋李公麟《西园雅集》手卷,以 2750 万元成交,该作 2002 年曾在中贸圣佳以 506 万元拍出。

一件绘有鬼谷下山的元青花在英国佳士得拍出 1400 万英镑,折合人民币 2.3 亿元,创出中国艺术品有史以来的天价,令中国艺术品市场为之一震。

2006 年

中国艺术品拍卖业绩达 500 万元以上的有 100 家企业,其中,业绩超过 10 亿元的拍企有 4 家,即佳士得香港公司、香港苏富比、中国嘉德及北京翰海。刘小东的《三峡新移民》在北京拍出了 2200 万元的天价,张晓刚的《天安门》、陈丹青的《街头剧院》也拍出了 1912.24 万元和 1217.34 万元。

3 月 31 日,张晓刚的《同志 120 号》以 97.92 万美元(折合人民币 809.79 元)惊人高价拍出,对内地艺术品市场造成了极大的震动。

4 月,"2006 中国国际画廊博览会(CIGE)"在北京国贸中心开幕,在一万米展厅内汇集了 17 个国家和地区 99 家画廊的 4000 多件高档艺术品。

6 月,北京翰海春拍中,一件从海外征集的徐悲鸿《愚公移山》以 3300

万元创造了国内油画拍卖天价。

6 月，国内第一条画廊一条街 —— 观音堂文化大道在北京朝阳区王四营正式开街，标志着内地画廊业开始走向成熟。

10 月 7 日，在香港苏富比秋拍上，一件 72.5 厘米高的"大明永乐年施"铭款鎏金铜释迦牟尼坐像以 1.16 亿港元被内地藏家蔡铭超竞得。这一成交价格立即引起国内佛像收藏热，

11 月 23 日，在北京华辰秋拍会上，由中国油画家、版画家沈尧伊创作于 1988~1993 年，共 5 集、926 幅表现革命历史题材最成功的一部作品 —— 长征史诗连环画《地球的红飘带》原作，以 1540 万元人民币拍卖成交，创造了中国国内连环画拍卖新的纪录。

11 月 24 日，在"北京嘉德秋季艺术品拍卖会中国当代艺术 20 年专场"中，颇具传奇色彩的装置艺术作品 —— 肖鲁的《对话》以 231 万元成交，这也是首个超过百万成交价的中国当代装置艺术作品。中国当代装置艺术作品拍出如此高价，令不少行家大跌眼镜。

11 月 26 日，香港佳士得成立 20 周年拍卖会上，徐悲鸿的油画《奴隶与狮》以 5388 万港元成交，远远超出此前 3000 多万港元的估价，创下中国油画世界拍卖新纪录。而在今年夏天，徐悲鸿的《愚公移山》在中国内地以 3300 万元人民币拍出，曾创下徐悲鸿作品最高拍卖价。

11 月 28 日，在"北京保利秋季艺术品拍卖会中国当代艺术专场"中，北京画家刘小东的一幅长达 10 米的画作《三峡新移民》以 2200 万元的高价被某企业收购，创下中国当代艺术品拍卖价新纪录。

12 月 17 日，在北京翰海 2006 秋季拍卖会上，吴冠中的油画长卷《长江万里图》拍出 3795 万元人民币的高价，一举创下两项价格纪录：吴氏个人作品的最高价和中国当代油画作品国内最高价。

2007 年

文化型奥运商品成为 2007 年奥运收藏热点。中国收藏家协会体育收藏专业委员会副主任李祥认为，奥运商品中，一是奥运姓氏徽章的推出，姓氏在中国文化中具有典型的代表性，徽章上的字体用的是中国的篆书字体，国家博物

馆也将其作为藏品收藏；二是奥运纪念银盘，银盘上的图案将奥运与中国古代
体育相结合，上面有三个小孩踢足球，从图案中我们可以联想到古代足球起源
于中国，这个题材挖掘得非常好。这样的奥运商品才是有中国特色的，也是文
化型的，才有收藏价值。

无论古玉、新玉都一样疯狂，因为"玉龙喀什河的玉快要被挖光了"，20
年前几百块钱就能买到的一公斤上好白玉籽料，如今开口就在百万之上。

6 月 18 日，民生银行高调推出非凡理财系列，其中包括"艺术品投资计
划"1 号产品，该产品的运作就是艺术基金的标准模式。民生银行因此成为中
国第一家被银监会批准进入艺术品基金领域的银行机构。

下半年，小叶紫檀每吨的市场价格平均在 50 多万元左右，价格涨幅至少
达到了 200%，一些特别好的粗大料价格甚至高达至每吨 70~80 万元。

佳士得年度成交总额比 2006 年增长了 25%。共有 793 件作品的成交额超
过了 100 万美元，这表明艺术品价格飞涨导致的"高价时代"已成为现实。

2008 年

北京拍卖季开拍至今，已举办的 5 场拍卖会成交额达到 8641 万元，成交
率超过 85%。

北京荣宝四季拍卖会 227 件书画作品成交了 222 件，成交额为 797.4 万元，
成交率达到 97%。保利 2008 金秋拍卖会"桂月山庄"藏文房小品，瓷器、玉
器、工艺品 3 个专场成交额共计 2963 万余元，清乾隆仿官釉六方瓶以 89.6 万
元的成交价全场夺魁。

在被收藏界视为风向标的苏富比秋拍上，为期 5 天的亚洲艺术品、珠宝、
腕表拍卖总成交额为 1.407 亿美元，与预期的 2.5 亿美元相去甚远，参拍 1300
多件拍品中约有三分之一未能成交。

第九章
旅游：假日消费新时尚

旅游是 90 年代后期出现的新的消费潮流。早在 70 年代末，邓小平就曾提出发展旅游事业的想法。他说："旅游事业大有文章可做，要突出地搞，加快地搞。旅游赚钱多，来钱快，没有还不起外债的问题，为什么不能大搞呢？要狠抓一下旅游和城市建设。"但是，当时主要考虑的是如何吸引外国游客到中国来旅游，把所谓"旅游业"定位为海外人士来华。当时中国人的生活水平还没有可能自己出去旅游。

最近一些年，中国人的生活水平有了很大的提高，旅游成了一种消费趋势。在这样的消费时尚的引导下，国内旅游市场规模迅速扩大。双休日的实现以及春节、国庆节假日的延长，使人们的时间充裕了，大多数家庭的生活水平有了显著提高，消费观念发生了变化，外出旅游成为许多人度假的首选。在我国假日消费尚处于起步阶段的情况下，旅游作为一个亮点凸现了出来。许多银行相继开办了旅游贷款业务，各地旅游部门推出了旅游新产品，如冰雪游、潜水游、考古游、生态观光游等特色旅游吸引游客。许多城市居民把旅游作为家庭的一项正常开支计划。有的家庭还有长远的旅游计划，近期到哪些地方，再过几年，等攒够了钱再到哪些地方去玩。

旅游是一举多得的事情，在游览锦绣河山、体验自然的同时，即可以放松精神，舒展身心，又可以学到不少历史文化知识。目前国内旅游热点主要集中在三亚、昆明、张家界、峨眉山、哈尔滨、大连等地。由于城市附近度假村的开发，我国大部分城市形成了旅游度假带，这使城市周边游异常活跃，有 4/5 的人选择了这一度假游项目。截止到 2008 年 9 月 15 日，我国批准民众自费出境旅游的国家和地区为 115 个。旅行社推出的数条线路都大受欢迎。

1995 年

国内旅游人数为 6.29 亿人次，增幅 20%。旅游收入为 1375.7 亿元人民币，增幅 34.4%。

1996 年

国内旅游人数为 6.39 亿人次，增幅 1.6%。旅游收入为 1638.4 亿元人民币，增幅 19.1%。

北京出现了一种叫"生存训练"的俱乐部，参与者在一两周内被封闭在条件简易的训练营地内，接受攀越崖壁、横跨断桥、河谷漂流、深山探险等一系列艰苦的训练的考验。营员们最大的感受是：每个任务来临时，都想这一关我肯定过不去了，而最后，每个人不但完成了而且做得很好！生存训练营中摸拟的挑战不久即被真实的探险取代。节假日参加野外探险俱乐部的进山活动成了许多都市青年的时尚选择。北京的"攀岩队"，南京的"走天涯旅游俱乐部"都常有一些出奇的旅行计划让会员们惊喜雀跃。

前卫青年热衷在冒险的刺激中激发自己，稳健的中年人则乐于选择"农家游"放松身心。周末，他们远离空调汽车、电视电话，住进农家小院，吃粗粮、生菜、睡硬毡土炕，白天可以跟着大爷大妈下地学学犁地，晚上坐在静寂的院子里数数很久没见过的星星……90 年代的短途专题旅游越来越丰富：民俗游、科普游、森林浴、采摘节、草原游……仅郑州的旅行社，1998 年就推出了 140 多条一日或两日的短途专题旅游线路。每一次出游归来，人们都会收获许多城市生活中无处寻找的感动。

1997 年

国内旅游人数为 6.44 亿人次，增幅 0.8%。旅游收入为 2112.7 亿元人民币，增幅 29%。

1998 年

国内旅游人数为 6.94 亿人次，增幅 7.8%。旅游收入为 2391.2 亿元人民币，增幅 13.2%。

1999 年

国内旅游人数为 7.19 亿人次，增幅 3.6%。旅游收入为 2831.9 亿元人民币，增幅 18.4%。

据国家旅游局调查显示：10 月 1 日至 7 日，全国居民国内旅游的人数约有 4000 万人次，旅游花费约为 141 亿元，各地接待游客数量均创历史之最。年国庆期间的国内旅游特点是：旅行社组团，各条线路全部热销，饭店客房紧俏，客源流向多样，温点成热点，热点更热。10 月 1 日至 7 日，全国铁路日均发送旅客 348.7 万人次，比今年春运日均还高出 42.4 万人次，10 月 5 日竟高达 366 万人次。据上海旅游部门的统计，上海人在春节期间出境旅游的已经连续三年超过 5000 人。上海东方航空公司还曾特意增加航班，以满足市民的需要。春节期间，国内旅游人数达到 1800 人次，出国旅游的有 7 万多人。现在，旅游业成为我国国民经济中最具生机和活力的新兴产业之一，其产出效益达到 4002 亿元。

2000 年

国内旅游人数为 7.44 亿人次，增幅 3.4%。旅游收入为 3175.5 亿元人民币，增幅 12.1%。

"五一"节期间，再次出现了全国性的旅游高潮。每天都有成千上万的游客从全国各地涌向北京。在"五一"春季长假的每一天，至少有 300 万人在北京城四处涌动。这其中，每天大约有 100 万人涌向天安门广场。通往八达岭长城的高速公路在节日期间宛如一座狭长的停车场，平时仅 1 小时的车程竟要花费 5 个小时方能到达目的地。短短几天时间里大约有 30 多万人登上了八达岭长城。长城附近的一家小店仅方便面就卖了 4000 多元人民币。据有关方面统计，在节日的头 4 天时间，北京公共交通行业共发车 30 多万车次，运送乘客 4100 多万人次，其中，运送长途旅客近 200 万人次。全市每天出动交通警察 3000 人次以上，以疏导拥堵不堪的车流。其他地方也是一样。云南省旅游日收入超过 1 亿元，桂林漓江日均旅游人数创历史最高记录，北京、天津、上海、广州等城市的火车站、机场一再增加车次和航班运送游客。据国家旅游局统计，2000 年 5 月 1 日至 6 日，全国居民外出旅游 4600 万人，旅游花费 181 亿元人民币，比去年国庆假日增长 15% 和 27%。国外入境人数 170 万人，比去年增长 15%。国内居民出境人数 10 万人，比去年同期增长 30%。

2000 年全年在国内旅游的人次高达 7 亿 4000 万，旅游支出 3176 亿元，

217

比上年增长 12%，其中城镇居民人均旅游支出 88 元，比 1995 年增长 167.6%。

2001 年

国内旅游人数为 7.84 亿人次，增幅 5.4%。旅游收入为 3522.4 亿元人民币，增幅 10.9%。

旅游消费继续火爆。国家旅游局宣布，2001 年春节"黄金周"期间，中国接待旅游者 4496 万人次，旅游收入 198 亿元人民币，人均花费支出为 441 元。其中，25 个重点旅游城市旅游收入 98 亿元，其他旅游城市旅游收入 79 亿元，民航客运收入 11 亿元，铁路客运收入 10 亿元。据对中国各地调查的统计，春节过夜旅游者（仅限于住在宾馆饭店和旅馆招待所，不包括在居民家中过夜者）为 1256 万人次；一日游游客（根据在景区对游客的调查所得）为 3240 万人次。在京、津、沪、渝等 25 个重点旅游城市接待的 2306 万人次的旅游者中，过夜旅游者为 599 万人次，一日游游客为 1706 万人次。另外，据不完全统计，春节期间，至少有数十万人在境外度岁，其中上海 2001 年春节出境旅游人数达 15 万人，比去年增加 12%。广州各大旅行社出境游旅行团也告爆满，有 2 万广州人在国外旅游过春节。港澳成为深圳人旅游的一大热点，预计 20 万深圳人在香港、澳门欢度新春佳节。春节期间六成的深圳人出游，初一至初五，在旅游上就花费了 53 亿元。在重庆，仅初五一天，就有近 50 万人在周边景区度过。

在旅游热潮中，家庭旅游渐成时尚，呈上升趋势。人们传统的过节方式是全家老少聚在家中，看电视、吃团圆饭、走亲访友，而今天，经常会听到"你们家过节准备到什么地方去玩"的对话。根据我国传统习俗，全家老少一起外出旅游，符合春节全家团聚的愿望。除了春节全家人很难团聚在一起，虽然全家出游花费相对较高，但气氛与平时不同，多花点也值得。家庭旅游中，有孝敬父母型的，中青年人平时工作忙，很少能与父母团聚在一起，利用节假日陪父母出去旅游，既可以弥补感情歉疚，又可以回报父母养育之恩；有亲子型的，现在家庭大多数是独生子女，带孩子出去旅游主要是为了让他们增长知识，开阔眼界；有情侣型的，用旅游方式开始自己的新生活，这为许多追求时尚的青年人所喜爱；有探亲型的，夫妻平时各奔东西忙于事业，利用节假日到风景名胜团聚，是许多白领阶层人士选择的过节方式；有出国型的，全家出国旅游，既可圆了出国梦，又领略了异国风光。针对家庭旅游的新时尚，许多旅游部门及时推出适合家庭旅游的新产品，加大景点建设，增加旅游娱乐设施，并在旅游饭店增设了家庭套间，为以家庭方式出游的游客提供方便。

驾车自助游成旅游新时尚。新浪网上一篇文章说，在 2001 年"五一"期间，用"遍布全国"形容挂着北京牌照的车一点也不夸张。"车来车往"论坛的"吉普车"在山东的临海公路边站了 5 分钟，数过了 30 辆以上的北京车，可见北京人出门的劲头有多足。在秦皇岛、北戴河，酒店、饭馆、旅游点上停着的都是北京的各色汽车。随车而来的，不仅有老人、孩子、爱人、情侣、朋友，还有生活的享受。有车的人玩，没车的人租车玩。北京"今日新概念"汽车租赁公司营运部经理说，早在"五一"前半个月，公司所有的汽车都预定一空。其中 70% 以上是连租 7 天。声明要开车到外地的客户在 30% 左右。根据"今日新概念"的统计，每到节假日，出租的车辆都比平时公里数高，平均一天 100 公里左右。"这个时候租车的，基本都是出去玩儿的。"

2002 年

国内旅游人数为 8.78 亿人次，增幅 12%。旅游收入为 3878.4 亿元人民币，增幅 10.1%。

21 世纪，外出旅游将成为我国居民的一项消费重点。国际上有一种经验判断，人均国民生产总值达到 300 美元，居民就会产生国内旅游的动机。从 1998 年以来，由于城乡人民实际收入的提高，恩格尔系数逐年降低，同时由于实行每年三次长假，旅游成为一大消费热点，21 世纪，国内旅游将进一步成为一种生活必须，一种必不可少的基本消费，并且会出现一些新的趋势：出游主体由城镇居民发展到城乡广大居民，旅游线路由短距离到中长距离，消费领域逐步扩大，消费水平不断提高。同时，出境旅游逐渐成为消费热点。

2003 年

由于"非典"的原因，旅游人数和旅游收入同时出现了下降。

国内旅游人数为 8.70 亿人次，增幅 -0.9%。旅游收入为 3442.3 亿元人民币，增幅 -11.2%。

我国旅游直接从业人员 649 万，间接从业人员 3244 万，从业总人数为 3893 万，占全国就业总数的 5.2%。

2004 年

国内旅游人数为 11.20 亿人次，增幅 26.7%。旅游收入为 4710.7 亿元人民币，增幅 36.9%。

"十一"，黄金周旅游人数快速攀升至 1 亿多人次。

我国入境过夜旅游人数 4176 万人次、创汇 257 亿美元，分别居世界第 4 位和第 7 位；国内旅游人数达 11 亿人次；出境旅游人数达 2885 万人次；我国成为亚洲第一大客源市场。三大市场快速发展，使中国从旅游资源大国发展成为世界旅游大国。全国旅游总收入达 6840 亿元人民币，相当于全国 GDP 的 5.02%。我国城乡居民平均出游率达 84.8%。与此同时，旅游业对社会就业的带动作用更加显著。

2005 年

1 月，国家旅游局正式公布了首批全国工农业旅游 306 个示范点单位。

全国国内旅游人数为 12.12 亿人次，比上年增长 10%；旅游收入为 5286 亿元，比上年增长 12.2%；人均出游花费超过 400 元，其中城镇居民达到 737 元。

全国国内旅游收入为 5286 亿元，比上年增长 12.2%，其中：城镇居民旅游支出 3656 亿元，农村居民旅游支出 1630 亿元。

2006 年

全国国内旅游人数为 13.94 亿人次，比上年增长 15.0%。其中：城镇居民 5.76 亿人次，比上年增长 16.1%；农村居民 8.18 亿人次，比上年增长 14.2%。

全国国内旅游收入为 6229.74 亿元，增长 17.9%。其中：城镇居民旅游支出 4414.74 亿元，农村居民旅游支出 1815.00 亿元。

全国国内旅游人均花费 446.90 元，其中：城镇居民出游人均花费 766.45 元，农村居民出游人均花费 221.88 元。

2006 年，是我国"十一五"规划的第一年。第一年的这一发展态势，无疑是"十一五"期间中国国内旅游发展的一个良好开端。

国家的"十五规划纲要"提出，21 世纪中国旅游业发展总的目标是：积极开拓和充分利用旅游资源，搞好旅游景区开发与配套设施建设，加强管理文明服务，加快国家旅游业与国内旅游业的发展。

2007 年

全国国内旅游人数达 16.10 亿人次，比上年增长 15.5%。国内旅游收入 7770.62 亿元人民币，比上年增长 24.7%。

我国共接待入境游客 13187.33 万人次，中国公民出境人数达到 4095.40 万人次，旅游业总收入 10957 亿元人民币，比上年增长 22.6%。其中，国内旅游市场增长强劲，出游人数和旅游收入均维持两位数的增长。

入境游方面，2007 年入境旅游人数达 13187.33 万人次，比上年增长 5.5%。国际旅游（外汇）收入达 419.19 亿美元，比上年增长 23.5%。

到 2010 年，人民的生活将更加宽裕，中国的旅游业也将走向成熟，旅游基础设施将有全面改善，各种旅游产品都比较丰富；中国接待入境游的规模和效益将进入世界前列；中国国内旅游将真正成为"大众旅游"，其消费水平也将达到相当规模；旅游业成为我国的一项支柱产业。国家旅游局官员说："21世纪将是旅游的世纪，人们想旅游就旅游，想怎么旅游就怎么旅游的愿望在未来 20 年内有望成为现实。"那时候人们的旅游将更加方便，旅游的半径将越来越长，旅游消费的水平也将越来越高，旅游的方式将更加丰富多彩。

21 世纪中国旅游业将在全球占有更为重要的地位。据世界旅游组织预测，未来中国旅游业仍将保持较高的增长速度。世界旅游组织秘书长弗朗吉亚利预测："到 2020 年，中国将成为世界第一大旅游国，届时将有 1.37 亿人次去那里参观、访问和游览。"世界旅游组织副秘书长大卫·德维利尔博士认为："中

221

国是个很活跃的成员国,在世界旅游组织里显得很重要。世界旅游组织极为关注中国政府的改革政策。改革开放和引入市场机制已使中国经济迅速发展,带来的变化也是随处可见,这就极大地带动了中国旅游业的发展。现在中国的航空交通、饭店管理和旅行社都引入竞争机制,这些措施会进一步巩固中国在世界旅游业的地位。据世界旅游组织预测,到 2020 年中国将成为头号旅游目的地国家和第四大出国旅游市场。"

1978

1980

1985

1990

1995

2000

2005

2008

第十章

卡拉 OK 大家唱

卡拉 OK 是 90 年代中国最为时髦的东西之一，初由日本传来，立即风靡全国各地。

"卡拉"是日语"空白"的音译，"OK"是英语管弦乐队（Orchestra）的简化读音。70 年代，日本唱片公司为了节省录制唱片的时间和成本，在灌制唱片前，先把乐队伴奏部分录成磁带，供歌手事前练习。歌手们把这种代替乐队伴奏的磁带称为"卡拉 OK"。后来，神户的一家酒店老板发现让顾客自己上台演唱比雇佣歌手效果更佳，便配备了大量的伴奏带和歌本，供顾客登台演唱。这种自娱自乐的方式很快就在日本全国的酒店、饭店、酒吧流行起来。当时日本经济飞速发展，生活节奏加快，劳累了一天的人们在夜晚来到歌厅可借唱歌自娱的方式放松疲惫的身心。这种娱乐方式一出现便以它独特、轻松、自由、休闲的自娱方式而拥有了大量的顾客。随着人们对音乐需求的提高，卡拉 OK 又逐步发展为具有多重声音的磁带，并推动了多重声道的收录机的发展。经过了近 30 年的发展，卡拉 OK 的功能日趋完善。新的硬件设备得到了改善，许多高科技应用到了这一领域。如超大型屏幕和投影系统，能够兼容盒式音带、录像带、VCD、LD、DVD 等各种软件的音像设备，能够适应演唱者任何一个音区的变调器，能容纳上百首歌曲伴奏、音质优美、图像清晰以及检索功能强大的各类软件节目相继问世，这些都大大丰富了卡拉 OK 的娱乐功能。在现代社会中，卡拉 OK 作为一种综合了歌、舞、听的娱乐方式，顺应着时代潮流，也得到了广大消费者的青睐。如今，卡拉 OK 已风靡全世界。1999 年美国《时代》周刊把卡拉 OK 发明人井上大佑评为"本世纪最具影响力的 20 位亚洲人"之一，与毛泽东、甘地并列，理由是：甘地与毛泽东发动的革命改变了亚洲的白天，井上则改变了亚洲的夜晚。

80 年代末，卡拉 OK 经由私人的渠道进入中国，先是将其带入私人空间，作为个人的一种娱乐方式，不久，就成为大小酒店必备的一种装备，人们一般把拥有这类供顾客自娱自乐设备的营业性场所叫"卡拉 OK"。上海第一家开设在陕西路上的卡拉 OK 厅是由留学日本的上海人回国创办的。虽然当时的曲目和设备都还很简陋，但是，上海人一旦领略到了这个新鲜玩意儿的魅力之后，便一发而不可收了。

1978
1980
1985
1990
1995
2000
2005
2008

1978～2008
中国流行文化三十年

　　1989 年底，仅北京就有 70 多家卡拉 OK 厅开业，当时，北京、上海、广州已经都市化到一定程度，对这种个性、时髦的娱乐活动需求甚股。由南到北，从广州、上海，到北京、天津，再到大连、哈尔滨，在这些大都市里，卡拉 OK 成为了夜生活的主旋律。全国迅速发展出卡拉 OK 厅 20 多万家。特别是 1993~1994 年的时候，各个城市中的卡拉 OK 厅可以说是人满为患。

　　起初，卡拉 OK 还是相当昂贵的消费，不上一定级别的娱乐场所根本不会有这种东西。点唱一支曲子的花费顶得上一家人的菜钱。一个晚上消费上千元的情况也比比皆是。但是不久，卡拉 OK 就遍地开花。歌舞厅、饭店、酒吧、会议室都有了卡拉 OK。从边陲小镇到荒凉山村，卡拉 OK 已经成了人们日常生活的重要组成部分。卡拉 OK 在最鼎盛发达的时期，真可谓风光无限，笑傲江湖，它将其它任何一种文化娱乐打得落花流水。当夜幕降临、华灯初上的时候，站在大街上放眼望去，那些"明星"、"花季"、"黄楼"、"雅盛"、"伴月城"等多如牛毛的卡拉 OK 歌舞厅的闪光招牌，与如过江之鲫的消费人群汇成了都市中最灿烂奇特的风景。

　　因为卡拉 OK 自娱自乐跟着唱的方式，使每个人的演唱都成为可能，开始，是那些熟稔流行歌曲、声音条件不错的少男少女们热衷去话筒前一展歌喉，不久，这支队伍里增添了一批颇有勇气的中年人，其中不乏精神可嘉而歌声实在可怕的表演者，但或许正是他们，鼓舞了更大一批心中跃跃欲试而对自己的歌喉缺乏信心的人们。于是，从五六十岁的大妈到学龄前的孩子，卡拉 OK 成了 80 年代末中国真正的 POP 娱乐。不管这演唱是如何跑调如何声嘶力竭如何滑稽可笑，由于混声伴唱和立体声环绕，使卡拉 OK 者沉醉在一展歌喉的自我欣赏状态中，所以大受欢迎。接待客人、洽谈生意、亲朋聚会、消闲度假，都要卡拉 OK。甚至电视台、各种文化活动，都要举办卡拉 OK 比赛。中国有多少人玩过卡拉 OK，数字很难有精确的统计，但最保守的估计也不少于几千万。因为在举办第一届中国青年卡拉 OK 大奖赛的时候，光报名人数就高达令人吃惊的 500 万！由此可见，卡拉 OK 在群众中的普及度有多高。卡拉 OK 在中国一度是最热门的娱乐休闲方式。在一些日子里，人们言必称卡拉 OK，就像股票一样成为中心话题。谭咏麟有一首歌叫《卡拉永远 OK》，其中有两句词："不管喜与悲，卡拉永远 OK"。

　　有人把卡拉 OK 的迅速走红归结为技术上的原因。高质量的音响设备，美化了演唱者的声音，只要演唱者能略略跟得上节奏，从那音响里流出来的歌声就可以与港台歌星比媲美。因为人人都有明星梦，所以自然都要在卡拉 OK 上圆一圆。的确，有很多人在唱卡拉 OK 时才发现自己的演艺天才。而且，卡拉 OK 不管唱得怎么样，同伴们总要给予热烈的掌声，这就很让人陶醉。也许再也没有什么像卡拉 OK 那样可以展现社会生活多姿多彩的一面了。自娱自乐、自给自足的这种歌唱方式将人的潜在满足感发挥到了极致。即使到了今天，卡拉 OK 也许不再像几年前那样红红火火了，但是它仍旧是人们所依恋的，很有魅力的东西，广告上不是还有一句："把卡拉 OK 搬回家"吗？即使众多的卡拉 OK 歌厅日渐萎缩，但人们在家中还是照样要发挥一下卡拉 OK 的功能。

　　有人分析卡拉 OK 对当代中国文化的影响，指出，这种影响首先是卡拉 OK 教会了人们如何放松自己，并且敢于开口唱歌。曾经有一段时间，舆论对卡拉 OK 有过批评，说它只是简单模仿而并没有多大的创造性。北京的一些音乐人对于卡拉 OK 也是深恶痛绝。但是事实上卡拉 OK 是非常符合中国国情的。任何一种文化都有其区域性。在欧美地区，由于音乐普及程度高，人们普遍喜欢以组乐队的形式来表达音乐，所以卡拉 OK 在那里并不吃香。而在亚洲尤其是中国，由于现代音乐起步较晚，组乐队玩 BAND 的人相对较少，所以选择卡拉 OK 来表达音乐则比较符合现实。这也是为什么中国的卡拉 OK 特别走俏的根本原因。其次是卡拉 OK 的流行促进了港台音乐和内地原创音乐的发展。在卡拉 OK 发展初期，软件节目几乎都是由台湾或香港地区的出版商制作的港台歌曲。可以说，卡拉 OK 在当年最直接的影响就是充当了港台歌曲风行一时的尖兵。那些港台歌星演唱的节目很快随着卡拉 OK 的兴起而变得家喻户晓。与当初邓丽君、刘文正的磁带影响不同，卡拉 OK 以更加直观的方式加深了人们对那些港台歌手的印象，如赵传、童安格、张雨生、小虎队、陈淑桦、林忆莲、谭咏麟、刘德华、黎明、李宗盛、姜育恒、庾澄庆、郑智化等名字随着卡拉一下子 OK 于全国，从此开始了长达数年之久的港台歌星大潮。港台歌星也趁此机会大开演唱会，明星们财源滚滚，遍地歌迷。中国追星族狂热一时，成为 90 年代最热门的文化景观之一。同时，卡拉 OK 对于中国原创音乐的影响也是极为深远的。中宣部曾在早期搞过一个《中华大家唱曲库》，汇集了众多优秀的民族歌曲，使得它们的艺术生命得以再现。后来，原创音乐中的《我的1997》、《小芳》、《涛声依旧》、《大哥你好吗》、《同桌的你》、《中华民谣》、《笑脸》等都受惠于此。即使是对卡拉 OK 有成见的摇滚乐手，也不得不承认正是卡拉 OK 的作用，才使得《一无所有》、《无地自容》、《Don't break my heart》、《回到拉萨》、《爱不爱我》等得到了更加广泛的传播。还有一个影响则是深层次的，那就是卡拉 OK 的出现表现了大众生活观念的一种变革。中国人逐渐抛弃了那种原有的消费模式，而是接受了一种更加现实化的潮流和时尚的方式：那就是靠自己来寻找自身的价值。这种价值观的改变给之后的中国消费层带去了新的革命。随之而起的各种新技术的电器、音响、随身听、服饰等都无不与这种价值观有着千丝万缕的联系。

在各大城市卡拉 OK 厅方兴未艾之际，又出现了显示贵族气派的 KTV（包厢式的卡拉 OK）。有一个统计数字，到 1990 年底，上海市就有 107 家营业性卡拉 OK。其中纯卡拉 OK 与酒家附设卡拉 OK 各为一半。而在这些卡拉 OK 中，KTV 占了近四分之一。一般的卡拉 OK 厅与 KTV 的区别在于，卡拉 OK 厅是大众化的娱乐场所，而 KTV 则是有钱人的去处。女作家陈彤说："KTV 从各方面都不同于若干年前的卡拉 OK、KTV 是一种可以任意营造气氛的场所。各种各样的包间起着各种各样的名字，每一扇门推开，都是一番洞天。日本式的，泰国式的，曼谷式的，马来西亚式的，高加索式的，日耳曼式的，西西里式的……多少找到一点不太平庸的感觉。"人类学者王唯名指出："KTV，上海夜生活中的新浪潮，有产者的新嗜好。它发轫于都市卡拉 OK 的成熟期，时间可追溯到 1990 年的上半年。当上海被林林总总的大众化 OK 厅所簇拥所装点，当无数个家庭武装起了各式混响器，老男少女没日没夜地"谭咏麟"、"童安格"、"伍思凯"时，KTV 也悄然兴起，但它与庞大的平民层的趣味不同，它显示的是有产者的铺张和奢华。"

卡拉 OK 的引进和普及，使流行歌坛进入了一个转变时期。源源不绝的港台歌曲填补了卡拉 OK 的大量需求。最直接的影响，就是充当了港台歌曲风靡大陆的尖兵。1989 年以后的三、四年间，全国电台、报纸、杂志相继开办市场导向的经济台、音乐台；生活版、娱乐版等专业版面，"吃歌量"惊人，大众传播的发达更加速了台湾流行歌曲的"火红"。这阶段是台港流行什么，大陆就流行什么。除了齐秦持续发烧外，更多元的歌手与歌曲随着大陆正式批准"引进版"而源源不绝进入，台湾的童安格、赵传、小虎队、张雨生、王杰、潘美辰等，香港的"四大天王"都是 90 年代初极受欢迎的歌手。任贤齐以一曲《心太软》风靡大陆，一般认为其实与音乐无关，而是"心太软"说中了这些年大陆社会快速变迁，"十亿人们心坎儿里的无奈"。卡带销售量动辄数十万、上百万，各大城市演唱会若无港台歌手无法造成轰动。追星时代来到，像罗大佑、苏芮、齐秦时期那种对人心灵深刻的影响此后逐渐式微，歌迷开始各自拥护喜爱的偶像。听众口味的改变正像大环境的改变一样。

229

第十一章
香江之恋

1978
1980
1985
1990
1995
2000
2005
2008

一、娱乐的艺术

1978 —— 1983　起落的浪潮

20 世纪 70 年代末，香港电影出现了一股"新浪潮"。一批电视台的年轻导演投身电影界，将西方现代电影观念与本土题材相结合，拍摄出了一批带有革新意味的电影。尽管票房并不理想，但作为一种新的电影形态，其丰富的题材、繁复的类型、多元的形式为香港电影业带来了新的活力。

香港电影新浪潮的出现决非偶然现象，而是香港年青一代电影人对自身处境和外部环境的一种重新认识和定位，也是年青一代电影人自我探究意识的复苏。长期的殖民身份迫使这样一批不满足于眼前优越感的年轻人去重新审视自己所处的时代和世界，国外留学的背景，东西方文化的差异，促使他们借助电影的方式去表达一种愤怒的思考和自我意识的革新。

"新浪潮"运动为香港电影业输入了大量的人才：严浩、徐克、许鞍华、冼杞然、方育平 —— 即使在"新浪潮"运动退潮之后，这些人仍对香港电影的繁荣与发展起到了推动作用。

1978 年

年产电影 99 部。

代表作：严浩《茄哩啡》、"许氏喜剧"经典之作《卖身契》。

严浩与于仁泰、余允抗合组影力公司，执导的第一部影片《茄哩啡》，被视为香港电影新浪潮的先行之作。香港称跑龙套的演员（如贩夫走卒、餐厅内食客和路人等）为茄哩啡，有人认为取自英文 Carefree 的发音，该字解作"无忧无虑"，借指戏剧中无关紧要的小人物、闲角色。《茄哩啡》表现了一个临时电影演员误打误撞成为大明星，又抱得美人归的故事，对小人物的命运给予了深切的同情。

许冠文在《卖身契》中，"试图以闹剧的形式去批判大机构的非人性关系与自己过去的身受其害 —— 把自传和社会讽刺结合在卡通的基础上，这反映了许冠文在死心不息地希望提升自己的喜剧层次"。

1979 年

年产电影 109 部。

代表作：严浩作品《夜车》、徐克作品《蝶变》、许鞍华作品《疯劫》、冼杞然作品《薄荷咖啡》。

《蝶变》改编自古龙的小说《吸血蛾》，取材于中国武侠作品中的江湖，但仅仅是借用了江湖的外壳和造型，讲述了一个带有科幻色彩的悬疑武侠电影。影片中被传言的神秘杀手到底来自何处，而沈家堡内到底隐藏着怎样的秘密，所有这些疑惑和剧中人物的离奇死亡都在表达一种对周边环境的危机意识和一种对未来前途的不明确的忧虑。其实最终，杀人的不是蝴蝶，而是身边最普通的人，所有的迷惑和凶杀的根源都来源于人。

《蝶变》诡异的风格，带有强烈的存在主义色彩。从拍摄技巧上看，《蝶变》在很多方面开创了香港电影的先河。快速的剪辑风格，新颖的服饰设计；上天入地的带有科幻色彩的动作设计，以及对场景的主观色彩处理和气氛的营造等等技巧，为徐克在当时的香港电影界树立了先锋的地位。

许鞍华《疯劫》凭借着浓厚的文艺气息，加上相对于香港电影当时的状况，非常现代的电影语言，去追寻一宗谋杀案和鬼故事背后复杂的感情纠葛，在电影叙事模式、手法和功能上极具实践和创新，昭示了许鞍华以现代主义手法打破传统剧情的叙事方法和平铺直叙的单一视点的能力。

《薄荷咖啡》说的是广告界两个职业女性在业界的竞争下，先后走上事业与家庭、爱情之间难以抉择的道路。在激烈的竞争中，后者最终夺去了前者的位置，但是，她得到的却与前者一样 —— 失去爱人、家庭的痛苦。对香港社会风貌展示、都市人生活心态的描摹细致入微。

这一年，"嘉禾"公司成立西片部，开始与国外电影公司长期合作制片。

1980 年

年产电影 118 部。

代表作：徐克作品《地狱无门》、《第一类型危险》，许鞍华作品《撞到正》。《地狱无门》、《第一类型危险》以一种偏激的观点的手法描写香港社会的阶层矛盾和普通人的被迫害感，从而揭示了动荡、压抑的香港社会现实是催生人性中残忍、邪恶和嗜血的"心魔"。

《撞到正》讲述戏班里面闹鬼的事，一个大男人被女鬼上身，惹得笑话百出。属于带有喜剧色彩的鬼故事中最早期的作品，带有浓厚的民俗色彩。随后的十几年中，很多导演都曾热衷于此类题材，在票房上也极有号召力，算是为香港电影的由衰转盛做出了不小的贡献。就连许鞍华自己，在拍了一连串各种风格的作品之后，也于 2001 年拍摄了差不多要和《撞到正》撞个正着的鬼片《幽灵人间》。

1981 年

年产电影 108 部。

代表作：严浩作品《公子娇》、许鞍华作品《胡越的故事》、方育平作品《父子情》。

《胡越的故事》中许鞍华巧妙地借助画外音转场，使得时空交错的画面更显统一，剪辑更加流畅。这也成为标准的"许氏风格"。

《父子情》继承香港传统粤语电影的写实传统，并且进行了新尝试，将拍片与生活，现实与虚构混杂在一起。

1982 年

年产电影部，电影票房激增 67%。

代表作：许鞍华作品《投奔怒海》。

《投奔怒海》通过讲述 1978 年日本记者芥川汐见赴越南采访的遭遇，展现

⊙许鞍华作品《投奔怒海》

了越南 70 年代末期严酷的政治环境以及这种环境带给人的无助，甚至是悲剧的境遇。影片以 14 岁女孩琴娘一家这个时期的境遇为主线，以曾为美军作过翻译的祖明筹款出逃在船上被射杀为副线，穿插进"夫人""阮主任"等性格、成份比较复杂的人物，这使整部影片结构深刻生动起来。所以，即便是如此严肃的题材，许鞍华也可以将之处理得能够面对市场。在镜头语言的运用上可谓刻意，总想要达到这样的效果：粗看之下非常平实，细看之下又充满了意味。刻意营造出怀旧、寂寥、苍茫的整体氛围，浓墨重彩地渲染阴郁和凄凉。但又不放弃灵活的镜头情绪表达，在新浪潮运动的大环境下取得一致好评。一举创下 1500 多万港币的票房纪录。

《投奔怒海》与《胡越的故事》、电视作品《狮子山下》片集中《来客》（1978）都属于描写七十年代后越南南方大变动中的难民生活，被称为"越南三部曲"，许鞍华也因此表露出社会观察、政治意识、人文省思与土地情感等情绪和情怀。代表了香港人文电影的较高水准。

这一年新艺城电影公司成立不久，就已成为刚刚从邵氏影业夺下大半江山的嘉禾电影公司最大的威胁。以石天、麦嘉、黄百鸣、徐克等人为首的"新艺城七怪"不计人力财力，集众人之智慧拍出的《最佳拍档》（ACES GO PLACES）上映时盛况空前，狂收 2700 万港元票房，创下香港开埠以来最高的票房成绩。

为了对抗新艺城的《最佳拍档》系列，嘉禾电影公司制作了《五福星》（LUCKY STARS GO PLACES）系列，于是在整个八十年代前期，香港电影每年的票房冠亚军争夺战几乎都在这两部电影及其续集之间展开。

1983 年

年产电影 95 部。

代表作：李翰祥作品《火烧圆明园》、《垂帘听政》、方育平作品《半边人》、嘉禾电影公司《奇谋妙计五福星》。

李翰祥的"清宫"历史剧注重提示个人的命运和朝代兴衰的原因，表达了作者哲理性的思考。《火烧圆明园》、《垂帘听政》在香港的首轮票房即突破了3000万港元。

《半边人》采用即兴拍摄的手法，如男女主角在餐厅谈情那场戏，事先并没有设计台词，完全由两个人现场发挥，讲的就是自己当时内心的真实感受。这种拍摄手法之前在香港电影中很少会有人采用。而且片中没有一位职业演员，女主角所演的就是现实生活中的自己。

香港嘉禾电影公司在80年代拍摄的三部"福星"影片的第一部——《奇谋妙计五福星》：茶壶、死气喉、凡士林、卷毛积及兰克司同日出狱，并决意改邪归正，同组清洁公司。在一宗黑帮伪钞模版交易中，被警察成龙看见，歹徒情急之下将赃物抛入清洁工作车中……五人在被警方追捕的同时，又被黑帮追杀，进退两难时，妹头又被扣做人质，情急之下设奇谋，施妙计，才使得五人福星高照。几个活宝聚集在一起的生动群像堪称八十年代香港喜剧电影的一个标志。

这部由洪金宝导演的动作喜剧片，真正吸引观众的应该是前半段的那些生活化笑料，像几名大男人为了追求钟楚红而各怀鬼胎，吴耀汉被别人设计作弄而误以为自己练成隐身术等场面，都能收到让观众捧腹的效果。另外成龙的表演也令人耳目一新。

长城、凤凰、新联、南方四家电影公司联合组成银都机构有限公司。

1984 —— 1996　商业化的繁荣

香港电影在八十年代迎来了空前的商业化繁荣，与香港电影发展史的其他时期相比，这一时期是电影创作最丰富、类型最多样的时期。以盈利为主要目的的金融资本的注入，使这一时期的香港电影呈现出更多的商业意味。

1984 年

年产电影 87 部，电影票房增幅 36%。

代表作：严浩作品《似水流年》。

《似水流年》片名出自汤显祖《牡丹亭·惊梦》："则为你如花美眷，似水流年，是答儿闲寻遍，在幽闺自怜。"

⊙ 严浩作品《似水流年》

  这是一部散文式的诗意电影。是香港与内地电影工作者合拍的第一部反映当代生活的作品，风格清新隽永，场景简朴，手法纪实，但提供给了观众丰富的视听信息。这里有最古老的乡风民俗与最现代的生活方式，映衬了浓郁的社会氛围与人物细微纤巧的心理情绪。使观众得以用一种亲切平和的方式，来感觉这种恬淡、淳厚的人生。

  故事里淡淡的情感、美丽的潮汕风景、片中的音乐、顾美华幽雅的气质，这些都令观众长久地感动和怀想。

1985 年

年产电影 89 部。

代表作：成龙作品《警察故事》、张婉婷作品《非法移民》。

《警察故事》是成龙从民国初年功夫小子喜剧过渡到现代警察英雄定位的

里程碑式作品。那时年轻的成龙导与演均显得英气勃勃、信心十足。片末压轴用长镜头，拍摄成龙在商场中从数层楼高的天花板灯饰爬下直至撞穿下面玻璃屋顶再碰到地面起来为止，紧张刺激之余更开了成龙卖命演出危险镜头的先河，并成为他拍摄电影的一个特色。在剧情方面，《警察故事》具有一个结构较严谨和戏剧性较强的故事，描述重案组探员陈家驹尽力缉捕大毒枭朱滔，不料在法庭审判时因证据不足而使朱滔获释。朱滔杀了另一警官以嫁祸陈家驹，使陈家驹不得不自救并找朱滔算账。

⊙成龙作品《警察故事》

林青霞与张曼玉在片中的表现各有千秋，身份有如007电影系列中的邦女郎。

1986 年

年产电影 86 部。

代表作：方育平作品《美国心》、吴宇森作品《英雄本色》。

《美国心》中的写实手法可谓登峰造极，不仅片中的所有人物都是现实生活中真实存在的，而且导演和其他摄制组成员都在片中出现，介入人物的生活。方育平以这种独特的新写实风格不懈地探索着电影艺术的道路。

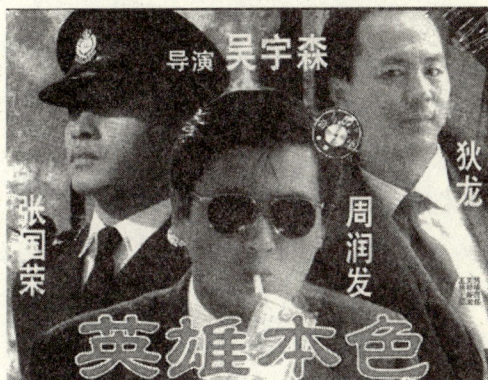
⊙吴宇森作品《英雄本色》

《英雄本色》引发英雄片狂潮。片中，两个同为香港伪钞集团干将的男人被自己的老大追杀，在与老大的殊死搏斗中，两人情同手足，携手作战，虽然难以逃脱死亡的命运，但感动观众的，是两个男人间真挚的情义和英雄片浪漫悲壮的情怀。

1987 年

⊙张婉婷作品《秋天的童话》

年产电影 76 部。

代表作：张婉婷作品《秋天的童话》、程小东作品《倩女幽魂》。

《秋天的童话》是一个简单的不能再简单的故事，但是能将一个简单的故事说得既温情又幽默，能让观众发笑，也能让观众忧伤，凭的就是导演、编剧、演员等集体的功力。

张婉婷的电影无一不洋溢着女性的感性与温情，她用画面和声音所传达着的，始终是一种温柔的爱意。

80 年代的发哥，带有一股清爽的英气。至于红姑，圆润的脸庞，一种很舒展的美丽，笑起来还有两个小酒窝，让人相信，上天对他们格外眷顾。

1988 年

年产电影 115 部。电影票房增幅为 32%，这一年港产片总票房首次突破了 10 亿港元。

代表作：刘国昌作品《童党》、关锦鹏作品《胭脂扣》。

《童党》讲述了 9 个 12 至 17 岁的青少年由于缺乏安全感而结党，并依仗黑社会无所不为，最终走向毁灭的故事。故事中大部分人物和情节都以真实人物和真实事件为依据，如实展示了这些未成年的孩子由于得不到正确引导而走上绝路的过程，是一曲青春的挽歌。

《胭脂扣》讲述了一段"人鬼情未了"的故事：报社记者袁永定（万梓良饰）遇到了一位前来登寻人广告的女子如花（梅艳芳 饰），无意中才发现了该名冷艳的女子原是鬼魂。早在 50 年前，她是一名红牌妓女，结识了一名纨绔子弟十二少陈振邦（张国荣 饰）。如花深深爱上了这名多情的公子，两人已到了谈婚论嫁的地步，由于身份悬殊，遭到了十二少家人的极力反对。无奈之下，他们以胭脂扣定情，一起吞鸦片殉情。如花未能在地府看到自己的爱人，便到阳间寻找。终于得知当年十二少被人救活，如今生活潦倒。面对十二少的懦弱，如花伤心欲绝，把胭脂扣返还，回到阴间投胎转世。

最难忘的，是梅艳芳凄艳的目光中对爱情的难舍难弃。

⊙关锦鹏作品《胭脂扣》

1989 年

年产电影 116 部。

代表作：张之亮《飞越黄昏》、杜琪峰作品《阿郎的故事》。

《飞越黄昏》讲了一个老套的故事：一位个性独立的女孩宝宝，因不满母亲总是把她看作不懂事的孩子而去美国读书。十年后，她回港探望母亲，但因性格不合母女再度闹翻，母亲的好友老黄从中调解，使母女二人冰释前嫌。宝宝后来发觉老黄为人体贴细心，于是她在返回美国前努力撮合，终于成全了两位老人的黄昏之恋。

导演张之亮以细腻流畅的手法和极为生活化的对白，将影片娓娓道来，且不乏轻松笑料。

《最佳拍档》层出不穷的特技元素和《五福星》每集结尾精彩绝伦的动作场面，使这两个电影系列片均受到欢迎。而"嘉禾"与"新艺城"为避免继续恶性竞争，最终达成协议合作拍摄了一部《最佳福星》，为这段"争斗"画上了一个圆满的句号。

1990 年

年产电影 120 部。

代表作：王家卫作品《阿飞正传》。

在弥漫着 60 年代氛围的故事里，《阿飞正传》具有一种深切的忧伤气质：自小由养母养大的阿飞是上海移民，"无脚鸟"的故事既是人物内心的感觉，也是影片一再重复的历史记忆。阿飞对生命中遇到的每一个女人都冷酷无情。放荡不羁的他先后与售票员苏丽珍和舞女咪咪同居，但又相继抛弃了她们。

一个放荡不羁的灵魂背后隐藏着情感的失落和模糊的记忆伤害。阴暗的街道、迷茫的风景，完美地表现了一个承受伤害又不断伤害他人的记忆故事。张国荣那忧伤和不羁的面孔被定格在画面的一角，成为王家卫影片中怀旧情感的一个不可磨灭的符号。

"嘉禾"西片部投拍的动画电影《忍者神龟》在美国和加拿大同步上映，取得巨大成功。

周星驰主演《一本漫画走天涯》，同一年推出《赌圣Ⅱ》，开创"无厘头"风格。

1991 年

年产电影 135 部。

代表作：潘文杰作品《跛豪》、徐克作品《黄飞鸿》。

©徐克作品《黄飞鸿》

《跛豪》是一部人物传记电影，主角是香港曾经大名鼎鼎的江湖大哥吴锡豪。吴锡豪于上世纪 60 年代初随难民潮涌入香港，以"字花档"（赌）起家，后改做"粉档"（毒），结果风生水起，70 年代已经做到香港贩毒"四大家族"之一。甚至开始做国际买卖，在泰国、台湾一带毒圈有相当的名气。1973 年香港廉正公署成立，开始大力度打击犯罪，1974 年年底，吴锡豪从台湾返回香港后被捕，整个集团被判刑 124 年。1991 年因肝癌末期，获香港港督特赦出狱。出狱 25 天后，因病情恶化去世。

那个时代的江湖秩序是：一方面警方警力不足，难以维持地方秩序，另一方面黑社会势力比较大，于是双方形成一种关系，即黑社会负责维持地方秩序，收取保护费，然后向警方分红。跛豪就是在这种背景下逐渐坐到江湖大哥的位子上的。

电影在描写人物的同时，将故事传奇化。电影自始至终都是在讲一个险恶的江湖传奇，从艰难的立足到各种阴谋、关系、女人、兄弟、死亡、背叛、成功、失败。而吕良伟出色的表演也使这位江湖人物的形象入木三分，成为一个经典的电影黑帮人物。

1992 年

年产电影 175 部。

代表作：张之亮《笼民》。

香港弹丸之地，人口稠密，在高楼大厦的背后，也有罐中沙丁鱼似的贫民窟，被当地人称之为"笼屋"——众多老弱贫苦人聚集在旧楼床位，各以铁丝网围住，一张床位犹如一座笼子，成了每个笼民的独居天地。

《笼民》是 Beyond 乐队成员黄家驹生前参加拍摄的少数几部电影之一。导演张之亮表示："1990 年拍《笼民》时，我力排众议，选中了当时在歌坛显露才情的黄家驹。黄家驹是一个在逆境中成长，最后终于在混沌中找到理想的人，他的经历和我的角色吻合。选中他参与合作，成了《笼民》成功的一段佳话。"

1993 年

年产电影 187 部。

代表作：尔冬升作品《新不了情》。

《新不了情》注定要讲一个有关爱情的故事：阿杰是个怀才不遇的音乐人，在彷徨潦倒的日子中独自搬往一个破旧房屋居住，终日郁郁不得志。在彷徨中，结识了性格开朗的庙街艺人的女儿阿敏。阿敏虽自小患上绝症骨癌，可是天性活泼乐观的她对生命充满了执着，为人乐观，在她的影响下，阿杰寻回失去的信心，在事业上取得成功。两人情愫渐生。阿敏的乐观坚强给阿杰很多启示，使他从事业的低谷中爬起来，但阿敏体内的病毒再次发作，残酷的死神再次破灭了他们梦想，剩下一份不了的深情留给阿杰永恒的遗憾。

1994 年

年产电影 143 部。

代表作：王家卫作品《重庆森林》、《东邪西毒》。

剧情介绍：编号为 223 的警察（金成武 饰）失恋后患上失恋综合症，在与金发女杀手（林青霞 饰）擦肩而过又离奇相遇并有了一晚温情后，原本以为包括"爱情"在内的所有东西都有保质期的他意外地迎来心灵的短暂温暖。可是，他们的爱情还是结束了。

快餐店新来的女招待阿菲（王菲 饰）爱上了时常光顾快餐店的编号为 633 的警察（梁朝伟 饰），因拆开他的女友（周嘉玲 饰）留在快餐店给他的"分手"信，阿菲知晓了他的心情，偷拿到他的钥匙趁他不在时常潜入他家，一边梦游一边悄悄地改变他的生活，终在被他撞见时令其感受到情感的回归。然而，这才是他们爱情的开始。

至今还会记得其中几段精彩的台词：

"每天你都有机会和很多人擦身而过，而你或者对他们一无所知，不过也许有一天他会变成你的朋友或是知己，我是一个警察，我的名字叫何志武，编号 223。"

"不知道从什么时候开始，在每个东西上面都有一个日子，秋刀鱼会过期，肉罐头会过期，连保鲜纸都会过期，我开始怀疑，在这个世界上，还有什么东西是不会过期的？"

"每次我穿雨衣的时候，我都会戴太阳眼镜，你永远都不知道什么时候会下雨，什么时候出太阳。"

1995 年

年产电影 143 部。

代表作：许鞍华作品《女人四十》、周星驰作品《西游记第 101 回之月光宝盒》。

电影中的故事以年过四十的中年女性阿娥为主角，描写了她在一家老式的卫生纸公司上班之余，还要照顾家人，尤其在婆婆去世之后更要照顾患上老年痴呆症的公公，繁杂的各种事情让她心力交瘁，但她还是勇敢的承担下了一切 —— 工作，家庭，老人，孩子，柴米油盐，房水电暖 —— 就这样，一家人在琐碎平凡中幸福坚强地生活着……让人为之深深感动的，是那份人们面对一系列不幸所表现出的坦然和坚

⊙周星驰的孙悟空扮相

强。萧芳芳将主人公生活在夹缝之中又自强不息的坚强个性演绎得入木三分，为她赢得了多个影后头衔。

1996 年

年产电影 108 部。

代表作：陈可辛《甜蜜蜜》。

《甜蜜蜜》描写了男女主人公在十年间由偶然相识、相恋、相爱、无奈、分手到重逢的感情经历。影片中，邓丽君的歌声总是在适当的时候响起，勾起了人们一缕缕淡淡的忧愁。这就是导演陈可辛对情绪氛围所作的精心营构：小军拿着邓丽君的亲笔签名，茫然地消失在人流中；李翘透过车窗，看着深爱的人渐渐远去 —— 当画面伴着邓丽君歌曲的独白"我的爱人，我不能忘记你，请你也不要忘了我"的时候，不禁扪心自问：是不是动了心的爱情，

⊙陈可辛作品《甜蜜蜜》

245

都有着类似的辛酸？

1997 ── 2008　融合与共生

　　97年开始的亚洲金融危机，波及到香港的经济。以有线电视、DVD碟片、互联网等为代表的新兴传媒工业快速兴起，这些都对香港的电影市场造成了一定的影响。1999年，港产片票房收入从92年最高峰的近12.4亿港元跌至3亿多港元，陷入低谷。2003年CEPA签署之后，与内地进行大规模的合作制片成为香港电影工业的新亮点。

　　进入内地市场后，港产片明显地淡化了鬼怪片、僵尸片、疯狂喜剧等比较"无厘头"的类型，在传统警匪片、武侠片的类型基础上，渗透进更多的内地元素，包括具体生活场景、人情世故，影片的情感倾向也更为严肃，也少有血腥、恐怖的画面，这在《无间道》、《门徒》、《铁三角》等的演变过程中袒露无遗。同时，内地巨大的票房市场，似乎给香港电影带来了希望和光明。

◎刘伟强作品《无间道》

1997 年

年产电影86部。

代表作：陈果作品《香港制造》。

《香港制造》表现了香港青少年青春岁月中的绝望。为高利贷者讨债的中秋与身患不治之症的阿萍相遇，中秋年少放纵，阿萍也想在有生之年实现一次放纵，于是，两个年轻人走到了一起。

陈果在影片开头安排了一位年轻的殉情者，她轻轻的一跳，留下两封沾满血迹的遗书。这两封遗书像宿命一样牢牢缠住了拣到遗书的弱智少年阿龙，一直照顾阿龙的中秋，中秋的恋人阿萍，他们三人最终都付出了生命的代价。

当人们不能左右爱情时，他们会选择什么？中秋选择了自寻短见，在阿萍的墓碑旁。追寻人生价值过程中的失落与无力，让中秋的青春之美顷刻间灰飞烟灭。

1998 年

年产电影 85 部。

代表作：陈嘉上、林超贤作品《野兽刑警》。

《野兽刑警》被选为 98 年香港国际电影节的开幕电影，胜在丰富的情节和快速的节奏。片中不乏枪林弹雨及白刀子进红刀子出的厮杀场面，其间又加插了爱情元素和市井笑料，在一定程度上是港产动作片的典型作品。

1999 年

年产电影 163 部。

代表作：许鞍华作品《千言万语》、杜琪峰作品《枪火》。

许鞍华自己说这部片子拍得很沉重，几乎"声嘶力竭"，看起来，影片已经超越了故事中的政治事件，政治只是用作背景，以增加影片真实的根据。许鞍华想要表现的，是一种她自己并不能完全说清楚的情绪，她总结为不安、躁动、理想的破灭，并无可奈何地增添了一些人生的不幸，将之演变为悲剧。

2000 年

年产电影 144 部。

⊙李安作品《卧虎藏龙》

代表作：李安作品《卧虎藏龙》。

梁羽生、金庸、古龙、李小龙、李连杰为代表的一批人，将武侠变为一种流行文化，并开始深入人心。

《卧虎藏龙》讲的正是江湖的故事：一代大侠李慕白有退出江湖之意，托付红颜知己俞秀莲将自己的青冥剑带到京城，作为礼物送给贝勒爷收藏。谁知当天夜里宝剑就被人盗走。

九门提督玉府小姐玉蛟龙自幼被隐匿于玉府的碧眼狐狸暗中收为弟子，并从秘籍中习得武当派上乘武功，早已青出于蓝。在新疆之时，玉蛟龙就瞒着父亲与当地大盗"半天云"罗小虎情定终身。如今父亲逼她嫁人，玉蛟龙一时兴起，盗取宝剑，浪迹江湖。

任性傲气的玉蛟龙心中凄苦无处发泄，在江湖上任性使气。俞秀莲和李慕白爱惜玉蛟龙人才难得，苦心引导。在最后和碧眼狐狸的交手之中，李慕白为救玉蛟龙身中毒针而死。玉蛟龙在俞秀莲的指点下来到武当山，却无法面对罗小虎，在和罗小虎一夕缠绵之后，投身万丈绝壑。

"江湖里卧虎藏龙，人心里又何尝不是呢？"这句台词就是这部电影的最好注脚。

2001 年

年产电影 119 部。

代表作：《少林足球》。

《少林足球》是周星驰自编自导自演的电影，在香港取得 6070 万元港币的票房纪录。而正因为它是周星驰作品，所以影迷们会不约而同地拿它同《大话西游》做比较。

90 年代后期，周星驰事业遭遇发展的瓶颈期。尽管其间诞生了一部《喜剧之王》，受到众影迷追捧，但其"无厘头"的势头似乎比 90 年代初来得逊色。《少林足球》一扫阴霾，周星驰电影事业重拾上升趋势。

1978
1980
1985
1990
1995
2000
2005
2008

2002 年

年产电影 91 部。

代表作：刘伟强、麦兆辉作品《无间道》。

"无间"指无间地狱，无间地狱是一个专门名词，出自《法华经》、《俱舍论》、《玄应音义》等佛经，又被译作"阿鼻地狱"——"阿鼻"的意思，就是无间。这个地狱是佛经故事中八大地狱之一，也是八大地狱之中最苦的一个，如同我们所说的十八层地狱的最底一层。本片以"无间道"作为片名，显然寓意深刻。两个身份都本不该属于自己的人，他们几乎生活在一个类似无间地狱的环境里，做梦都怕别人拆穿自己的身份。

黑帮电影一直都是港片最主要的类型片之一，但近年来很多此类影片却难以拍出新意。本片中，刘伟强再次拿起黑帮电影里较为常见的边缘人题材，对特殊环境里人性的畸变着墨甚多。在大量的娱乐元素之外，更有一些引人深思的东西存在。

2003 年

年产电影 77 部。

港产合拍片内地电影市场票房为 2 亿元人民币。

代表作：杜琪峰、韦家辉作品《大块头有大智慧》，韦家辉、杜琪峰作品《PTU》。

看似四肢发达头脑简单，以跳脱衣舞为生的大块头（刘德华 饰），原来曾是和尚，深藏看穿因果的奇能。他遇上平凡女警李凤仪（张柏芝 饰），用"因果"帮助其追捕杀人犯。凤仪发现大块头当年因为好友被杀，脱下袈裟赤条条离开佛门。大块头则告诉她背后有一个挥之不去的"业"，注定要死于非命。

爱上大块头的凤仪决定要做一生中最有意义的事，捉拿杀害大块头好友的凶手。大块头也决心要抗衡因果，改变不可能改变的命运……全片有两条相对应的线索，一条是大块头离开家乡后在香港的经历，另一条则是大块头在家乡的遭遇。影片剪辑得颇为精致巧妙，不露半点线索痕迹，强烈地穿插叙述产生的悬念引导观众在两条线索之间穿梭徘徊，而所有的剧情在最后被蒙上了一层看似玄乎的佛理，使本来并不复杂的情节显得神秘夸张。这其实正符合银河映像典型的宿命主题。

2004 年

年产电影 63 部。

港产合拍片内地电影市场票房为 5.2 亿元人民币。

代表作：周星驰作品《功夫》、尔冬升作品《旺角黑夜》。

《功夫》抢占了 2005 年的贺岁强档，票房过亿，在香港电影低迷的时候，的确是一个好消息。这部电影一如既往的架构在周氏喜剧自成一派的"无厘头"风格上，但又去掉了以往他善用的粗俗的搞笑技巧，而且笑的表面含义已经没有那么轻松，内在凝重了许多。摄影风格有了很大的变化，比如大俯拍加大特写，比如大的场面调度等等，除了一切都融入一种后现代的意境中之外，周星驰的导演技法也更为成熟和多样化。

⊙周星驰作品《功夫》

2005 年

年产电影 57 部。

港产合拍片内地电影市场票房超过 6 亿元人民币。

代表作：杜琪峰作品《黑社会》、陈可辛作品《如果·爱》。

香港最大黑社会帮会"和联胜"举行两年一度的办事人选举，阿乐（任达华饰）与大 D（梁家辉饰）作为两大地区领导，暗地里展开争夺宝座的努力，一批有投票权的元老亦为自身利益而明争暗斗，选举因此相当不顺利。

结果，阿乐再次获选成为办事人，满心不服的大 D 决定挑战帮规，他要抢夺到象征最高权力的信物龙头棍，组织新帮会。五名小头目（古天乐、张兆辉、张家辉、林雪、林家栋饰）牵连其中，为争夺龙头棍展开连番内斗。最终鹿死谁手，一切不得而知。

杜琪峰导演黑帮片的功力显然是不容置疑的，整部影片剧情紧凑、线索层叠，充满悬念，引人入胜。

2006 年

2006 年的香港电影业是八十年代以来最为低迷的一年。年产电影只有 51 部。

港产合拍片内地电影市场票房接近 10 亿元人民币。

代表作：谭家明作品《父子》。

《父子》是香港电影"新浪潮"主将谭家明 17 年后"重出江湖"的发轫之作，其本身感人的故事、淡淡的文艺气息、朴实的情韵风格、不温不火的节奏、朴素客观的影像和青冷灰暗的色调，使得影片在整体风格上笼罩了文艺苦情片的悲情色彩。

《父子》跳离了香港电影见长的大众娱乐性，择取马来西亚华人区的一段家庭故事，散发着浓郁的乡土气息。谭家明导演的"父子图案"，让人在整个观影过程

⊙谭家明作品《父子》

中心情越来越沉重、越来越压抑，几近绝望。在影片的最后，长大之后的阿宝回到家乡，凝望父亲背影的眼睑中闪回着早已尘封的往事，预示着血缘亲情的最终回归。

2007 年

年产电影 50 部，但其中不乏口碑、票房俱佳的作品。

1 月，创立香港电影金像奖的《电影双周刊》停刊。

港产合拍片占据了内地电影市场的大半份额，达到 15 亿元人民币。《长江七号》内地票房达 2.02 亿元人民币，创下票房新高；《投名状》内地票房也高达 1.92 亿元人民币。

代表作：陈可辛作品《投名状》。

一直认为自己不会拍武打片的陈可辛，还是决定改编张彻的《刺马》，"在看吴宇森的《英雄本色》时，我就希望拍一部讲述男人情义的电影。"陈可辛为《刺马》加上了

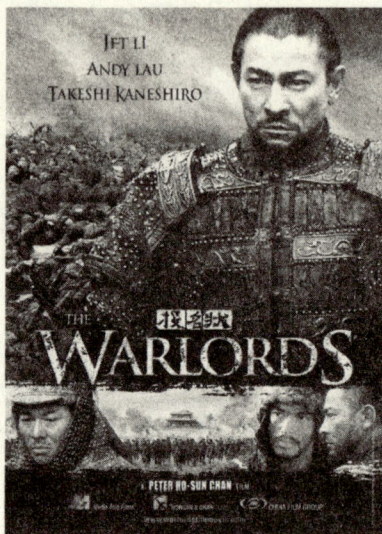
⊙陈可辛作品《投名状》

历史背景——1853 到 1860 年太平军起义的那段时间，他还特别设计了三场战争。刘德华饰演的赵二虎不再是为情而死，而是为民族大义牺牲。《投名状》的拍摄堪称是导演陈可辛对"兄弟情"的全新解构，"之所以选择这个角度，是我觉得在亲情、爱情和友情上，唯有友情最容易受到利益的诱惑"。

这个由偷情开始说起，并把兄弟之情淋漓尽致宣泄的陈可辛作品，终于又一次让观众看片如剥洋葱，每剥开一瓣，就会辣一次眼睛。

2008 年

香港回归的第 11 年，CEPA 协议实施的第五年。

港产片全面踏上"新埠片"道路。香港影评人汤祯兆在 2004 年年初出版的《2003 香港电影回顾——CEPA 所带来的"新埠片"变化》一文中特地提到新埠片的问题，"它正是我曾提及完全以国内市场为中心的新一类作品，我们有时会简称为'新埠片'。顾名思义，'埠片'就是以卖埠为主导的作品，当

香江之恋 **第十一章**

1978
1980
1985
1990
1995
2000
2005
200$

香港仍在稳执亚洲影业牛耳的年代中，时常要生产大量并不会在港上映的'电影'，到东南亚市场以应所需。而'新'就是指新一浪的'埠片'目的地，已由东南亚改为内地"。

二、青春梦

1978 —— 1984　群星争辉

　　七十年代中期以前的香港乐坛，是一个"外来语言"统治的年代，国语歌和英语歌占主导地位，民族小调和英美流行曲大行其道。出现的用本地话粤语演唱的歌曲多由粤剧曲韵改编而成。七十年代末，香港流行歌坛步入了新纪元。许冠杰、罗文、温拿、关正杰、林子祥、郑少秋、汪明荃、徐小凤、甄妮、叶丽仪、张德兰、区瑞强、叶振棠、奚秀兰、陈百强、钟镇涛、谭咏麟等许多著名的歌手与组合相继出现，整个香港歌坛呈现出生机勃勃、群星争辉的繁荣景象。

1978 年

　　温拿乐队宣布解散，其成员各自发展。单飞后的温拿成员中，谭咏麟成为香港乐坛第一人，而温拿的主唱歌手钟镇涛也走红歌影两栖。

　　成立于 1973 年的"温拿乐队"，英文名叫 Winners，即胜利者，成员包括谭咏麟、钟镇涛、彭健新、陈友、叶智强，即著名的"温拿五虎"。

⊙谭咏麟　　⊙许冠杰　　⊙罗文　　⊙甄妮

温拿乐队的崛起标志着香港当代流行音乐迈入新纪元。以英美流行曲的风格为基础填上粤语歌词的《钟意就钟意》、《玩吓啦》等红遍香江。

2月，许冠杰专辑《财神到》推出，东南亚总销量为二十万，而他于76年推出的唱片《半斤八两》，在东南亚总销量高达三十五万。

罗文推出《小李飞刀》。这首歌是香港乐坛最经典的歌曲之一，据说当时香港艺人到东南亚演出一定要唱这首歌。

1979 年

祖国内地的改革开放为香港流行音乐的发展提供了一个广阔而又巨大的市场。

罗文推出单曲《好歌献给你》，风格前卫。

甄妮推出个人第一张粤语大碟《奋斗》，出片即突破香港有史以来最快累积销售量，在两个月之内卖出 25 万张。

9月，陈百强首张个人大碟问世，立即引起广泛关注。

1980 年

林子祥凭《在水中央》及《分分钟需要你》两首歌曲在第三届十大中文金曲颁奖音乐会连获两个金曲奖。此后，从动人心弦的《千枝针刺在心》到激情澎湃的《男儿当自强》，林子祥的歌伴随了一代人的成长。

1981 年

香港的城市民谣运动给过于商业化的香港流行音乐注入了一股清新的空气。校园民谣和城市民谣的共同点，在于人文关怀。相对校园民谣，真正的城市民谣中，人文关怀的根子只会扎得更深。香港评论人廖伟棠说，在这个不安的时代中，我们的诗人哑言了，是城市民谣，唱出了社会巨变中小人物的负重。

叶振棠演唱《霍元甲》主题歌《万里长城永不倒》，受到好评。叶振棠在唱功方面，一向以运用"假音"的技巧闻名；而在歌曲的基调方面，则往往流于沧桑和悲凉。

1982 年

罗文与甄妮合唱的《射雕英雄传》主题歌《铁血丹心》和《世间始终你好》，成为著名的影视经典名曲。

汪明荃演唱的电视剧《万水千山总是情》同名曲，成为内地播出港台剧主题歌经典曲目。

1983 年

歌手们纷纷跳槽引发了香港歌坛的一连串地震。徐小凤率先从 CBS 跳槽到新成立的"康艺成音"；许冠杰、关正杰先后离开"宝丽金"加盟"康艺成音"；林子祥从"百代"跳槽到"华纳唱片"；罗文则由"百代"转到"华星"旗下，汪明荃也从"娱乐"过档到"华星"。前辈巨星们纷纷改换门庭给后辈新人们提供了良好的出头机会，如果宝丽金的两大台柱许冠杰以及关正杰不是在 1983 年双双出走的话，那么谭咏麟在 1984 年就未必能够迅速走红。

钟镇涛凭当年香港总票房第三的《表错七日情》一片的理想成绩，主题曲《一段情》（彭健新合唱）与插曲《要是有缘》分别入选无线电视十大劲歌金曲与香港电台十大中文金曲。大碟《要是有缘》销量达到白金数字。

1978
1980
1985
1990
1995
2000
2005
2008

1978~2008
中国流行文化三十年

香港著名摇滚乐队 Beyond 成立。Beyond 被公认为华语乐坛上最成功和最有影响力的乐队之一，Beyond 乐队在香港乐坛上可以说是一个奇迹。Beyond 的音乐至今对中国做乐队的后辈影响都非常大，有不少人曾经说过："香港没有摇滚，只有 Beyond。Beyond 不但在香港、中国内地及台湾均有大量乐迷，即使远在日本、马来西亚等国也有大量的歌迷。

叶丽仪演唱电视连续剧《上海滩》主题曲，气势磅礴，奔放自如。今日听来，仍令人荡气回肠。

1984 年

谭咏麟在 1984 年十大劲歌金曲四个季度 40 首季选歌曲中一人便不可思议地占了 10 首，并在年终席卷了几乎所有的大奖，不可动摇地确立了他乐坛第一人的地位。这也同时宣布香港乐坛进入了全盛时代。

谭咏麟的两张大碟《雾之恋》和《爱的根源》获得了不可思议的成功，尤其后者可能是香港乐坛二十多年来最出色的专辑，《爱的根源》、《爱在深秋》、《夏日寒风》等多首名曲风行天下。

8 月 4 日至 9 日，谭咏麟在红勘体育馆举行六场演唱会，打破了入场人数最高的纪录。

张国荣凭《Monica》一炮走红，以其英俊潇洒、青春活力而又有些前卫的形象，成为众多少男少女醉心的偶像。

在许冠杰之后，甄妮成为第一位进入红勘体育馆举行售票演唱会的女艺人。

陈慧娴以一首《逝去的诺言》脱颖而出，成为香港电台中文歌曲龙虎榜冠军。

1978

1980

1985

1990

1995

2000

2005

2008

1985 —— 1990　乐队风潮

80 年代中后期，香港乐坛掀起一股组建乐队热潮。著名的有"达明一派"、"草蜢"和"太极乐队"等。其中的佼佼者逐渐成长为香港乐坛的中坚力量。

1985 年

歌唱大赛出身的吕方推出首张个人专辑《听不到的说话》一炮打响。

香港乐坛第一"舞男"杜德伟出道。早期代表作有《夜半一点钟》、《天生喜欢你》、《忘情号》、《信自己》、《给我吧》等。

"歌神"张学友首张大碟《Smile》一炮而红，成为万众瞩目的新星。

当刘以达遇上黄耀明，当陈德彰遇上黄耀光，当七子化成太极，当 Beyond 开始唱出心中的理想，香港第二波乐队风潮为流行乐坛带来一股新的空气。这一年，组建的乐队有"达明一派"、"草蜢"和"太极乐队"。

"太极乐队"参加第一届嘉士伯流行音乐节，参赛歌曲为"暴风红唇"，结果赢得全场总冠军及多个奖项，开始走红。

12 月，出道仅三年的梅艳芳首次举行个人演唱会。

1986 年

6 月，"Raidas"成立，以一首自己创作的《吸烟的女人》获得香港赛区亚军，名噪一时，随后发行了首张专辑《吸烟的女人》。

8 月 15 日至 30 日，谭咏麟在红勘香港体育馆举行"富士谭咏麟万众狂欢演唱会"，连开 20 场。

1987 年

张国荣的大碟《Summer Romance》击败谭咏麟两张著名专辑《墙上的肖像》和《再见吧 ?! 浪漫》成为当年最佳大碟，主打歌《无心睡眠》挤掉谭咏麟的《Don't say goodbye》当选十大劲歌金曲的金曲金奖。

"港乐诗人"黄凯芹推出 EP 唱片《再遇》及个人首张专辑《Moody》；《Moody》获得双白金销量；

四月，"达明一派"推出经典大碟《石头记》，连续三星期成为本地中文唱片销量冠军。

Raidas 乐队 87 年的专辑《传说》风头一时无两，著名作品有《别人的歌》、《传说》、《吸烟的女人》。

1988 年

李克勤借大碟《夏日之神话》成名。

"温拿乐队"解散十周年之时推出专辑《温拿十五周年纪念》，其中《千载不变》打入当年的十大金曲。

1989 年

张国荣、梅艳芳、林子祥以及陈慧娴的退出是香港乐坛一条清晰的分界，巨星的退隐使乐坛好似一下没有了方向。

李克勤的名曲《一生不变》使他成为万众瞩目的新秀，被谭咏麟公开视为"接班人"。

徐小凤在红馆连开 33 场演唱会。音乐录影《明月千里寄相思》、《心恋》在大陆春节晚会播出，在内地掀起了"徐小凤热"。

258

1990 年

在影坛红得发紫的刘德华凭当年两张专辑《可不可以》、《再会了》的出色表现火速蹿红，一举摘走当年最受欢迎男歌手大奖。

刘德华是香港歌手成功打入国语歌市场的第一人，他的国语歌代表作《如果你是我的传说》、《我和我追逐的梦》、《忘情水》、《真永远》、《相思成灾》、《中国人》、《孤星泪》、《笨小孩》等名曲在有华人的地方随处都可以听到。一路唱着绵绵情歌的刘德华终于如愿以偿，登上香港地区歌坛"四大天王"的宝座。

黎明因主演电视剧《人在边缘》而在香港以及华语地区一夜走红，同年他发行了第一张唱片《Leon》，获得当年香港乐坛颁奖的最佳新人奖。从此黎明在乐坛的声势迅速蹿升，成为叱咤香港超过 10 年的"四大天王"中最年轻的一位。

郭富城首张《对你爱不完》专辑发行，一个月，突破 100 万张，大街小巷反复传唱。

陈慧娴以《千千阙歌》夺得十大劲歌金曲颁奖典礼"我最喜爱歌曲大奖"。

⊙刘德华　　⊙张学友　　⊙郭富城　　⊙黎明

1978～2008
中国流行文化三十年

1991 —— 1999   "天王" 之外

九十年代末，四位英俊小生陈晓东、古巨基、古天乐、谢霆锋被媒体称为"四小天王"。而陈奕迅则被许多人认为是香港流行音乐新时代的指标人物之一。

只是这一时期，他的光辉一直隐没在巨星的阴影里。

1991 年

偶像派歌星的代表人物黎明的第三张专辑《是爱是缘》获全年最佳销量，使他成为当时最受欢迎的艺人之一。偶像派歌星的特征是唱功平平，但外表俊美，拥有大量非常忠心的歌迷。

梅艳芳举行"告别舞台演唱会"，连开 30 场，场场爆满。

郑伊健加盟 BMG 唱片公司。

1992 年

郭富城自在港推出粤语专辑《请把我的情感带回家》形成抢购热潮，勇夺四白金销量后，更以迷人的舞姿、俊俏的形象、健硕的身型与清新的歌声渐渐

深入人心，迅速蹿红。与张学友，刘德华，黎明一同被香港媒体封为"四大天王"。之后更是得到了"亚洲舞王"的美誉。

早期以艺名"王靖雯"出现的王菲推出成名作《容易受伤的女人》，这首歌在四大天王交火白热化之时悄然杀上各大排行榜榜首并入选年终十大金曲，王菲在歌坛几年的奋斗终成正果。

徐小凤举行的告别演唱会连开 43 场，创下香港乐坛纪录。

吕方推出专辑《弯弯的月亮》。

郑伊健推出首张个人大碟《不要哭了》。初出歌坛的他一举夺得劲歌台"劲

⊙古巨基   ⊙陈晓东   ⊙古天乐   ⊙谢霆锋

爆新晋靓人大奖"。

1993 年

香港歌坛的创作人联合各大传媒掀起了一场提倡原创的运动，并确定每年的十大金曲不再接受改编作品。

陈小春连出四张大碟：《满天星音乐 VOL.1》（国语版）、《满天星音乐 VOL.1》（粤语版）、《白嘉倩·我有我》、《不如重新开始》。

1994 年

王菲歌风大变，不仅舞台造型非常前卫，歌曲也表现出很强烈的随意性，人气更上一层楼，取代叶倩文成为香港乃至东南亚最受欢迎的女歌星。

林子祥获颁"香港乐坛最高荣誉 —— 金针奖"。

古巨基推出首张音乐大碟《爱的解释》。

1995 年

陈晓东正式进军乐坛，加盟宝丽金唱片公司（后改名为香港环球唱片），成为谭咏麟，张学友，黎明的师弟。

古天乐签约华星唱片公司，开始音乐之路。

陈慧琳正式签约成为"正东唱片公司"旗下歌手。8 月拍摄电影《仙乐飘飘》，推出首张电影原声大碟。9 月同陈晓东、陈建颖、邱颖欣推出杂锦碟《打

261

开天空》，正式加入乐坛。

1996 年

许志安一曲唱尽男人心声的《男人最痛》成为香港全年热爆歌曲之一，使其人气一度急升。

谭咏麟获年度十大中文金曲颁奖礼 —— 金针奖。

1997 年

"第一代玉女掌门人"周慧敏宣传退出歌坛。其代表作有《天荒爱未老》、《如果你知我苦衷》、《自作多情》、《感情的分礼》、《痴心换情深》、《自动自觉》等。

1998 年

"温拿乐队"成立二十五周年，举办纪念演唱会并推出《温拿25周年演唱会98》专辑。

1999 年

陈奕迅在乐坛崭露头角，在华星推出的专辑如《幸福》、《天佑爱人》、《Nothing really matters》和《新生活》热卖，《幸福摩天轮》、《当这地球没有花》和《每一个明天》等歌曲流行一时。同年与"乐坛大姐大"梅艳芳合唱《同声一哭》。

谢霆锋推出经典大碟《谢谢你的爱1999》。

2000 —— 2008 断层

2000 年以后，香港歌坛出现凋零的景象。罗文、梅艳芳、黄霑等人先后病逝。活跃在歌坛上的仍是些老面孔，新生代中称得上中流砥柱的似乎只有陈奕迅。

2000 年

久未开声的梁朝伟，在导演王家卫的全力扶持下，在台湾另类天后陈姗妮的亲自操刀下，推出电影同名歌曲《花样年华》。

谢霆锋推出《零距离》和《活着 Viva》两张粤语大碟，走的是硬式流行摇滚的路子。

2001 年

许志安在 2001 年度《十大劲歌金曲颁奖典礼》中夺得"最受欢迎男歌星"。

2002 年

10 月 18 日，罗文病逝。

陈奕迅凭国语专辑《special thanks to...》夺得《台湾金曲奖》"最佳国语男演唱人"，成为续张学友后首位夺得这个大奖的香港歌手。

李克勤、谭咏麟、梅艳芳分别举办演唱会。

沉默多年的 Beyond 的黄家强，年底首度以个人发展推出了他的《be rightback》，碟内好歌《信则有》是继《冷雨夜》后又一绝世情歌。

王菲年底推出专辑《将爱》。

263

2003 年

4 月 1 日，张国荣选择这一天结束了他短短的四十六年生命。

12 月 30 日，梅艳芳病逝。到 2003 年为止，梅艳芳在香港红勘体育馆共开了 147 场演唱会，创下首位香港歌手在红馆开个人演唱场次最多纪录。

2004 年

11 月 24 日凌晨，香港乐坛才子黄霑病逝。

12 月 24 日，环球、华纳和 EMI 三大唱片公司联合发行首张纪念专辑《笑傲歌坛 黄霑传世经典》。

2005 年

卢巧音推出专辑《天演论》。触及了宗教、历史、社会、文化等方面。反映香港流行音乐的制作者，开始逐渐转移向以阅读深度为取向的高端听众。

初为人父的陈奕迅呈现成熟魅力，声音表现出了比以往更多的细致触感。

林忆莲《本色》回归，不仅带回了经典的声音，也带回了新的都市触觉。

2006 年

陈奕迅再创事业高峰，囊括四台的男歌手奖项：新城劲爆男歌手，叱咤乐坛男歌手金奖，无线最受欢迎男歌星，港台最优秀流行男歌手。

2007 年

陈奕迅最终在四大颁奖礼上夺得 20 个奖项，成为 2007 年最大赢家。

容祖儿成香港乐坛年度获奖最多的女歌手。

2008 年

近年冒起的女歌手谢安琪坐拥五首冠军歌曲，其中《囍帖街》更是唱到家喻户晓。

拥有三首冠军歌的黑马麦浚龙成为男歌手之冠。

第十二章
心中的日月

1978
1980
1985
1990
1995
2000
2005
2008

一、悲悯的视角

20 世纪 70 年代，活跃在台湾影坛的二林（林青霞、林凤娇）二秦（秦汉、秦祥林）银幕上下的爱情故事，成为观众关注的焦点。

80 年代，许多出国学电影的人纷纷回到台湾，如万仁、杨德昌、柯一正、曾壮祥等。本土新生代导演陈坤厚、侯孝贤日趋成熟。新电影运动兴起。

如果真要对台湾新电影做一个总结，最大的特点，是导演们始终用俯身的姿态，不动声色地表现凡俗生活，冷静而悲悯。

1982 年

代表作：《光阴的故事》。

《光阴的故事》由陶德辰、杨德昌、柯一正、张毅分别执导其中的一个故事，分别是陶德辰的《小龙头》、杨德昌的《指望》、柯一正的《跳蛙》和张毅的《报名上来》。

时间代表人生历练的过程，有成长的喜悦，也有岁月流逝所带来的残酷。童年的梦与寂寞，少女的期待与失落，青年的热情奔放如野马，成年后的杂乱无章，对人生的回顾等，四个年轻的新锐导演共同完成了这个故事，这种同时推出多个新人的决策拉开了台湾新电影的序幕。

1983 年

代表作：《儿子的大玩偶》。

侯孝贤、曾壮祥、万仁执导的《儿子的大玩偶》是乡土小品电影的一部佳作。内容分为三段，均取材于黄春明的短篇小说：《儿子的大玩偶》、《小琪的那顶帽子》、《苹果的滋味》，以写实手法表现十多年前台湾的一些小人物故事，亲切动人。

269

1978

1980

1985

1990

1995

2000

2005

2008

1978~2008
中国流行文化三十年

1984 年

文学电影蔚为风潮，成为新电影主流，如《金大班的最后一夜》、《玉卿嫂》、《嫁妆一牛车》、《在室男》、《不归路》、《杀夫》、《策马入林》、《我爱玛莉》等。

1985 年

《童年往事》与《我这样过了一生》完成，侯孝贤、杨德昌与张毅受到国际影坛注目。

《童年往事》是导演侯孝贤自传性色彩极为浓厚的一部电影。影片始于阿孝的一段自白，细数一家人自大陆迁台后的童年记忆。这段成长情怀经历父、母及祖母分别过世的阶段，除了对不同阶段的阿孝造成关键性影响，也将整个故事划分成几个部分，成为那个特有时代的一曲命运交响诗。

1986 年

《好小子》与《一见发财》首映，缔造了十余年来国产片单日卖座的最高成绩，并引起之后一系列僵尸片与儿童功夫片的跟风。

⊙电影《好小子》系列

1978
1980
1985
1990
1995
2000
2005
2008

1988 年

侯孝贤的《恋恋风尘》参加第十八届南斯拉夫贝尔格勒影展，成为第一部官方选派进军东欧国家影展的影片。

1989 年

对于台湾电影，1989 年是极为重要的年代。"政府辅导金"护送了一批导演走向国际。

代表作：侯孝贤《悲情城市》，获威尼斯电影节金狮奖。

故事剧情描写国民政府治理台湾初期的情形，从一个家庭的故事反映出时代变迁及政权轮替过程中，所造成不可磨灭的冲突，探讨了台湾人的处境及身份认同的问题。

1990 年

代表作：许鞍华《客途秋恨》，获亚太影展最佳影片。

《客途秋恨》这个片名，出自粤曲名伶白驹荣的南音，开头两句就是 ——"凉风有信，秋月无边。"道出了人生路上的无尽荒凉。

1991 年

这是一个台湾本土电影市场制片及票房都走下坡的年头，年产影片 33 部，比去年减少 48 部，少了一半还要多，观众减少 140 多万人次。

代表作：杨德昌《牯岭街少年杀人事件》。荣获第二十八届台湾电影金马奖最佳剧情片、最佳原著剧本奖；第四届《中时晚报》电影奖商业映演类评审团大奖；第四届东京国际电影节评委会大奖；第三十六届亚太影展最佳影片奖；第三十八届《电影旬报》电影奖最佳外国导演奖。

内容提要：建中夜间部初二的学生小四爱上了"小公园"老大 Honey 的

271

女友小明，而 Honey 并不阻止，反而与他单独畅谈，甚为投机。不久 Honey 被"712"眷村帮老大山东暗算，丧生于车轮下。小四因顶撞校医被开除，其父也由于所谓的"政治问题"遭隔离审查之苦。而唯一能带给小四以希望的小明却又转与他的铁哥们儿小马相好，愤怒的小四一时冲动用刀杀死了小明。

1992 年

⊙赖声川作品《暗恋桃花源》

年产电影 40 部。

代表作：赖声川《暗恋桃花源》。影片获 1992 年第五届东京国际电影节青年导演银奖，台湾金马奖最佳男配角和最佳改编剧本奖，最佳剧片和最佳录音入围，及台湾影评人协会评选的 1992 年度十大华语片第 3 名。

内容提要："暗恋"剧组和"桃花源"剧组都与剧场签订了当晚在一处剧院彩排的合约，遂发生了对舞台的争夺。

"暗恋"是一出现代悲剧。青年男女江滨柳和云之凡在上海因战乱相遇，亦因战乱离散；后两人不约而同逃到台湾，却彼此不知情，苦恋 40 年后才得一见，时已男婚女嫁多年，江滨柳濒临病终。

"桃花源"是一出古装喜剧。武陵人渔夫老陶，其妻春花与房东袁老板私通，老陶离家出走，缘溪行，发现桃花源；入桃花源后，遇见的人还是春花和袁老板，但又似是而非，三人度过愉悦的时光；老陶回武陵后，春花已与袁老板成家生子，但家境破败。

导演赖声川说："《暗恋桃花源》的成功，在于它满足了台湾人民潜意识的某种愿望：台湾实在太乱了，这出戏便是在混乱与干扰当中，钻出一个秩序来。让完全不搭调的东西放到一起，看久了，也就搭调了。"

《暗恋桃花源》被拍成电影以后，影片事实上就成了三种语言的奇妙织体：

台词（文字）语言，舞台（剧场）语言和电影（镜头）语言。三种语言的织体丰富了影片的语言层次感，《暗恋桃花源》就成了古今悲喜交错差互的舞台奇观。

1993 年

年产电影 26 部

代表作：李安《喜宴》。获第 43 届柏林国际电影节最佳影片金熊奖，第 30 届台湾金马奖最佳剧情片、最佳导演奖。

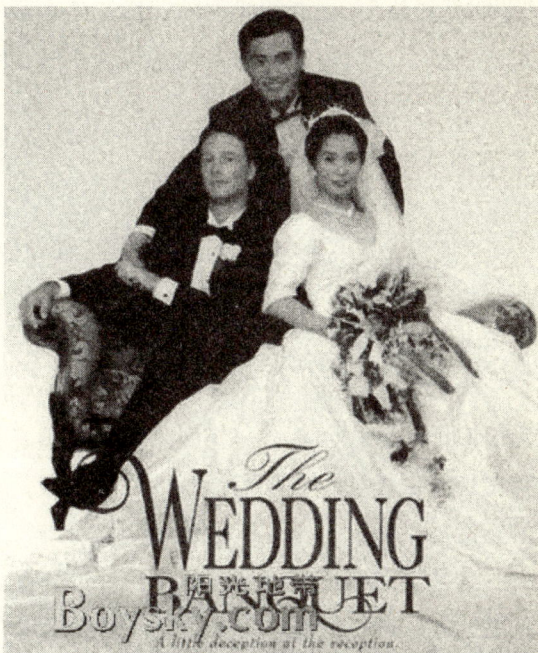
⊙李安作品《喜宴》

《喜宴》是台湾电影第一次入围奥斯卡金像奖最佳外语片，同时它也是 1993 年全球投资报酬率最高的影片。

内容提要：定居美国的高伟同（赵文瑄 饰）是一个同性恋者，他和他的恋人、一位叫 Simon（Mitchell Lichtenstein 饰）的美国男子，一起住在纽约的曼哈顿。但高伟同在台湾的父母（郎雄、归亚蕾 饰）并不知道自己的儿子是同性恋，他们不断地催促国伟快点结婚，好承继高家的香火。恰好高伟同的公寓里借住着一位来自中国内地的非法女移民顾葳葳（金素梅 饰），于是 Simon 出了个主意：让伟同和葳葳结婚。这样一来既安抚了伟同远在台湾的父母，又能使顾葳葳拿到梦寐以求的绿卡，而且还能保持 Simon 和伟同之间的同居关系。

伟同的父母闻知喜讯欣然来到了纽约，为儿子操办喜事。于是各种各样的情感纠纷、人际冲突便在一个热闹忙乱的中国式喜宴背后展开了……

《喜宴》是一部伦理片，东西方文化同异，两岸华人在海外，两代关系，对子孙后代、婚姻、同性恋的种种不同看法……方方面面都有涉及。

273

1994 年

代表作：蔡明亮《爱情万岁》，摘取威尼斯金狮奖。

《爱情万岁》以大胆接近角色的长镜头捕捉细节，从本片开始建立独特的"蔡明亮风格"，也开始吸引欧美影迷走入蔡明亮孤独的世界。不过，因故事简单和拍摄手法的晦涩，导致许多观众不易了解，票房并不理想。

1995 年

年产 28 部本土电影，其中依靠"辅导金"成片的，超过半数。

代表作：张艾嘉《少女小渔》。荣获亚太影展最佳电影、最佳导演、最佳美术及最佳音响奖。

内容提要：一张绿卡换来一段似有还无的忘年恋。非法移民小渔来到纽约，为要取得居留权，不惜与年届六十的意国老头马里奥假结婚。本以为是台献给移民官的样板戏，但戏假情真，假戏真做，小渔与马里奥渐渐发展出一段微妙的感情关系……

这是唯一一部李安监制但不执导的作品，题旨又竟如此切合李导演一向关注的问题 —— 文化冲突、女性刻画。影片在张艾嘉的手里更见细腻深刻，结局令人黯然神伤，心有戚戚然。

1996 年

台湾本土电影产量达到历史新低，只有 18 部。好莱坞大片输入量却一路飙升。

代表作：侯孝贤《再见南国，再见》。

内容提要：三十多岁的流氓小高，属于新社会的旧人物，顾家、讲情义、有理想，挣扎在身边混乱的人际关系中间，奔波于帮派、老家、跟班琐事里。通过发生在几个小人物身上一连串的事件，揭露了黑社会对社会的危害的严重性。影片刻画了不良少年族群所面临的人生压力、心理苦闷、以及无法解决的

1978
1980

矛盾与难题……

在《南国再见，南国》的阶段，侯孝贤已经把彷徨于整个时代的人间万象，酝酿得更加丰满。一段是现代的台湾"金融政治"、"黑道治国"的社会暗流，一段是男女情爱和金钱权利之间的复杂关系，以此来剖析并且批判现实社会中人们的糜烂与堕落。

1985

1997 年

台湾电影年产 29 部。

代表作：蔡明亮《河流》。

内容提要：电影《河流》是蔡明亮"水三部曲"中的一部。蔡明亮的"水三部曲"，集中表现了同性恋之间的情感纠葛。

1990

孤独是这个社会里最严重的病症。这个病症是人类文明的产物，所以，蔡明亮利用了文明的反面去抨击这个社会现行的文明。蔡明亮匠心独运的闪光点，就是将孤独可视化，把孤独视成为一种病痛。

1997 年香港回归中国，台湾"新闻局"特别重新拟定了对香港进口电影政策，将香港电影等同于大陆片。同年 7 月，台湾电影特别增设评审团大奖，鼓励本土电影，可谁知当年金马奖几乎所有奖项均被《甜蜜蜜》、《春光乍泄》、《南海十三郎》、《宋家皇朝》等香港影片一举拿下，只得了两个男女配角奖。

1995

1998 年

台湾电影年产 23 部，外国影片进口 322 部，居九十年代之首。

代表作：陈国富《征婚启事》、蔡明亮《你那边几点》。

2000

《征婚启事》：眼科女医师吴家珍（刘若英饰）辞去了工作，在报纸上登了一则征婚启事，年龄不限，职业不限，学历不限，然后就开始了每天坐着公共汽车"好像上下班"的相亲征婚工作。于是，在同一间古朴雅致的茶楼，不同的座位，不同的时间，家珍和形形色色奇形怪状的男人见面……影片给了观众博览会般的征婚男人大阅兵的满足，是一场有强烈生活认同的窥私游戏。

2005

《你那边几点》用温柔的询问思考死亡这个深刻的主题：小康在父亲死后

275

2008

变得很怕黑，老觉得父亲的鬼魂在屋里走动。白天他在台北车站外面的天桥上卖手表，遇见了第二天就要出国的湘琪，买走他手上戴的旧款手表。湘琪走后，小康莫名地想念起她，只知道她去了遥远的巴黎，时差七小时。于是他拨动自己卖的手表的时针，后转七小时。而在巴黎的湘琪，躺在古老旅社的床上，睁大眼，整晚听着楼上天花板的脚步声走来走去，住在楼上的是谁呢？

1999 年

台湾电影年产量 16 部。

代表作：张作骥《黑暗之光》。获得东京电影节金奖、最佳影片奖以及亚洲电影奖三项最高奖。

内容提要：17 岁的盲女康宜总是在黑暗中望着窗外，用自己仅有的想象去营造画面。这年暑假，康宜在楼梯的拐角亲到了从军校退训的 18 岁男孩阿平的面颊，她表现出了少有的淡定。可是这黑暗中透射过来的一束明亮的光，很快就消失了。阿平在黑道冲突中死去，康宜的父亲也在大病后消失。康宜依然坚守着自己的生活，影片最后，烟花绽放，康宜看到父亲与阿平一起向自己走来。

导演张作骥认为：台湾底层的人们是愈底层愈有生命力，他希望从影片中传达出让人感动的情感，如同片名所透露出的论调 ——"人生总有光明和阴影的交错"。

2000 年

年产电影 19 部。

代表作：杨德昌《一一》。获第五十三届戛纳电影节最佳导演奖、第三十五届全美影评人协会奖最佳影片、《时代》周刊评选的年度十佳影片。

《一一》的影片背景主要是台北都市，它以一个普通家庭中各个成员所代表的不同年龄阶段来阐述人的一生中不同的成长历程及种种遭遇，在影片里，小康之家表面上似乎风平浪静，然而骨子里却是千疮百孔、危机四伏。可以说，杨德昌对于台北都市的触角是敏锐的，他不断地思考着都会里各阶层的人物，以及他们的生活结构。

276

1978
1980
1985
1990
1995
2000
2005
2008

2001 年

年产 10 部电影作品，市场占有率仅为 0.1%

代表作：侯孝贤《千禧曼波》。

《千禧曼波》描述舒淇饰演的 Vicky 回顾十年前 2001 时她与豪豪的一段过去，十六岁时两人相识，决定住在一起，但豪豪对她严格的检查控管，从身体的气味到每一张买东西的发票，甚至是电话卡上一通长途电话的记号，都可以让他从发了疯似地拷问到动粗丢热水瓶，她一次次的离开他，跑不开又再回去，反反复复，直到她终于下定决心，将所有的积蓄五十万花完的那一天，也就是她离开他的日子。

提及侯孝贤对现代年轻人的看法，他说到年轻的凋零及迅速一如纷落的银杏叶，一整片银杏叶的散落看似无他，也或许令人感伤，但如果你仔细的凝神灌注在某一片叶面，将那一瞬间的时空冻结，叶面的肌理与当下的状态，其实有着更为丰富且深刻的含意，也因此他用交叠的叙事发展，前后倒错重复的故事与画面，希望可以呈现出的是一种氛围与状态，而并不仅仅是单纯的故事或提供结局性的出路。

2002 年

这一年共有 16 部台湾电影面市。

代表作：易智言《蓝色大门》、陈国富《双瞳》。

《蓝色大门》的基调清新、干净、干脆。在蓝色大门里，每个人都能找到自己的初恋。

《双瞳》是部侦探惊悚片，由评论家出身的导演陈国富执导，讲述发生在当代台北的连续凶杀案和狂热的神秘宗教。

2003 年

年产电影 15 部。

277

代表作：李康生《不见》，获鹿特丹影展金虎奖。

《不见》的叙事起因是人物的丢失，阿嬷丢了孙子，小捷丢了爷爷。而寻找丢失的人物就一定要找到身份的认同。但在阿嬷寻找小亦的过程中，无论是向行人的询问还是在警局的请求都突出地显示：平日里与"身份"这一概念有关的一切都出现了认同危机。

现代文明的冲击下，传统的家庭伦理观不堪重负，冷漠更多地取代了关怀，家庭，就像片中不断出现的那些工地一样，外表看来漂亮，内在实则虚无。

2004 年

年产电影 22 部。

代表作：张艾嘉《20、30、40》。

《20、30、40》是一部描写三个不同年龄阶段的女性生活状态的影片，幽默诙谐又感人至深，影片也是第一次由港台三大影后张艾嘉、刘若英和李心洁同台飙戏的浪漫喜剧。最奇特的是影片剧本来自三位主演各自根据自身体验所写的故事。电影中充满着淡淡的哀伤和会心一笑的亲切感。

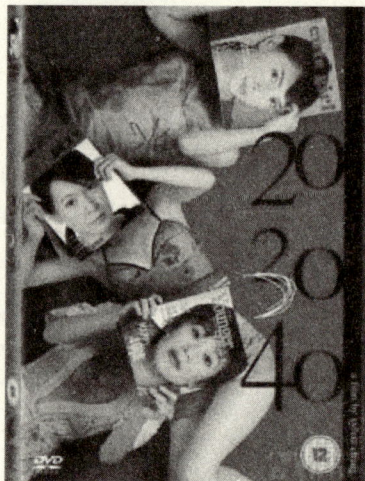

⊙张艾嘉作品《20、30、40》

2005 年

年产电影 28 部。

代表作：蔡明亮《天边一朵云》、侯孝贤《最好的时光》。

《天边一朵云》内容提要：湘琪是故宫看守文物的解说员，她的男友叫小康。只是她并不知情的是，以前卖手表的小康为生活所迫，应征做了 A 片的男演员。

蔡明亮筹拍时期曾专门约访了一些影片的男、女演员和导演，了解他们的真实状态。在《天边一朵云》里，蔡明亮尝试改变一直以来的文艺片风格，趋向商业化。但仍然保留着一些蔡明亮一贯以来的风格，完整诠释出人物内心的寂寞荒凉。

侯孝贤摘取了三个时代的三段爱情，称它们为《最好的时光》。

1911 年，能弹唱、吟诗的艺旦遇到心仪的男子，希望能赎身与他白头到老，可最终她只能成为别人的小妾；1966 年，男生喜欢上台球室里的计分小姐秀美。然而当男生服完兵役归来，秀美早已离开；2005 年，女歌手靖与男子震在自助洗衣店的相遇点燃了一段情，糟糕的却是他们各自都有男女朋友……

最好的时光是：人生若只如初相见……

2006 年

年产电影 50 部。

代表作：陈正道《盛夏光年》。

1981 年出生的陈正道，谈到《盛夏光年》的创作动机时说，自己也很年轻，也可以说是自我成长面对问题时的另一种呈现，就如同电影里最后结局想表达的意义一样，"没有什么事可以真正解决"、"每个人解决的方法不同，没有一定的道理"，电影的结局也没有明确的结果。

2007 年

代表作：李康生《帮帮我，爱神》。

故事围绕三个都市人而展开：二十八岁的杰因亚洲金融风暴失业，从此沉沦毒海；三十五岁的琪琪曾被强暴，后来做了生命热线的义工；二十岁的小楦则在杰家的楼下卖槟榔。阿杰与生命线义工琪琪的线上互动，有如打了一针无形的毒剂，添加了生活的刺激。在现实生活中，又与邻居槟榔西施小瑄发生肉体接触，给了他另一种安慰。

三个人各有自己的背景和故事，又各自纠缠，他们内心空虚而焦灼，都渴望被爱、被了解、被帮助，但最终，却谁也帮不了谁。

1978

1980

1985

2008 年

代表作：魏德圣《海角七号》。创下 4 亿新台币的超高纪录，成为台湾地区有史以来票房最高的华语电影。

《海角七号》的"奇迹"在于：这部没有大明星的导演处女作，在金融危机、台湾民众情绪低迷时，以小人物努力生存的毅力和诙谐幽默的内容，让民众重拾了对这块土地的认同。

1990

1995

2000

2005

1978
1980
1985
1990
1995
2000
2005
2008

二、光阴的故事

1978—1993 最好的时光
1994—1999 盛夏的果实
2000—2008 看我 72 变

纵观近三十年台湾歌坛，江山代有才人出。

70 年代，台湾的台语乐坛出现了一位极富传奇色彩的歌手 —— 陈达。他把现代民歌的机制引入到台语作品中。这其中最为突出的就是由他创作的一曲《思想起》。民歌逐渐深入到了人们生活的每一个角落，一时涌现出了齐豫、李健复、马宜中、邰肇玫等现代民歌的代表人物。

进入 80 年代，面对时代飞速前行的脚步，民歌的发展已远离了与现实生活的距离。罗大佑、苏芮等人引导的黑色革命席卷而来。他们的作品通过对特定物象的描写，刻画出一幕幕经过敏锐观察剖析后的台湾社会现状。在内容上较之以往更为犀利与尖锐。

80 年代后期，李宗盛成为当时无人能及的"王牌制作人"。

90 年代中后期日本乐坛"少年队"等偶像团体的崛起，无形中带动了台湾偶像组合的发展。在"小虎队"走红乐坛之后，乐坛上相继涌现了"红孩儿"、"红唇族"、"四个月合唱团"新偶像组合。

21 世纪以来，受时代流风裹携，流行乐坛迈入了电声化、卡通化。流行乐坛不再关心心灵的对话、情感的写照、梦想的起源。流行歌坛最重要的音乐潮流是 R&B，这种来自欧美的曲风，经过陶喆、王力宏的改良，最后由周杰伦发挥到极致，并一举席卷全国。

1978～2008
中国流行文化三十年

1978 ——— 1993   最好的时光

  1978 年到 1993 年，是台湾歌坛的黄金岁月。台湾歌坛历经了民歌、校园歌曲、乡土摇滚、台语民谣、商业流行等数度创作风潮的更替，推出了数千张风格各异的专辑，可谓精彩纷呈。

  在此期间不仅出现了李泰祥、李寿全、罗大佑、李宗盛、小虫等堪称台湾歌坛领军人物的著名制作人、作曲家，还出现了诸如齐豫、蔡琴、潘越云、费玉清、黄莺莺、苏芮、童安格、齐秦、王杰、庾澄庆、姜育恒等无数个性鲜明、实力非凡的歌手。他们的出现为台湾歌坛注入了无限活力，台湾流行音乐的创作达到一个空前活跃优产的黄金时期。

1978 年

  流行歌曲：《月朦胧鸟朦胧》、《处处闻啼鸟》、《踩在夕阳里》、《捉泥鳅》、《闪亮的日子》、《儿女情长》、《泡菜》、《池塘边》、《风告诉我》。

  致力于民谣的许常惠组织"台湾全省民众音乐调查队"，环岛采集民谣。并将中国音乐以西方作曲方法重写，颇受好评。其知名的作品有从红楼梦中写出的"葬花吟"清唱曲；还有白蛇传歌剧，百家春协奏曲等。

  齐豫以一曲《Diamond & Rust》荣获第二届金韵奖冠军、第一届民谣风冠军，首支单曲《乡间小路》收录于《民谣风》第一辑。

  外号青蛙王子的高凌风走红。其怪异的舞台动作，无法伸直的颈部，以及经由母亲越南口音所启发的鼻音唱腔，成为当时舞台艺人争相模仿的对象。

1979 年

  流行歌曲：《小城故事》、《一颗红豆》、《雁儿在林梢》、《踏浪》、《我心属于你》、《人在黄昏里》、《兰花草》、《雨中即景》、《阿美阿美》、《榕树下》。

1978

1980

1985

1990

1995

2000

2005

2008

齐豫推出个人首张专辑《橄榄树》，堪称民歌时代的经典代表作品。演唱电影《欢颜》的主题曲《欢颜》，荣获金马奖最佳电影主题曲。

年底，著名的词曲作者侯德健创作出了《龙的传人》。当他在演唱会上首次发表这首作品时，引起了乐迷和官方极大的重视。

蔡琴推出专辑《出塞曲》。其中，由刘家昌创作的《庭院深深》，给人们留下了极深的印象，在音乐上广受好评。她波澜不惊、低回委婉的歌声，仿佛是一种被遗忘了的古老语言，有着一种古典的浪漫，一种优雅的感伤。

1980 年

流行歌曲：《原乡人》、《金盏花》、《天凉好个秋》、《你那好冷的小手》、《我的小妹》、《在这里》、《你说过》、《美丽与哀愁》、《归人沙城》、《秋蝉》、《恰似你的温柔》、《出塞曲》。

这一年发行的《包美圣之歌》、《樵歌》、《季节雨》、《偈》、《献给父亲》等作品，均为民歌运动中极为重要的专辑作品。

1981 年

流行歌曲：《一串心》、《不一样》、《假如我是真的》、《牵引》、《呢喃》、《好好爱我》、《朋友歌》。

六位民歌风潮中的佼佼者：李寿全、苏来、靳铁章、许乃胜、蔡琴、李健复组建"天水乐集"工作室，在台湾乐坛上首开音乐工作室先河。尽管"天水乐集"仅推出了两张作品（李健复《柴拉可汗》，李健复、蔡琴《一千个春天》）即宣布解散，但这两张作品却堪称是民歌时代末期力挽狂澜的经典之作。

台湾首支流行乐团丘丘合唱团成立。成员包括团长兼吉他手邱晨、主唱金智娟（娃娃）、鼓手林俊修、键盘手李应录及贝斯手李世杰。

在罗大佑的倾力打造下，张艾嘉推出《童年》专辑，这也是罗大佑制作的首张唱片。

1978

1980

1985

1990

1995

2000

2005

2008

1978～2008
中国流行文化三十年

1982 年

流行歌曲：《却上心头》、《风儿踢踏踩》、《我的歌》、《鹿港小镇》、《楚留香》、《不要说再见》。

重量级创作歌手罗大佑推出了他的第一张作品《鹿港小镇》。他戴着墨镜，穿着黑衣，烫卷头发，口齿不清地唱着"假如你先生来自鹿港小镇，请代我问候我的爹娘……"，在歌坛掀起一阵黑色旋风。

罗大佑的《之乎者也》发行。喜欢罗大佑是因为他的歌陪伴了一代人的青春成长：从《童年》到《你的样子》、从《告别的年代》到《乡愁四韵》、从《恋曲 1990》到《野百合也有春天》—— 苍凉的忧伤慰藉了许多年轻茫然的心。

高胜美推出《说起了我的梦》超级白金纪念专辑，轰动海峡两岸，更被誉为邓丽君之后，代表全世界中国人喜爱的声音。

1983 年

流行歌曲：《倩影》、《一样的月光》、《就在今夜》、《天使之恋》、《小雨来得正是时候》、《星星知我心》。

苏芮首张国语专辑《搭错车》体现了故事与音乐互为附注的完美结合。同时，她完成了演唱生涯的一次转折。

齐豫沉寂一年多后推出个人第二张专辑《你是我所有的回忆》。

林淑容推出第一张专辑《安娜》。由于其歌声与外形均非常酷似凤飞飞，尤其当她翻唱凤飞飞的成名曲，像是《枫叶情》、《爱你在心口难开》、《巧合》、《呼唤》、《敲敲门》、《我是一片云》、《爱的礼物》……等等脍炙人口的歌曲，更是模仿得惟妙惟肖，也正因为如此，被冠上"影子歌后"的称号。

1984 年

流行歌曲：《梦驼铃》、《两忘烟水里》、《最后一夜》、《读你》、《昨夜星辰》、《把心留住》。

284

12月，李恕权出版第一张国语专辑《回》，疯狂蝉联排行榜第一名。尽管专辑中只有两首中文歌曲，仍以独特的唱腔，丰富的音乐性，自然不做作的演出方式掀起一阵蚱蜢旋风。

费玉清的新专辑《梦驼铃》大卖。曾经有人说，"华人世界最被推崇的抒情歌手之最，女声首推邓丽君，而男声除了费玉清外，不作第二人想。"

蔡琴因专辑《此情可待》成为销售天后。《最后一夜》、《蝶衣》、《读你》，一首首好歌让人过耳难忘。

姜育恒第一张个人专辑《爱我》出版，立刻风靡歌坛，获"金嗓奖"最具潜力新人奖。

1985 年

流行歌曲：《最后的温柔》、《玻璃心》、《哑口》、《台北的天空》、《明天会更好》、《激情过后》、《无言的结局》。

齐豫与三毛、王新莲制作《回声》专辑，并与潘越云共同担任演唱，此张专辑旋即造成国内、海外经典话题。随着三毛的离世，《回声》已成绝响。

杨林专辑《玻璃心》卖出十三万张。

齐秦以"狼"的姿态出现在乐坛，引发国语乐坛的一次音乐革命。从"大约在冬季"到"狼"等经典歌曲，到 90 年代末"不让我的眼泪陪我过夜"、"这一次，我绝不放手"等歌曲再度流行一时，齐秦以其出色的创作能力和独特的声线影响了众多歌迷和后辈歌手。

1986 年

流行歌曲：《走在阳光里》、《我的爱》、《我还年轻》、《谢谢你曾经爱我》《无言的结局》、《分手》。

台湾歌坛现今最有影响力的制作人李宗盛创作并演唱的首张专辑《生命中的精灵》发行。此时他由"木吉他合唱团"跨入音乐圈，并为郑怡制作了热门专辑《小雨来得正是时候》。音乐创作的真诚及词曲的平易，是李宗盛作品最动人的地方。

庾澄庆发行首张专辑《伤心歌手》。他始终在自己的专辑中实验不同的音乐曲风，并将欧美流行音乐类型引入到国语歌曲的创作之中。

千百惠推出第二张专辑《想你的时候》引起不俗反响。

1987 年

流行歌曲：《心情》、《驿动的心》、《大约在冬季》、《萍聚》、《我只在乎你》

12 月，由龙虎舞狮出身的王杰在制作人李寿全先生赏识之下，加盟台湾飞碟唱片公司，以歌手身份推出第一张个人专辑《一场游戏一场梦》。销售达25 万张，并雄霸排行榜半年之久。

独特的颤音唱腔，带着眼镜斯文的长相，与生俱来的忧郁气质，"忧郁王子"姜育恒出版专辑《驿动的心》。其深具磁性的口白表演，开启流行歌坛情歌新类型。

周华健正式出版在滚石的个人首张专辑《心的方向》，从此奠定歌坛地位。

1988 年

流行歌曲：《我的未来不是梦》、《一场游戏一场梦》、《你知道我在等你吗》

年初，王杰在台湾推出第二张专辑《忘了你忘了我》，成绩依然骄人。延续销售热潮（至今突破 50 万张）。同年六月以《安妮》一曲登上香港各大流行榜冠军宝座。

童安格推出专辑《其实你不懂我的心》。生于 70 年代的人都听过童安格的歌，至今仍萦绕耳际挥之不去。那个年代的童安格代表了一种儒雅风范，一种不寻常的"王子"气度。

赵传推出专辑《我很丑，可是我很温柔》。偶像当道的年代，唱片公司敢于推出赵传，有着相当的眼光和魄力。赵传卑微之后的狂野与柔情，迅速席卷了一片靡靡之音的歌坛。

张雨生自组金属小子乐团参加第一届台湾省热门音乐大赛，获团体组冠军及最佳主唱。随后为黑松沙士演唱主题曲《我的未来不是梦》，并发行了出道之后第一张个人专辑《天天想你》。整张专辑风格清新，充满着属于年轻人的光明与希望。当时创下 35 万张的销售记录。而主打歌《天天想你》，更是成为传唱大街小巷，耳熟能详的张雨生招牌歌之一。

张信哲在《男欢女爱》专辑中与潘越云合唱《你是唯一》成为备受瞩目的新人。

1989 年

流行歌曲：《梦醒时分》、《逍遥游》、《其实你不懂我的心》、《我是不是你最疼爱的人》、《我很丑，可是我很温柔》。

王杰在台湾推出第三张国语专辑《是否我真的一无所有》，一个月内冲破 50 万张销售大关。

温婉女子陈淑桦入木三分地唱活了李宗盛笔下一个个跻身都市的《女人心》。淡淡的清新与清纯，散发出独特的人文气息。

庾澄庆专辑《让我一次爱个够》推出，大受欢迎。

高胜美主唱《海鸥飞处彩云飞》主题曲，销售突破六十万大关。

张信哲推出三张专辑并以《我们爱这个错》、《让我忘记你的脸》一举成名。

辛晓琪推出成名曲《在你背影守候》。她的歌声中蕴藏着所有爱情里的幸福和伤痛，逐渐成为群星璀璨的华语乐坛中不能被忽视的声音。

1990 年

流行歌曲：《蜗牛的家》、《在你背影守候》、《谁在秋天见到我的心》、《风中的承诺》、《不要问我》、《是不是这样的夜晚你才会这样的想起我》、《红蜻蜓》、《你就是我唯一的爱》、《生命是一首澎湃的歌》、《你爱的是我还是别人》、《特别的爱给特别的你》。

青春亮丽的陈明真凭借《变心的翅膀》成为新一代玉女偶像。

郑智化的歌曲带有浓重的草根味道，他将笔触贴近世间百态，甚至是底层人民的生活状态，在人群中引起强烈共鸣。

薛岳推出最后一张专辑《生老病死》。这年 9 月，癌症末期的薛岳用自己最后的精力举办了《灼热的生命》演唱会，流着泪演唱《如果还有明天》。

第一届金曲奖最佳年度歌曲奖：《我想有个家》。

1991 年

流行歌曲：《大雨》、《潇洒走一回》、《钟爱一生》、《认错》、《酒后的心声》

孟庭苇出版第三张个人专辑《你看你看月亮的脸》。在台湾销售超过 50 万张，亚洲地区销售总数字超过 500 万张，这是孟庭苇个人歌唱生涯的转折点，并为她赢得"月亮公主"的雅号。

伍思凯推出个人第五张专辑《爱的过火》，整张专辑呈现给歌迷的是浓浓的爵士味，标题曲恰恰的节奏使整首曲子朗朗上口。

"小虎队"解散。

"优客李林"组合成立。

第二届金曲奖最佳年度歌曲奖：《这城市有爱》。

1992 年

流行歌曲：《冬季到台北来看雨》、《我就是爱你怎样》、《说变就变》、《最亲爱的你》、《明明白白我的心》、《我是一片云》、《何德何能》、《让我欢喜让我忧》。

参与合音十七年的孙建平终于与他的伙伴们一起推出了《孙建平和他的音乐磁场 I、II》集，将原来由别人演唱的作品用 MAX 合唱，呈现出一种新音乐风格。

伍佰在《少年也，安啦》电影原声带初试嗓声，让许多人眼睛为之一亮。之后推出个人首张专辑《爱上别人是快乐的事》。

新人任洁玲推出全新风格个人专辑。标题曲《好久没有淋雨》为她赢得了"小苏芮"的称号。

第三届金曲奖最佳年度歌曲奖：《向前走》。

1993 年

流行歌曲：《风中有朵雨做的云》、《花心》、《得意的笑》、《用心良苦》、《吻别》、《情难枕》、《太傻》、《新鸳鸯蝴蝶梦》。

《找一个字代替》让邰正宵尝到了走红的滋味。这张专辑中的《九百九十九朵玫瑰》《找一个字代替》都成为传唱一时的经典作品，邰正宵也因此获赠"情歌王子"的称号。

周华健圆梦，举办首次大型售票演唱会——"今夜星光灿烂"。

王菲演唱袁惟仁作品《执迷不悔》，终成一代天后。

第四届金曲奖最佳年度歌曲奖：《潇洒走一回》。

1994 —— 1999　盛夏的果实

这是一个抒情歌曲盛行的年代。"都会新女性"的抒情歌，"疗伤"歌曲，"男女对唱情歌"在此阶段达到顶峰。1996 年底，张惠妹"粗糙"的嗓音意外地大受欢迎，台湾乐坛的柔美唱腔逐渐被舞曲元素取代。在众多抒情歌手寻求转型的过程中，王菲和许如芸最为成功。王菲开始走独立音乐人路线，成为游走在传统与前卫路线的代表艺人。许如芸创造"芸式唱腔"，《泪海》、《如果云知道》、《日光机场》成为畅销金曲。

1994 年

流行歌曲：《风雨无阻》、《爱如潮水》、《我愿意》、《忘情水》、《老情歌》、《领悟》。

邰正宵推出《千纸鹤》、《想你想得好孤寂》两张专辑，风头一时无两。

小虫创作制作的《爱江山更爱美人》让台湾知名 DJ 歌手李丽芬再次成为乐坛焦点。

第五届年度金曲奖：《吻别》。

1995 年

流行歌曲：《天空》、《用心良苦》、《浪人情歌》。

双人合唱组合无印良品成立，在李宗盛的赏识下签约滚石唱片公司。

在歌坛活跃了多年的黄莺莺，推出的《春光》专辑中，一如既往地以她特有的细腻和感性，吟唱着四季的心情故事。

行吟歌坛的诗人黄舒骏在《告别 1995》里伴着缓慢的旋律，慢慢地回忆着 1995 年的风尘旧事，透过他那略显沙哑的歌喉，一些旧日的点滴慢慢地从音响中渗出。

第六届金曲奖最佳年度歌曲奖：《祝福》

1996 年

流行歌曲：《心太软》、《泪海》、《流浪到淡水》、《健康歌》、《柠檬树》、《一言难尽》、《情书》。

EMI 成功收购台湾本土著名的点将唱片，蔡琴、伍思凯、张清芳、优客李林的加入壮大了 EMI 百代唱片的实力。

张惠妹以大碟《姐妹》迅速蹿红。

许茹芸的第二张唱碟《泪海》大卖。这一年，许茹芸凭《泪海》拿下了 CHANNEL[V] 年度十大中文排行榜"十大偶像"、"最佳歌艺偶像"、MTV 音乐台 TOP20 音乐大奖。

无印良品发行专辑《掌心》，两人因清新自然的歌曲和细腻温柔的唱腔而广受好评，迅速成长为新时代的青春偶像组合。

许美静在台湾流行乐坛踏出第一步，发行专辑《遗憾》。

动力火车正式签约踏入歌坛，先后以《无情的情书》、《明天的明天的明天》、《暴风现场》、《背叛情歌》、《忠孝东路走九遍》等专辑在歌坛大放光芒，成为台湾乐坛别具个性的乐队组合。

第七届金曲奖最佳年度歌曲奖：《蝴蝶梦飞》。

1997 年

流行歌曲：《愚人码头》、《听海》、《如果云知道》、《日光机场》、《男人不该让女人流泪》、《别爱我》、《鸭子》。

张惠妹推出第二张专辑《bad boy》，并且蝉联 IFPI 销售冠军长达九周之久，销售达到一百三十五万张，创造台湾女歌手最高销售纪录。

陶喆发表首张同名专辑《David Tao》。在这张专辑里，陶喆找到了最默契的歌词创作人娃娃，也找到了一条突破传统的 R&B 之路。《David Tao》为陶喆赢得最佳专辑、最佳制作人、最佳单曲、最佳作词等多项大奖。

齐豫推出《骆驼·飞鸟与鱼》，可算是她个人演唱生涯中最后一张原创专辑，尽管其后她曾经出版《唱佛给你听》等梵音专辑，但从流行音乐的概念来说，《骆驼·飞鸟与鱼》才是她真正的绝唱。

五月天乐队成立。

第八届金曲奖最佳年度歌曲奖：《姐妹》。

1998 年

流行歌曲：《Di Da Di》、《怪兽》、《掌心》、《没时间》、《月亮惹的祸》、《征服》、《对面的女孩看过来》、《戒情人》、《公转自转》、《只有为你》、《红豆》、《牵手》、《胆小鬼》、《来去夏威夷》。

蔡依林因"清纯玉女"形象和出色的唱功脱颖而出，成为歌坛的新偶像。两张国语专辑《看我 72 变》和《城堡》均创下好成绩。

第九届金曲奖最佳年度歌曲奖：《对面的女孩看过来》。

1999 年

流行歌曲：《雨一直下》、《约定》、《找自己》、《我可以抱你吗？》、《不可能错过你》、《心动》、《阴天》、《姐姐妹妹站起来》、《she knows 别说》、《半醉半清醒》。

伍佰最新台语专辑《树枝孤鸟》，不但在词的创作超越了以往台语歌曲的模式，也是华语音乐中首次将 Band Sound 与电子音乐连结的完美模式；毫无疑问地，《树枝孤鸟》写下令他人难以望其项背的台语新里程。

王力宏拿到台湾流行音乐界最受瞩目的金曲奖"最佳男演唱人"及"最佳制作人"双料冠军。

第十届最佳流行音乐演唱唱片：《树枝孤鸟》。

2000 —— 2008 看我 72 变

进入 2000 年，台湾乐偶像团体大量出现，从 Energy、5566、183club 到飞轮海 —— 偶像同时出唱片和演戏，甚至加主持，风靡更多低龄层观众。蔡依林的成功案例更是宣告了行销包装和偶像时期的全面开始。

2000 年

流行歌曲：《海洋》、《傲骨人生》、《半醉半清醒》、《乱弹》。

由五个大男孩组成的五月天，呈现出清新健康的青春活力。在景像低迷的唱片市场以新人之姿挑战成功，闯出极佳的销售成绩，第 1 张同名专辑销售累积已超越三十万张。第 2 张创作专辑《爱情万岁》发行第 1 周击败所有歌手勇夺各大排行榜冠军数周，众望所归获得 2000 年金曲奖最佳乐团奖。

第十一届金曲奖最佳流行音乐演唱专辑奖：《我要我们在一起》；最佳演唱团体奖：《乱弹》。

1978
1980
1985
1990
1995
2000
2005
2008

2001 年

流行歌曲：《爱的就是你》、《心酸的浪漫》、《感心感谢》、《恋人未满》、《双截棍》。

第十二届金曲奖最佳流行音乐演唱专辑奖：周杰伦《杰伦》。

最佳乐团奖：五月天。

2002 年

流行歌曲：《双截棍》、《流年》、《美丽新世界》。

久别重返的齐秦推出了一张重量级的专辑《呼唤》，这张齐秦个人里程碑式的作品，不仅重塑一个成熟的齐秦，更吹起了台湾流行歌坛的希望之风。

第十三届金曲奖最佳流行音乐演唱专辑奖：周杰伦《范特西》；最佳乐团奖：交工乐队《菊花夜行军》。

2003 年

流行歌曲：《爱上你等于爱上寂寞》、《半糖主义》。

第十四届金曲奖最佳流行音乐演唱专辑奖：《Special thanks to...》；最佳乐团奖：闪灵乐团；最佳重唱组合：S.H.E《美丽新世界》。

2004 年

流行歌曲：《将爱》、《爱的钢琴手》、《受了点伤》、《浪子》、《看我 72 变》、《我们的爱》、《波斯猫》、《七里香》、《心中的日月》。

凭借台湾偶像剧《斗鱼》的片尾曲《Lydia》，F.I.R（飞儿）一举登上台湾风云榜冠军的宝座。

第十五届金曲奖最佳流行音乐演唱专辑奖：周杰伦《叶惠美》；最佳乐团奖：五月天《时光机》、最佳重唱组合奖：阿爆 &Brandy《阿爆 &Brandy 首张

293

创作专辑》。

2005 年

流行歌曲：《情难忘》、《东风破》、《发如雪》、《大城小爱》。

乍听之下有点陌生的乐团"生祥与瓦窑坑三"，前身是曾经入围过金曲奖最佳乐园的"交工乐队"，延续了交工乐队时期对于台湾本土音乐以及客家文化的重视，融合了传统乐器与民谣的风格。第一张专辑《临暗》一推出就入围十六届金曲奖七项重要的奖项，包括最佳专辑制作人、最佳乐团以及作词作曲等大奖。

第十六届金曲奖最佳流行音乐演唱专辑奖：《后来我们都哭了》；最佳乐团奖：生祥与瓦窑坑三；最佳重唱组合奖：动力火车。

2006 年

流行歌曲：《爱疯了》、《盖世英雄》、《双面人》、《双栖动物》、《Super Star》、《千里之外》、《霍元甲》、《菊花台》。

台湾中生代摇滚乐坛领军乐团，董事长乐团成军九年来，一直以不断的表演与创作身体力行地实践着"摇滚不死"的摇滚精神，凭借《找一个新世界》获台湾第十七届金曲奖"最佳乐团奖"殊荣。

第17届台湾金曲奖最佳年度歌曲奖：太平洋的风《匆匆》；最佳国语流行音乐演唱专辑：陶喆《太平盛世》；最佳乐团奖：董事长乐团《找一个新世界》；最佳演唱组合奖：拜金小姐《拜金小姐（2005）》。

2007 年

流行歌曲：《中国话》、《不想长大》、《小宇宙》、《背着你》、《小情歌》、《不能说的秘密》、《改变自己》。

11月3日，凭《小宇宙》获台湾金曲奖最佳乐团及最佳填词人的苏打绿，在台北小巨蛋体育馆举办《无与伦比的美丽演唱会》，连唱五小时，创下小巨蛋演唱连唱的新纪录。

　　昊恩家家创作双人组，他们的创作，单纯直接，没有空泛的辞藻堆叠，没有夸张的情感沉溺，最简单的想念，更为动人。

　　第 18 届台湾金曲奖最佳年度歌曲奖：陶喆、蔡依林《今天你要嫁给我》、《太美丽》；最佳乐团奖：苏打绿《小宇宙》；最佳演唱组合奖：昊恩家家。

2008 年

　　流行歌曲：《结果呢》、《青花瓷》。

　　苏打绿从第一张同名专辑的学生气息，到第二张专辑《小宇宙》中对社会的初试窥探，《无与伦比的美丽》表达的是一种更为深刻的想象境地。在流行与古典之间，完成最优美的滑行。

　　第 19 届台湾金曲奖最佳年度歌曲奖：周杰伦《青花瓷》、《我很忙》；最佳乐团奖：苏打绿《无与伦比的美丽》；最佳演唱组合奖：大嘴巴乐团《大嘴巴同名专辑》。